江西省高校人文社会科学研究项目：《〈新中华〉学人"救亡"和"建国"思想研究（1933—1937年）》（LS1511）研究成果

『新中华』学人思想研究

（1933—1937）

◎ 代 祥 著

中国社会科学出版社

图书在版编目（CIP）数据

《新中华》学人思想研究：1933—1937 / 代祥著 . —北京：中国社会科学
出版社，2017.2

ISBN 978 – 7 – 5203 – 1925 – 6

Ⅰ . ①新… Ⅱ . ①代… Ⅲ . ①知识分子 – 研究 – 中国 – 1933—1937
Ⅳ . ①D693.71

中国版本图书馆 CIP 数据核字（2018）第 001701 号

出 版 人	赵剑英
责任编辑	任　明
责任校对	闫　萃
责任印制	李寡寡

出　　版	中国社会科学出版社
社　　址	北京鼓楼西大街甲 158 号
邮　　编	100720
网　　址	http://www.csspw.cn
发 行 部	010 – 84083685
门 市 部	010 – 84029450
经　　销	新华书店及其他书店

印刷装订	北京君升印刷有限公司
版　　次	2017 年 2 月第 1 版
印　　次	2017 年 2 月第 1 次印刷

开　　本	710 × 1000　1/16
印　　张	17.5
插　　页	2
字　　数	287 千字
定　　价	75.00 元

前　言

　　本书以《新中华》杂志为中心，探讨近代中国知识分子为追求建立一个独立、统一、民主与富强的"新中华"而作出的选择与思考。20世纪30年代在日本帝国主义进逼入侵的大背景下，饱含忧患意识的中国知识分子借助报刊媒介，一方面宣传抗敌御侮，挽救民族危亡；另一方面主张兴利除弊，励精图治，建立"新中华"，演绎出"救亡图存"与"国家建设"的双重变奏。本书重点考察《新中华》杂志学人所反映的"救亡"与"建国"思想。

　　《新中华》杂志创刊于1933年1月，初以"灌输时代知识，发扬民族精神"为其办刊宗旨，在"国难"日甚的时代背景下，"救亡图存"与"国家建设"的呼声很快成为《新中华》办刊宣传的主旋律。

　　在"救亡"的宣传上，《新中华》杂志表现出极为坚定的抗日立场。面对当时日本侵略者的不断挑衅和武力进犯，《新中华》学人虽然明知中国面临敌强我弱的不利形势，但坚决主张抵抗日本侵略，提出增强国力，巩固国防，进行全面、持久的抗战等抗敌方针。在抗日宣传上，他们还密切关注国际局势，坚持认为中国应该自己决定国家的前途，并冀望国民政府在外交上能折冲樽俎，寻找盟友，共同抗击强敌，为中华民族寻找扩大生存发展的机会与空间。

　　在"国家建设"的思考上，《新中华》学人在政治方面关注国家统一问题，期盼中国早日结束战乱，实现中华民族的团结统一；在经济方面，他们重点思考中国经济所遇到的困难，设想通过改造自救，肃清外部阻力，并采取统制经济的办法打开中国经济的出路，实现国家富强；在农村问题方面，他们关心农民疾苦，关注农村危机，希望通过乡村建设来解决困扰中国发展的农村问题。

　　《新中华》杂志是20世纪30年代一份品质较高、影响较大的综合性刊物，通过研究其所反映出来的"救亡"与"建国"思想，可以从中了解近代中国社会思潮的发展、变化和中国知识分子为建立现代化国家的心路历程。

关键词：《新中华》学人；"救亡"；"建国"；20 世纪 30 年代

目　录

绪　论

第一节　研究旨趣

　　20 世纪 30 年代是近代中国内忧外患形势凸显的一段时期。[①] 一方面，"大革命"失败后，国内连年内战，国家仍然处于分裂的境地；加之受世界经济危机及天灾人祸的影响，中国面临农村破产、百业萧条的严峻形势。另一方面，因"九一八"事变、"一·二八"事变的相继发生，日本帝国主义加紧对华侵略，中国民族危机空前严重。在此国难当头的形势下，充满爱国热情的中国知识分子以"救亡图存"与"国家建设"为时代主题，激扬文字，以言论报国。他们积极借助大众传播媒介[②]宣传抗敌御侮，挽救民族危亡，与此同时，还主张兴利除弊，励精图治，建立"新中华"，演绎出"救亡图存"与"国家建设"的双重变奏。

　　《新中华》杂志是一份在 20 世纪 30 年代具有较大影响力的综合性刊物[③]，由中华书局于 1933 年 1 月创刊。最初由周宪文、钱歌川、倪文宙等人编辑，设有《时代镜》《长篇论文》《文艺》《谈薮》《新刊介绍》《时论摘粹》《参考资料》《半月要闻》等栏目。该刊的主要撰稿人有：

---

　　① 有些学者认为 20 世纪 30 年代中国逐步走向统一，国民政府在经济文化等领域开展各项建设，且取得一定的成效，是民国历史上充满希望的时期。但总体而言，因当时国内内乱频仍与各种天灾人祸，国外日本帝国主义虎视眈眈，整个国家仍处于内忧外患的形势之中。

　　② 著名新闻史专家方汉奇说："十年内战期间，由于军阀混战的渐次结束，城市资本主义经济和社会事业均有较为明显的发展。私营新闻事业也随之呈现相对繁盛景象。私营报刊、通讯社和电台的数量，有较大的增加，规模、设备和业务工作都有扩展和改进，报刊销行数字迅速增长。"方汉奇：《中国新闻事业通史》第 2 卷，中国人民大学出版社 1996 年版，第 410 页。

　　③ 有学者认为《新中华》是中国 20 世纪 30 年代与《东方杂志》《申报月刊》齐名的三大综合性杂志之一。见王余光、吴永贵《中国出版通史》民国卷，中国书籍出版社 2008 年版，第 35 页。

钱亦石、沈志远、周伯棣、方秋苇、郑午昌、周楞伽、盛成、施蛰存、丰子恺、戴望舒、王礼锡、舒新城、武堉干、章乃器、梅龚彬、王亚南、顾毓琇、孙怀仁、胡乔木、钱俊瑞、薛暮桥、于光远、千家驹等著名学者，每期销售多达数万份。①《新中华》杂志作为一份由知识分子创办，关注国内外政治、经济、社会等热点问题的综合性刊物，其反映出的"救亡"与"建国"思想相当突出，也是了解20世纪30年代中国知识分子思想的一个很好的窗口。

在学界以往的研究中，《新中华》杂志没有受到应有的重视，有基于此，本书以《新中华》（1933—1937年）杂志为主要研究资料，探讨《新中华》学人以"救亡"与"建国"为主题，在抗日宣传、国际关系、政治改革、经济建设和农村建设等方面所进行的思考，并以此了解近代中国社会思潮的发展、变化，以及中国知识分子群体为建立现代化国家所进行的艰苦努力及其心路历程。

第二节　学术史回顾

本书由于讨论的主题是20世纪30年代《新中华》学人的"救亡"和"建国"思想，因此，有必要首先对学界关于20世纪30年代知识分子"救亡"和"建国"思想方面的相关研究成果进行简要述评；其次，鉴于本研究是以《新中华》（1933—1937年）杂志为中心来展开讨论的，所以对以报刊资料为中心的20世纪30年代知识分子"救亡"和"建国"思想研究成果也进行必要的梳理；此外，由于《新中华》杂志为中华书局所创办，其与《新中华》杂志的相关研究成果在此亦做一些简要的回顾。

一　20世纪30年代知识分子"救亡"和"建国"思想研究成果述评

学界中较早关注20世纪30年代知识分子思想的相关专著是郭湛波的《近五十年中国思想史》。郭著"成书于1934年，原名为《近三十年中国思想史》，1935年北平人文书店出版发行。后经作者修改，增加了部分章节后

---

① 《新中华》杂志于1937年8月受战事影响出至5卷15期停刊；后于1943年1月在重庆复刊，但改为月刊，先后由金兆梓、章丹枫、姚绍华等人主编；1946年1月出至6卷11期后迁回上海，恢复为半月刊，期号续前，主要由卢文迪等人负责编辑；到1951年12月出至14卷24期终刊。

于 1936 年以现名再版。"① 作者把 1894 年到 20 世纪 30 年代中期分为三个阶段，而 1928 年 "北伐成功" 到 30 年代是 50 年中国思想演变的第三个阶段，也就是最后一个阶段。作者认为这个阶段 "是辩证唯物论的潮流，代表世界的思想潮流；这个时代思想冲突，非西洋思想与中国思想的冲突，是资本社会思想与社会思想的冲突"。并重点介绍了这一时期冯友兰、张申府、郭沫若、李达、陶希圣等著名知识分子的辩证唯物论思想，指出："自一九二七年以来，辩证唯物论思想，虽蓬勃一时，至今日反形消寂，不过历史的演进，非人力所能左右，新的时代，终会到来，前途茫茫，正赖吾辈的努力。" 将 "辩证唯物论思想" 与中国前途的思考联系起来。② 另外，对 20 世纪 30 年代知识分子中那场著名的 "中国社会史" 论战和 "中国本位文化" 论战，郭著也进行了简单的介绍。作为思想史专著，郭氏一书虽然内容较简，且未专门提及 "救亡" 和 "建国" 思想，但其对中国前途的思考实已涉及此一时代主题，堪称开风气之先。③

　　20 世纪 30 年代以后，因抗战爆发及后来的内战连年，学界对知识分子思想的专门研究极少。1949 年新中国成立之后的相当一段时间内，史学界着重关注于 "五朵金花"④ 等论题，对知识分子的研究也不多。一直到改革开放后，学术界对思想史、知识分子的研究才重新起步。此一时期出版的研究专著有林茂生、王维礼、王桧林等人主编的《中国现代政治思想史》，有关 20 世纪 30 年代知识分子政治思想方面主要介绍了以梁漱溟为代表的 "乡村建设派" 的理论和主张。⑤ 此后，同类的其他著作相继问世，譬如：高军、王桧林、杨树标等人主编的《中国现代政治思想评要》，彭明编著的《中国现代政治思想史十讲》，陈哲夫、江荣海、吴丕等编写的《20 世纪中国思想史》，戴知贤所著的《十年内战时期的革命

---

　　① 赵丽霞：《重版引言》，载郭湛波《近五十年中国思想史》，山东人民出版社 1997 年版，第 2 页。

　　② 郭湛波：《近五十年中国思想史》，山东人民出版社 1997 年版，第 180 页。

　　③ 除郭著之外，李斯中在 1942 年 11 月发表了一篇题《中国近百年来政治思想之演进》的论文，载《地方政治》第 7 卷第 5 期。

　　④ "五朵金花" 是指新中国成立初期中国史学界热点讨论的中国古代史分期问题、中国封建土地所有制形式问题、中国封建社会农民战争问题、中国资本主义萌芽问题与汉民族形成问题五个基本理论问题。

　　⑤ 林茂生、王维礼、王桧林主编：《中国现代政治思想史》，黑龙江人民出版社 1984 年版，第 204—218 页。

文化运动》与王金铻、李子文合著的《中国现代政治思想史》等。这些
成果不仅介绍了梁漱溟的乡村建设思想，还论述了以晏阳初、黄炎培为首
的"中华职业教育促进社""江苏省立教育学院"的乡村建设活动和思
想，以及 20 世纪 20 年代末 30 年代初以胡适、罗隆基等知识分子为代表
的"人权派"思想和胡适、陈序经等人全盘西化的主张；此外，在 20 世
纪 30 年代知识界中产生重大影响的中国社会性质问题论战、中国农村社
会性质问题论战、中国社会史论战等也受到研究者的关注。① 这些著作在
上述论题上介绍的内容各有侧重，但主要观点基本一致，在"革命史观"
与新民主主义革命理论的影响下，认为 20 世纪 30 年代知识分子虽然提出
了一些"救亡图存"的主张和方案，但这些主张和方案并没有抓住中国
半殖民地半封建社会的根本问题，也就不能有效地指导中国民众进行反帝
反封建的斗争。

　　值得一提的是李泽厚所著的《中国现代思想史论》。李著相比其他论
著对知识分子的"救亡"思想有更多的关注，尽管在一些表述上带有时
代的印记，但最让人印象深刻且引起激烈争论的是关于"救亡"与"启
蒙"的关系问题。李泽厚认为由于"救亡的局势、国家的利益、人民的

---

　　① 高军、王桧林、杨树标：《中国现代政治思想评要》，华夏出版社 1990 年版；彭明：《中
国现代政治思想史十讲》，河南人民出版社 1986 年版；陈哲夫、江荣海、吴丕：《20 世纪中国思
想史》，山东人民出版社 2002 年版；戴知贤：《十年内战时期的革命文化运动》，人民出版社
1988 年版。王金铻、李子文的《中国现代政治思想史》（吉林大学出版社 1991 年版）虽然没有
脱离传统革命史的框架，但他们独具匠心，采取专题式的办法，把 20 世纪 30 年代知识分子的
"救亡"与"建国"思想分别纳入三民主义、新民主主义和自由主义的系统里去阐述，这为以后
学界的专题研究开拓了道路。此类其他著作还有：韦杰廷：《20 世纪上半叶中国政治思潮》，湖
南教育出版社 1995 年版；朱义禄、张劲：《中国近现代政治思潮研究》，上海社会科学院出版社
1998 年版；陈哲夫、江荣海、谢庆奎、张晔：《现代中国政治思想流派》，当代中国出版社 1999
年版；严怀儒、高军、刘家宾：《中国现代政治思想史简编》，北京出版社 1985 年版；李世平：
《中国现代政治思想史》，四川人民出版社 1985 年版；王作坤、柏福临：《中国现代政治思想
史》，黑龙江教育出版社 1988 年版；刘景富、杜文君：《中国现代政治思想史》，华东师范大学
出版社 1991 年版；海振忠：《中国现代政治思想史》，哈尔滨工业大学出版社 1993 年版；俞祖
华、王国洪：《中国现代政治思想史》，山东大学出版社 1999 年版；刘健清、李振亚：《中国近
现代政治思想史》，南开大学出版社 1993 年版；许光枨、林浣芬：《中国近现代政治思想史》，
南京大学出版社 1990 年版；王金铻主编：《中国现代资产阶级民主运动史》，吉林文史出版社
1985 年版；陈旭麓：《五四以来政派及其思想》，上海人民出版社 1988 年版；陈旭麓：《五四后
的三十年》，上海人民出版社 1989 年版。

饥饿痛苦，压倒了一切，压倒了知识者或知识群体对自由平等民主民权和各种美妙理想的追求和需要，压倒了对个体尊严、个人权利的注视和尊重。国家独立富强，人民吃饱穿暖，不再受到外国侵略者的欺压侮辱，这个头号主旋律总是那样地刺激人心、萦绕人耳"，因此"救亡"一再压倒"启蒙"，包括20世纪30年代中国社会性质问题论战也最终"纳启蒙于救亡轨道"，"'救亡''革命'的主题的音响在这里是更加急切强大了。"① 不过，李泽厚这种"救亡"压倒"启蒙"的观点，并不完全被一些史学界的研究者所认同，邓野、姜义华等人更倾向于认为"救亡"与"启蒙"是一致的，两者是一种互相促进的关系。② 由于观点的不同，当时还引起一场关于近代中国"救亡"与"启蒙"关系的讨论，这场讨论使学界更加关注中国近代史上的"救亡"思想与运动，中国知识群体的"救亡"努力也得到越来越多学者的关注，如张德旺在讨论"九一八"事变之后的"独立评论"派时，认为"独立评论"派虽然拥护国民党政府对日妥协的让步政策，但随着日本的步步进逼，胡适等人逐渐反对日本帝国主义，主张团结抗敌。③ 此外，陈立生、唐宝富在《中国近代爱国主义思想史》一书中介绍了"九一八"事变后各界抗日救国思想，其中就包括20世纪30年代知识界的抗日爱国主张。④

就整体而言，20世纪80年代有关知识分子思想研究的大部分成果均不同程度地受到"革命史观"的影响，简单叙述知识分子为中华民族的"救亡图存"进行努力奋斗的历程，而忽视其思想启蒙的重要作用。但与此同时，一些学者也在此基础上开始反思"革命史观"的不足。其中最具代表性的著作有吴雁南、冯祖贻、苏中立和郭汉民等人主编的《中国近代社会思潮1840—1949》，该书把"是否有利于民主化，是否有利于中国近代化进程，是否有利于社会进步"⑤ 作为评价近代中国思想与思潮的重要标准。在论述1920—1936年社会思潮的演变时，比较强调中间知识

① 李泽厚：《中国现代思想史论》，东方出版社1987年版，第33、72、73页。

② 邓野：《评〈中国现代思想史论〉》，《历史研究》1989年第1期；姜义华：《现代中国思想文化嬗变轨迹的新探寻——民国时期思想文化史研究述评》，《近代史研究》1988年第6期。

③ 张德旺：《论"九一八"事变后的独立评论派》，《求是学刊》1988年第5期。

④ 陈立生、唐宝富：《中国近代爱国主义思想史》，江苏教育出版社1994年版。

⑤ 吴雁南、冯祖贻、苏中立、郭汉民主编：《中国近代社会思潮1840—1949》第1卷，湖南教育出版社1998年版，第6页。

分子的积极作用，如在评价乡村建设派时认为乡村建设派对中国农村问题高度重视、提出不少有价值的思想，且取得不少的成绩，指出："我们实事求是地考察30年代兴起的这股乡村建设思潮，这场乡村改良运动，还应该肯定它具有一定的进步意义，起了一定的积极作用。"①

　　随着评价标准的转变，20世纪30年代中国知识分子的思想研究开始深化，学界不仅对其"救亡"思想的认识进一步深入，如"面对强敌入侵和内乱不已的复杂局面，中国知识界，特别是处于国共之间的大批中间派知识分子在一个相当长的时间里对于如何救亡御侮却有着不同的认识和主张。"② 而且20世纪30年代中国知识分子的"建国"思想③也开始受到一些学者的关注。其成果一方面集中于20世纪30年代中国知识分子对中国现代化问题的讨论上，如关海庭、陈夕的《1933年中国现代化问题讨论述评》；阎书钦的《20世纪30年代中国知识界"现代化"理念的形成及内涵流变》；黄波粼的《知识分子与20世纪30年代的中国现代化》等。④ 另一方面则分散于20世纪30年代中国知识分子的政治统一思想、经济建设思想与文化教育建设思想等方面。例如，郑大华的《20世纪30年代思想界关于中国经济发展道路的争论》；黄波粼的《自由主义知识分子关于民国政治建设的思考路径分析——以〈独立评论〉为中心》等。⑤这些研究成果的出现说明20世纪30年代知识分子的"建国"思想也受

---

　　① 吴雁南、冯祖贻、苏中立、郭汉民主编：《中国近代社会思潮1840—1949》第3卷，湖南教育出版社1998年版，第313、315页。

　　② 杨奎松：《七七事变前部分中间派知识分子抗日救亡主张的异同与变化》，《抗日战争研究》1992年第2期。

　　③ 学界对"建国"这个概念有不同的理解，有人理解为建立新的国家政权，如朱育和对于毛泽东建国思想的研究，朱育和：《从工农共和国到人民共和国——毛泽东建国思想的演变》，《清华大学学报》（哲学社会科学版）1999年第3期；又如齐卫平关于资产阶级建国思想研究，齐卫平：《中国资产阶级的建国思想论纲》，《探索与争鸣》1990年第2期；还有人理解为国家现代化建设，参见欧阳哲生《近代国家建设之路》，《河北学刊》2012年第2期，本书认同后一种观点。

　　④ 关海庭、陈夕：《1933年中国现代化问题讨论述评》，《史学月刊》1993年第1期；阎书钦：《20世纪30年代中国知识界"现代化"理念的形成及内涵流变》，《河北学刊》2005年第1期；黄波粼：《知识分子与20世纪30年代的中国现代化》，《湖南社会科学》2008年第3期。

　　⑤ 郑大华：《20世纪30年代思想界关于中国经济发展道路的争论》，《求索》2007年第3期；黄波粼：《自由主义知识分子关于民国政治建设的思考路径分析——以〈独立评论〉为中心》，《求索》2010年第7期。

到学界的重视。

此外，彭明、程歗主编的《近代中国的思想历程》以专题的形式分别介绍了三民主义、自由主义和新民主主义三大思想，其中多方面涉及30年代知识分子为探索"救国""建国"的道路而做出的艰辛努力。[①] 许纪霖主编的《二十世纪中国思想史论》是以论文集的形式收录了当前学界关于近代思想史最重要的研究成果，影响较大，在自由主义、文化保守主义、激进主义和论战等专题中介绍一些20世纪30年代知识分子为"救国""建国"而做出的探索。[②]

纵观上述研究成果可以发现，有关20世纪30年代中国知识分子"救亡"与"建国"思想的研究不断深入，取得不错的成果，而且对20世纪30年代学人思想的评价也日趋客观。不过，相对来讲，改革开放后，学界有关20世纪30年代知识分子"救亡"与"建国"思想的研究聚焦在自由知识分子、乡村建设派等少数群体身上，对其他群体关注不够。

二　以报刊资料为中心的20世纪30年代知识分子"救亡"与"建国"思想研究

现代意义上的报刊在近代中国出现以后，由于其及时性、广泛性与互动性等方面的特点，深受中国读书人的重视。[③] 20世纪30年代近代报刊的发展到达兴盛时期，当时的知识分子有意识地借助大众媒介传播自身的主张和思想。[④] 因此，不少的研究者以报刊媒介为切入点研究30年代知识分子的思想，且获得较好的成果。

（一）以多种民国报刊为资料，从总体上考察20世纪30年代知识分子的"救国"与"建国"思想

这方面成果最多的应属郑大华教授，其主要成果基本收录进其所著之

---

① 彭明、程歗：《近代中国的思想历程》，中国人民大学出版社1999年版。

② 许纪霖：《二十世纪中国思想史论》，东方出版中心2000年版。

③ 近代以来，特别是甲午战争后，新式报刊如雨后春笋般涌现，到20世纪初，梁启超就认为"报馆日多"是影响中国前途至关重要的三件大事之一。参见梁启超《敬告我同业诸君》，《新民丛报》1902年第17号。1911年辛亥革命爆发，帝制随后被推翻，梁启超认为"报馆鼓吹之功最高"。参见梁启超《鄙人对于言论界之过去及将来》，《饮冰室合集》（1），中华书局1988年版，第5页。

④ 方汉奇：《中国新闻事业通史》第2卷，中国人民大学出版社1996年版，第410页。

《民国思想史论》《民国思想史论》（续集）。郑大华一方面特别注意"九一八"事变对20世纪30年代知识分子的影响，另一方面强调在"国难"背景下，知识分子为"救亡图存"在政治、经济、文化与外交等方面提出各种"救国"主张，并对此作出较为客观公允的分析和评论。如在研究20世纪30年代中国知识分子的宪政思想时，郑大华注意到在"九一八"事变后，深受民族危机的刺激，为改造政权及充分调动社会各界的抗敌热情，中国知识分子强烈批判国民党的训政理论，要求结束训政，还政于民，并就如何实施宪政进行深入讨论；虽然他强调20世纪30年代中国知识分子的努力没有取得任何实际的结果，但仍称赞20世纪30年代学人的宪政思考与讨论具有十分重要的意义。[①] 学者冯峰在《"国难"之际的思想界——1930年代中国政治出路的思想论争》一书中利用《大公报》《独立评论》《国闻周报》《再生》《时代公论》等报刊资料，考察了"国难"背景下的20世纪30年代知识分子对中国政治出路的思考与不同意见的论争。[②] 此外，有些学者十分关注20世纪30年代知识分子的"救国""建国"舆论对当时社会与政治的影响，如美国学者柯博文在其所著《走向"最后关头"：中国民族国家构建中的日本因素（1931—1937）》一书中，通过研究20世纪30年代的报刊舆论认为，独立的"民意"力量是中国三个关键群体（另外两个是南京政府及其领导者，地方领袖）力量之一，包括新闻舆论在内的独立的民意力量在20世纪30年代变得尤为重要，他特别指出："独立的民意力量……舆论千差万别……它们在20世纪30年代变得越来越重要。我将要说明中日关系的发展是如何导致这些因素的增长的，主要的政治领袖对它们的活动是如何应对的，尤为重要的是：不断增长的民意的力量在中国政治中是如何起着更大的作用的。"[③]

　　（二）以个案报刊为中心对20世纪30年代中国知识分子"救国"与"建国"思想的研究

　　20世纪30年代著名的报刊主要有：《大公报》《申报》《新闻报》

---

　　① 郑大华：《民国思想史论》，社会科学文献出版社2006年版；郑大华：《民国思想史论》（续集），社会科学文献出版社2010年版。

　　② 冯峰：《"国难"之际的思想界——1930年代中国政治出路的思想论争》，三秦出版社2007年版。

　　③ ［美］柯博文：《走向"最后关头"：中国民族国家构建中的日本因素（1931—1937）》，社会科学文献出版社2004年版，第7页。

《东方杂志》《独立评论》《生活周刊》《国闻周报》《再生》《时代公论》等。学界以这些报刊为对象进行研究已有较多的研究成果，其中以围绕《独立评论》展开的研究成果最多。张太原在厘清《独立评论》创办宗旨、社员、主要撰稿人和经理人的基础上，就《独立评论》同人对日本、国民党、共产党的态度进行仔细分析，从中梳理出30年代持自由主义观点的知识分子在应对外敌入侵、专制政府及暴力革命等方面的主张。① 另外，陈仪深、张连国、田海林、马树华、武菁、罗福惠、汤黎、黄波粼、刘荣争等人也具体考察了《独立评论》派知识分子对日本的态度，以及在宪政民主、政治建设、现代化和乡村建设等方面的主张。②

　　由于《新中华》与《东方杂志》都是具有商业元素的综合性杂志，前者由中华书局创办，后者由商务印书馆出版，因此，有关《东方杂志》的研究成果可为本研究提供有价值的参考借鉴。其中引人注目的是郑大华、李家驹、郭彩琴、陶海洋等人的研究，郑大华以《东方杂志》的"新年的梦想"征文为材料解读出"九一八"事变后的中国知识分子主张积极抗日、改革政治、发展经济等。③ 李家驹强调了《东方杂志》处于一种"文化商业化"的社会环境之下，虽然传播了大量近代知识文化，但是，这属于商务印书馆"经营文化"的一部分。④ 郭彩琴、陶海洋以《东

---

① 张太原：《〈独立评论〉与20世纪30年代的政治思潮》，社会科学文献出版社2006年版。

② 陈仪深：《自由民族主义之一例——论〈独立评论〉对中日关系问题的处理》，（台湾）《"中央研究院"近代史研究所集刊》1999年第32期；张连国：《论理性民族主义——独立评论派自由主义者对日观剖析》，《江苏社会科学》1999年第1期；田海林、马树华：《〈独立评论〉与抗日救亡》，《民国档案》2000年第4期；武菁：《〈独立评论〉的抗日主张》，《安徽史学》2001年第2期；罗福惠、汤黎：《学术与抗战——〈独立评论〉对于抵抗日本侵略的理性主张》，《华中师范大学学报》2006年第3期；陈仪深：《〈独立评论〉的民主思想》，（台湾）联经出版事业公司1989年版；黄波粼：《知识分子与20世纪30年代的中国现代化——以〈独立评论〉为例》，《湖南社会科学》2008年第3期；黄波粼：《自由主义知识分子关于民国政治建设的思考路径分析——以〈独立评论〉为中心》，《求索》2010年第7期；刘荣争：《〈独立评论〉视野下的知识分子与乡村建设论争（1932—1937）》，硕士学位论文，西南大学，2008年。

③ 郑大华：《"九·一八"后中国知识分子的思想取向——以"新年的梦想"为中心的考察》，《吉首大学学报》（社会科学版）2006年第1期。

④ 李家驹：《商务印书馆与近代知识文化的传播》，商务印书馆2005年版。

方杂志》为例，对 20 世纪 30 年代知识分子整体思想做了初步的探讨。①
对本研究有启发意义的还有郑师渠、卢淑樱等人的研究成果，他们主要集
中研究《东方杂志》对日本、意大利的态度，以及政治建设、乡村建设
等方面的主张。②

　　此外，贾晓慧、陈廷湘等人对 20 世纪 30 年代《大公报》的研究；
魏万磊对 20 世纪 30 年代"再生派"学人民族复兴话语的研究；刘永生
关于 1931—1937 年《申报》对日舆论的研究；周芳对 1932—1935 年
《申报月刊》的研究；彭雷霆、罗福惠对《国风》抗日救亡思想的讨论；
孙喆对《禹贡》半月刊的讨论；杨东伶对三十年代《益世报》罗隆基抗
日言论的述评；刘大禹对《时代公论》的考察；等等，这些成果都很有
参考价值，③ 这些学者利用新闻学、历史学、政治学等学科的知识对 20
世纪 30 年代中国知识分子的"救亡"与"建国"思想进行交叉研究，取
得丰富的成果，对本书《新中华》的研究具有重要的借鉴意义。

---

　　① 郭彩琴：《20 世纪 30 年代中国知识分子的思考与向往——〈东方杂志〉（1932—1937）
研究》，硕士学位论文，山东师范大学，2010 年；陶海洋：《〈东方杂志〉研究》（1904—1948），
博士学位论文，南京大学，2013 年。

　　② 郑师渠：《现代中国媒体对日本论评的转变——以〈东方杂志〉为中心》，《河北学刊》
2010 年第 6 期；卢淑樱：《图像、杂志与反日情绪——以〈东方杂志〉（1928—1937）为例》，
《南开学报》（哲学社会科学版）2013 年第 3 期；徐有威、王林军：《1930 年代自由主义知识分
子的意大利法西斯主义观——以〈东方杂志〉和〈国闻周报〉为中心的考察》，载中国社会科学
院近代史研究所思想史研究室《中国近代史上的自由主义——"自由主义与近代中国（1840—
1949）"学术研究会论文集》，社会科学文献出版社 2007 年版；王欣瑞：《从〈东方杂志〉解读
民国乡村建设思想》，《西北大学学报》（哲学社会科学版）2008 年第 6 期；王先明、吴瑕：《试
析 20 世纪前期乡村危机的社会关怀——以〈东方杂志〉为中心的历史考察》，《历史教学》2013
年第 1 期；李斯颐：《30 年代〈东方杂志〉政治倾向的成因》，《新闻研究资料》1990 年第 3 期。

　　③ 贾晓慧：《〈大公报〉与中国 20 世纪 30 年代的现代化运动》，《近代史研究》2001 年第 6
期；陈廷湘：《1928—1937 年〈大公报〉等报刊对中苏关系认识的演变》，《近代史研究》2006
年第 3 期；魏万磊：《20 世纪 30 年代"再生派"学人的民族复兴话语》，中国社会科学出版社
2011 年版；刘永生：《〈申报〉的对日舆论研究（1931.9—1937.12）》，博士学位论文，首都师范
大学，2008 年；周芳：《1932—1935 年〈申报月刊〉研究》，硕士学位论文，辽宁大学，2011
年；彭雷霆、罗福惠：《人文与科学并重：〈国风〉抵抗日本侵略的救亡主张》，《安徽史学》
2007 年第 2 期；孙喆：《〈禹贡〉半月刊与 20 世纪三四十年代的中国边疆研究》，《中州学刊》
2012 年第 4 期；杨东伶、马艺：《二十世纪三十年代〈益世报〉罗隆基抗日言论述评》，硕士学
位论文，天津师范大学，2007 年；刘大禹：《九一八后国民政府集权政治的舆论支持（1932—
1935）——以〈时代公论〉为中心的考察》，《民国档案》2008 年第 2 期。

　　由此可见，学界对以报刊资料为中心的 20 世纪 30 年代知识分子"救亡"与"建国"思想已有相当的研究，但具体内容还不够细致，如非精英知识分子在抗日方面提出哪些主张？与精英知识分子的主张有哪些不同？其原因何在？此外，更多的报刊资料尚未被开发利用，因此，20 世纪 30 年代知识分子"救亡"与"建国"思想仍有进一步拓展的空间。

三　有关中华书局与《新中华》杂志的研究

（一）有关中华书局的研究

　　中华书局是《新中华》杂志的创办者和拥有者，了解中华书局有助于进一步认识《新中华》杂志。作为民国时期仅次于商务印书馆的第二大私立出版企业，中华书局的研究成果比较多，其中最重要的成果是《中华书局大事纪要：1912—1954》与《中华书局大事记：1912—2011》，二书是以大事记的形式介绍中华书局创立和发展过程的，记载有关《新中华》杂志的内容虽然不多，但有助于我们了解《新中华》杂志在中华书局文化事业中的地位与价值。① 中华书局还出版了一系列的回忆录，如中华书局编辑部编撰的回忆录：《我与中华书局》《回忆中华书局》《守正出新：中华书局》《岁月书香：百年中华的书人书事》等②，虽然这些成果大多属于回忆资料，但也有助于有我们了解 20 世纪 30 年代中华书局内部知识分子的思想追求，特别是一些有关《新中华》杂志的回忆文章，具有非常重要的价值，有助于我们了解《新中华》创刊、发展、编辑与作者等情况。另外，学界还对中华书局创办的其他杂志进行了一些研究，这些成果有助于了解中华书局经营杂志的目的、状况及影响，这更有助于

---

① 钱炳寰：《中华书局大事纪要（1912—1954）（私营时期）》，中华书局 2002 年版；中华书局编辑部：《中华书局百年大事记（1912—2011）》，中华书局 2012 年版；类似的研究成果还有：周其厚：《中华书局与近代文化》，中华书局 2007 年版；吴永贵：《中华书局与中国近代教育（1912—1949）》，博士学位论文，武汉大学，2002 年；黄宝忠：《近代中国民营出版业研究》，博士学位论文，浙江大学，2007 年；张翮：《1912—1949 年中华书局的经营研究》，硕士学位论文，河南大学，2007 年；宛利：《中华书局企业文化研究（1912—1949）》，硕士学位论文，中共中央党校，2011 年。

② 俞筱尧、刘彦捷：《陆费逵与中华书局》，中华书局 2002 年版；中华书局编辑部：《我与中华书局》，中华书局 2002 年版；中华书局编辑部：《回忆中华书局》上编、下编，中华书局 1987 年版；中华书局编辑部：《守正出新：中华书局》，中华书局 2008 年版；中华书局编辑部：《岁月书香：百年中华的书人书事》，中华书局 2012 年版。

我们从另一个侧面认识《新中华》杂志。①

关于中华书局重要人物的研究主要集中在其创办人陆费逵身上。早在新中国成立前，郑子展就编纂了《陆费伯鸿先生年谱》②，记载了陆费逵的言论与生平事迹；王建辉的《教育与出版——陆费逵研究》是当前关于陆费逵研究最重要的著作，该书除了介绍陆费逵在创办中华书局之前的经历和带领中华书局走向繁荣的曲折过程之外，主要探讨了陆费逵的出版思想和教育思想。③ 以上两本著作虽然基本上没有提及《新中华》杂志，但突出展现了陆费逵通过兴办中华书局，创刊"中华"系列杂志以推动国民人格进步、社会事业进步的崇高品质与振兴中华的可贵精神，而这种品质、精神有助于我们理解陆费逵创办《新中华》杂志的目的与宗旨。还有一些资料性的著作也对我们理解陆费逵的思想有重要帮助，如《陆费逵与中华书局》一书，资料翔实，内容丰富，是研究陆费逵与《新中华》杂志的重要参考资料。④

（二）有关《新中华》杂志的研究

出版史专家叶再生曾经评价《新中华》杂志"是一份存世时间较长和具有一定影响的综合性刊物"⑤。北京大学教授王余光、武汉大学教授吴永贵也认为："中华书局在 30 年代创刊的杂志中，以《新中华》半月刊最为有名。《新中华》……是我国 20 世纪 30 年代与《东方杂志》《申报月刊》齐名的三大综合性杂志之一。"⑥ 此外，马光仁主编的《上海新闻史（1850—1949）》《上海新闻志》编纂委员会编著的《上海新闻史》、

---

① 喻永庆：《〈中华教育界〉与民国时期教育改革》，博士学位论文，华中师范大学，2011年；冯明：《二十世纪三十年代的中国民众教育研究——以〈中华教育界〉为例》，载中国地方教育史志研究会、《教育史研究》编辑部《纪念〈教育史研究〉创刊二十周年论文集（3）——中国教育制度史研究》，2009 年 9 月；田利军：《1930 年代〈中华教育界〉关于"中国教育现代化问题"的讨论》，载中国社会科学近代史研究所民国史研究室、四川师范大学历史文化学院《"1930 年代的中国"国际学术研讨会论文集》下卷，社会科学文献出版社 2005 年版；刘伟：《〈大中华〉杂志研究》，硕士学位论文，河南大学，2008 年；孔祥东的《〈大中华〉杂志与民初的政治文化思潮》，硕士学位论文，湖南师范大学，2007 年。

② 郑子展：《陆费伯鸿先生年谱》，1947 年油印本。

③ 王建辉：《教育与出版——陆费逵研究》，中华书局 2012 年版。

④ 俞筱尧、刘彦捷：《陆费逵与中华书局》，中华书局 2002 年版。类似的著作还有，陆费逵：《陆费逵自述》，安徽文艺出版社 2013 年版；《陆费逵文选》，中华书局 2011 年版。

⑤ 叶再生：《中国近代现代出版通史》第 2 卷，华文出版社 2002 年版，第 1084 页。

⑥ 王余光、吴永贵：《中国出版通史》民国卷，中国书籍出版社 2008 年版，第 35 页。

方汉奇主编的《中国新闻事业编年史》均有《新中华》杂志简单的介绍。① 而早在 20 世纪 30 年代，学者毕树棠在《独立评论》上发文，认为《新中华》杂志与知名的《东方杂志》一起，是当时书店（出版社）杂志中"标准最高的，出版最好的"②。新中国成立后的 1957 年，上海三联书店认为《新中华》杂志与中国近代史和学术研究有密切的关系，为了解决研究者找寻困难，还专门编辑了《新中华》总目（1933.1—1949.5）；吴俊、李今、刘晓丽编《中国现代文学期刊目录新编》也收录了《新中华》目录。③ 显而易见，这些仅是对《新中华》简要介绍及评价，真正意义上研究《新中华》杂志的只有陈江和张秀丽两人，陈江在《从〈大中华〉到〈新中华〉——漫谈中华书局的两本杂志》一文中简洁地介绍了《新中华》杂志创办的原因、经过及基本内容；④ 张秀丽在《〈新中华〉杂志的时政解读与社情传播》一文中介绍了《新中华》杂志基本概况，并着重阐述了《新中华》对时事政治的解读，对地域社会民情、风俗知识的传播。⑤ 从现有的研究成果来看，学界尚没有对这份刊物进行过系统的研究。

（三）有关《新中华》作者的研究

20 世纪 30 年代，《新中华》杂志部分作者已是知名学者，公开出版了一些专著，如武堉干的《中国国际贸易史》，章乃器的《中国货币金融问题》《抗日必胜论》《民众基本论》，王亚南的《现代外交与国际关系》与千家驹、李紫翔的《中国乡村建设批判》等。⑥《新中华》杂志的编辑

---

① 马光仁：《上海新闻史（一八五〇—一九四九）》，复旦大学出版社 1996 年版；《上海新闻志》编纂委员会：《上海新闻史》，上海社会科学院出版社 2000 年版；方汉奇：《中国新闻事业编年史》，福建人民出版社 2000 年版。

② 毕树棠：《中国的杂志界》，《独立评论》1933 年第 64 号。

③ 生活·读书·新知三联书店编辑部编：《"新中华"总目》，生活·读书·新知三联书店 1957 年版；吴俊、李今、刘晓丽：《中国现代文学期刊目录新编》，上海人民出版社 2010 年版。

④ 陈江：《从〈大中华〉到〈新中华〉——漫谈中华书局的两本杂志》，《编辑学刊》1994 年第 2 期。

⑤ 张秀丽：《〈新中华〉杂志的时政解读与社情传播》，《史学月刊》2013 年第 1 期。

⑥ 武堉干：《中国国际贸易史》，商务印书馆 1927 年版；章乃器：《中国货币金融问题》，生活书店 1936 年版；《中国经济恐慌与经济改造》，中华书局 1935 年版；《抗日必胜论》，上海杂志公司 1937 年版；《民众基本论》，上海杂志公司 1937 年版；王亚南：《现代外交与国际关系》，中华书局 1933 年版；千家驹、李紫翔：《中国乡村建设批判》，生活书店 1937 年版。

基本上是中华书局的职员，一方面他们有著述的任务；另一方面他们也利用职务的便利，编辑出版了一些著作。主要有：周宪文的《资本主义与统制经济》，周伯棣的《中国货币史纲》《货币与金融（二）》与钱亦石的《中国农村问题》等。① 新中国成立后，更多学者的文集整理出版，譬如《章乃器文集》《钱歌川文集》《王亚南文集》等。②

　　以上主要是《新中华》一些作者的资料出版。资料是开展相关研究的重要基础，在资料出版的基础上，有关《新中华》重要人物的具体研究成果也陆续发表。譬如关于王亚南的成果主要集中于其经济思想与中国官僚政治研究中。与本书相关的成果主要有甘民重、林其泉的《王亚南传略》、叶世昌的《王亚南民主革命时期的经济思想》与胡培兆、周元良的《三、四十年代王亚南经济思想概述》等，这些文章主要介绍了王亚南的生平与关于他在 20 世纪 30 年代对马克思主义经济学的研究与传播，以及对中国经济形态的研究。③ 不足的是 20 世纪 30 年代王亚南在上海写了不少关于时政文章，其中多半发表在《新中华》杂志上，这些都没有引起足够的重视。

　　学界关于《新中华》另一重要人物章乃器的研究也较深入。早在1999 年，林漱非就出版了章乃器的个人传记；此后，张学继、李玉刚、邓加荣等人进一步对章乃器的生平活动与思想展开研究，取得不错的成果。④ 与本书密切相关的成果是孙建国、李玉刚等人对章乃器 20 世纪30 年代货币金融思想的深入研究，他们认为章乃器首倡"信用统制"说，并主张中国建立统一、现代的银钱市场，资本市场，及统一、独立的货币体系；李玉刚还认为章乃器货币金融思想最大的特色在于："始

---

　　① 周宪文：《资本主义与统制经济》，中华书局 1933 年版；周伯棣：《中国货币史纲》，中华书局 1934 年版；周伯棣：《货币与金融（二）》，中华书局 1935 年版；钱亦石：《中国农村问题》，中华书局 1935 年版。

　　② 《章乃器文集》，华夏出版社 1997 年版；《钱歌川文集》，辽宁大学出版社 1988 年版；《王亚南文集》，福建教育出版社 1988 年版。

　　③ 甘民重、林其泉：《王亚南传略》，《党史资料与研究》1987 年第 4 期；叶世昌：《王亚南民主革命时期的经济思想》，《经济思想史评论》2007 年第 1 期；胡培兆、周元良：《三、四十年代王亚南经济思想概述》，《学术月刊》1982 年第 11 期。

　　④ 林漱非：《章乃器》，花山文艺出版社 1999 年版；张学继：《坦荡君子：章乃器传》，浙江人民出版社 2007 年版；邓加荣、田羽：《章乃器传》，民主与建设出版社 2011 年版；李玉刚：《章乃器》，群言出版社 2013 年版。

终自觉地将帝国主义侵略掠夺和封建剥削压迫这两大因素作为基本之研究前提。"①

　　钱歌川是现代中国著名的文学家与翻译家，也是《新中华》的主要编辑之一，学界主要注意他的文学创作与翻译思想，而只有吴永贵等少数学者意识到钱歌川的文学生涯是从中华书局开始的，取得的成就也离不开中华书局的栽培；他强调钱歌川在任《新中华》杂志编辑期间，与上海文人作家交流密切，由此"闯进了文学活动的中心"；钱歌川此时的著作大量刊发在《新中华》杂志上，使他在文学上获得较高的声誉。②

　　总体来看，20 世纪 30 年代《新中华》部分学人虽然受到学界重视，但注意力不在其"救亡"与"建国"思想上。另外，《新中华》大部分学人思想还没有受到应有的关注，成果也较少。如对《新中华》知名编辑与主要作者之一的周宪文，学界也只是简要的介绍其著述与生平，对其思想几乎没有涉及。③ 有关钱亦石的研究成果，只是强调他的共产党员背景，其他则语焉不详。④

　　由上述可知，一方面，《新中华》杂志是 20 世纪 30 年代较有影响力的一份刊物，而学界关注它的人不多，专门研究成果较少，这与其在 20 世纪 30 年代知识分子中所具有的重要地位不符，值得进一步研究；另一方面，由于《新中华》的综合性质，其作者与读者较之于《独立评论》这类的精英刊物更接近普通大众，对《新中华》学人的研究，可以反映 20 世纪 30 年代媒体与知识分子的另一个面向，从而较完整地呈现当时知识分子的思想。有基于此，本书在对上述相关研究进行简要梳理的基础上，探讨 20 世纪 30 年代《新中华》学人的"救亡"与"建国"思想，以便对 20 世纪 30 年代知识分子的思想有更为清晰完整的认识。

---

　　① 孙建国：《20 世纪 30 年代章乃器信用统制经济思想评述》，《上海师范大学学报》（哲学社会科学版）2004 年第 3 期；李玉刚：《源于实践之货币金融学真知——章乃器货币金融学术思想述论》，载中国社会科学院近代史研究所民国史研究室、四川师范大学历史文化学院编《二十世纪三〇年代的中国》上卷，社会科学文献出版社 2006 年版。

　　② 吴永贵：《钱歌川，文学生涯从中华书局开始》，《光明日报》2008 年 1 月 5 日第 5 版。

　　③ 方秋苇：《怀经济学家周宪文》，《档案与史学》1995 年第 2 期；朱伯康：《多产的经济学家》，《书城》1994 年第 1 期。

　　④ 杨存厚：《从红色教授到抗日将领——钱亦石》，《湖北社会科学》1991 年第 6 期。

第三节　研究方法、基本资料与基本思路

一　研究方法

虽说史无定法，但治史需根据研究的主题，收集的资料以确定最适合的研究方法。就本书而言，主要采用以下研究方法：

首先，采用历史实证的方法，即以历史唯物主义为指导，在以往学者研究成果的基础上，以 20 世纪 30 年代《新中华》学人"救亡"与"建国"思想为研究对象，立足于《新中华》杂志等史料，在分析论证的过程中，不脱离历史实际，努力接近历史的真相。

其次，借助新闻传播学的理论与方法，对《新中华》杂志的创刊、编辑、作者及运营等情况进行分析，特别是通过对作者群的深入剖析，以了解《新中华》学人的思想倾向，及其在"救亡"与"建国"方面的主张。

最后，采用比较的方法，《新中华》杂志是中华书局创办的综合性杂志，它与《独立评论》等同人报刊不同，且《新中华》杂志作者群体与"独立评论"派知识分子也有较大差别。因此，在解读《新中华》资料的同时，注意与其他类型的刊物资料进行比较研究，以进一步认清《新中华》学人思想的特点。

总之，采用不同的研究方法，是为了形成多维的视角，更好地研究《新中华》学人的"救亡"与"建国"思想。

二　基本资料

《新中华》（1933—1937 年）杂志是本书的主体资料，但为了对 20 世纪 30 年代《新中华》学人的"救亡"与"建国"思想进行整体与比较研究，此时《新中华》学人在其他刊物所发表的论文及编辑出版的著作也是重要的资料。同一时期的《东方杂志》《独立评论》《申报月刊》等刊物所反映的知识分子思想可以作为本书研究的参考、对比及补充资料。此外，由于《新中华》杂志只是中华书局所办刊物的一种，解读《新中华》杂志还必须依赖中华书局的其他相关资料，如有关中华书局的选编史料、书籍目录、回忆录、著作集，陆费逵、舒新城等人的自述、文选、书信、日记，以及中华书局所办的其他刊物，如《大中华》《中华教育界》等。

本书还参阅有关中国近代思想史、出版史、民国时期的各类资料选编、传记资料等，如张静庐、宋原放等人所编辑出版的《中国近代出版史料》《中国现代出版史料》《中国出版史料》等新闻出版史料，蔡尚思等编的《中国现代思想史资料简编》，中国社会科学院新闻研究所编的《新闻研究资料》、各级政协收集整理的《文史资料》，台湾出版的《传记文学》等。

三　基本思路

在研究思路上，本书大体从远东局势、对日态度、政治主张、经济建设与救济农村等几个方面论述《新中华》学人的"救亡"与"建国"思想。具体章节安排如下：

绪论部分简要阐述本研究的旨趣，并对 20 世纪 30 年代中国知识分子"救亡""建国"思想的研究成果，以及《新中华》杂志相关成果进行回顾，同时简单介绍本书的研究方法、基本资料及基本思路等。

第一章简述《新中华》杂志创办的渊源、创刊过程、宗旨、内容、编辑、作者及停刊等基本情况。特别强调《新中华》杂志是在"国难"的背景下，由爱国知识分子创办的一份刊物，关注的中心内容是"救亡图存"与"国家建设"。

第二章介绍《新中华》学人对远东国际局势的看法。在远东国际关系中，除了中、日之外，英、美、苏及"国联"是最关键的力量。《新中华》学人对"国联"非常不满，认为"国联"不仅无力调解中日争端，还偏袒日本。英、美、苏等国为了维护自身利益，也对日本在中国的侵略行为采取容忍与退让的政策。"国联"与西方各国的所作所为是中国局势持续恶化的主要原因之一。《新中华》学人对"国联"与西方各国的本质，以及远东时局有较清醒的认识，在总结弱小国家经验与教训的基础上，他们提出"中国人前途靠中国自己去决定"的主张。

第三章分析《新中华》学人对日本的观察及其对日态度。《新中华》学人通过对日本深入的研究，认为 20 世纪 30 年代的日本社会因受经济危机的影响而动荡不安，军部法西斯势力乘机膨胀。在军部的引导下，日本开始迈向战时经济，并大肆扩军备战，对中国大规模的侵略已不可避免。与之对比，此时的中国军事实力不强，物质力量薄弱，但在其他方面蕴藏着极大的潜力。《新中华》学人面对当时日本侵略者不断挑衅与武力进犯，虽然明知敌强我弱，但坚决主张抵抗日本侵略，提出从物质与精神两方面增强国力，巩固国防，实行持久、全面的抗日战争。

第四章探讨《新中华》学人的政治诉求。20 世纪 30 年代《新中华》学人最大的政治愿望是谋求国家统一。此时中国的领土完整遭受列强的严重破坏，特别是日本对中国疯狂侵略，大肆鲸吞我国领土。面对国家危局，《新中华》学人认为"统一的大业，只能在抗敌的旗帜下完成"。与此同时，中国内战频仍，依然处于四分五裂之中，《新中华》学人设想通过修明政治以奠定国家统一之基础，期盼中国早日结束内战。此外，《新中华》学人还看到边疆地区是外敌入侵中国与中国内乱的重点地区，认为加强边疆地区建设对维护国家统一至关重要。

第五章阐述《新中华》学人的经济建设思想。在 20 世纪 30 年代中国经济陷入严重危机的情况下，《新中华》学人最关心的问题是如何才能打开经济的出路，迅速发展民族工商业，增强反抗日本帝国主义的实力。经过认真分析，他们认为打开中国经济的出路，实现国家富强，首先是改造自救，其次是"排除国际帝国主义之压迫"，再次是实施统制经济。

第六章着重讨论《新中华》学人的农村救济思想。由于帝国主义与封建势力的压榨，以及天灾人祸等方面的原因，20 世纪 30 年代中国普通农民无地化与贫困化情况日趋严重，农业耕种面积逐渐缩小，农作物产量下降，同时农产品价格日渐下跌，农业陷入严重的危机之中。为救济和复兴中国农村，《新中华》学人提出稳定农产品价格、调剂农村金融、扩大农业生产与解决土地问题等种种办法，希望通过乡村建设来解决困扰中国发展的农村问题。

需要指出的是，本书第二、第三章重点讨论《新中华》学人的"救亡"思想，第四、五、六章主要讨论《新中华》学人的"建国"思想。虽然，"救亡"与"建国"两个概念的侧重点不同，"救亡"侧重点对外，主要指抗战御侮，"建国"侧重点对内，主要指国内各项建设。但"救亡"与"建国"两者之间是紧密联系、互为因果的关系，我中有你，你中有我，是问题的"一体两面"。"救亡"可以为"建国"创造空间与机会，"建国"的主要目的是"救亡"，"救亡"与"建国"的共同目标是建立一个独立、统一、民主、富强与文明的"新中华"。

简言之，20 世纪 30 年代《新中华》学人的"救亡"与"建国"思想是本书讨论的主要内容。在讨论这一主题时，本书还希望能够以此观照中国近代知识分子为追求建立一个独立、统一、民主、富强的"新中华"而作出的思考与选择。

第一章

《新中华》杂志概述

以往学界对《新中华》杂志关注不多，对相关的有些问题的认识还比较模糊。因此，在讨论《新中华》学人思想前，有必要先对《新中华》杂志本身做一些基本考察。

第一节　从《大中华》到《新中华》

一　中华书局与《大中华》的创刊

1912 年 1 月 1 日，中华民国中央临时政府在南京成立。同一天，有着民营出版事业性质的中华书局在上海成立，局长为陆费逵，另两位重要合伙人为戴克敦和陈寅。2 月 23 日，在《申报》上发表的《中华书局宣言书》宣称："立国根本在乎教育，教育根本实在教科书。教育不革命，国基终无由巩固；教科书不革命，教育目的终不能达也。……民国成立，即在目前……从此民约之说，弥漫昌明；自由之花，蔚皇灿烂，俾禹域日进于文明，华族获葆其幸福，是则同人所馨香祷祝者也。兹将本局宗旨四大纲列左：一、养成中华共和国国民；二、并采人道主义、政治主义、军国民主义；三、注意实际教育；四、融和国粹欧化。"① 中华书局以出版教科书起家，教科书固然是其实现理想的最重要途径，但由于局长陆费逵本为报人出身，在创办中华书局之前曾任《楚报》主笔，主编过《图书月报》，还创办和主编过商务印书馆历史上最重要的杂志之一——《教育杂志》。因此，陆费逵认识到实现"养成中华共和国国民"，"融和国粹欧化"等宗旨，也需要借助报刊媒介的力量，故中华书局在编辑出版教科

---

① 《中华书局宣言书》，《申报》1912 年 2 月 23 日第 7 版。

书的同时，也陆续创办了"中华"系列杂志。

1912 年 3 月 25 日，中华书局第一本杂志——《中华教育界》创刊。接着，1914 年 1 月，《中华小说界》《中华实业界》公开出版；6 月、7 月，《中华童子界》《中华图书界》《中华儿童画报》编辑发行。1915 年 1 月，《大中华》《中华妇女界》《中华学生界》又相继创刊。

与"中华"系列的其他杂志相比，《大中华》杂志有所不同，从一开始就是一份综合性的学术和政治刊物。

中华书局为什么会创办《大中华》杂志？这需要从中华书局文教事业早期发展的脉络中去考察。自 1912 年年初成立后，中华书局的主要竞争对手是当时中国最大的私营出版企业——商务印书馆。中华书局创办人陆费逵、戴克敦原本出身于商务，对教科书业务十分熟悉，据时人回忆："1911 年秋，武昌起义后，陆费逵'预料革命定必成功，教科书应有大的改革'。于是同戴克敦、陈寅、沈颐等在家秘密编辑合乎共和体制的教科书，预作准备。"① 由于当时的商务印书馆应对辛亥革命迟缓和受夏瑞芳债务②之累，在教科书经营上出现失误。而 1912 年刚成立的中华书局所推出的"中华"系列中小学教科书则非常畅销，供不应求。陆费逵后来回忆说："草创之时，以少数资本，少数人力，冒昧经营，初未计及其将来如何。开业之后，各省函电纷弛，门前顾客坐索，供不应求。左支右绌，应付之难，机会之失，诒非言语所能形容。营业之基础立于是。"③ 中华书局成立的第一年，其"营业额超过 20 万元"④。中华书局的实力随着营业额的上升而大增，至 1913 年 4 月中旬，"随着业务迅速发展，人员不断增加，总公司编辑、事务、营业、印刷四所迁至东百老汇路 AB29 号（发行所仍在河南路 5 号），连租用旁边民房二百余间。时编辑员增至七八十人，办事员二百余，印机十五六台"。4 月 20 日，陆费逵在股东大会

---

① 钱炳寰：《中华书局大事纪要（1912—1954）（私营时期）》，中华书局 2002 年版，第 2 页。

② 夏瑞芳为商务印书馆最早的出资人之一。1910 年，由于夏瑞芳投机"橡皮股票"失败，商务印书馆损失巨大，公司正常运转受到影响。

③ 李湘波：《出版印刷事业的开拓者陆费伯鸿先生》，载俞筱尧、刘彦捷《陆费逵与中华书局》，中华书局 2002 年版，第 71 页。

④ 中华书局编辑部：《中华书局百年大事记（1912—2012）》，中华书局 2012 年版，第 6 页。

上报告各地分局设立情况："分局之设，始于南昌、天津，经理得人，成绩颇著。去冬，余偕戴君劼哉往京、津、奉、汉，布置一切，阴历岁暮，复往广东。各省销数，大概有分局者较佳，以供给足而呼应灵也。今年更分设湘、鄂、晋、豫及长春、保定等处，成绩皆有可观。本年三个月之贸易，已足抵客岁全年而有余。"①

　　根据《中华书局大事纪要》记载，1913 年上半年，中华书局经营状况非常好，"总分局合计上半年营业额三十五万余元，盈余九万余元。是年春，各省以附加税办学，学校与学生数倍蓰于前，教科书销路大增，有供不应求之势"②。但不久之后，中华书局经营出现困难，"1913 年 7 月至 1914 年 6 月，总分局营业额七十余万元，盈余十三万余元，未能达到预期一百万元之营业额"。究其原因，一方面是由于局势不稳所致，"在此期内，始则有'二次革命'战争，南方各省纷纷举兵，长江中下游处处战乱，上海也在枪林弹雨之中，南京、广州扰乱尤甚，汉口为运兵枢纽，风鹤频惊，湖南纸币价值大跌，河南、湖北等省复有白狼起事，这些战乱延续至九十月间。在此期间、市面不振，交通阻梗，汇兑不畅，营业自受影响"。另一方面原因是来自商务印书馆的激烈竞争。商务印书馆在经过短暂的沉寂后，着力在中小学教科书上挽回颓势，与中华书局的竞争日益激烈。与实力雄厚的商务印书馆相比，羽翼未丰的中华书局自然稍逊一筹。1914 年，中华书局为了摆脱经营困境，同时为了避免与商务印书馆之间的恶性竞争，曾开董事局会议讨论与商务联合问题，后来此事搁置未议。在竞争日益激烈的情况下，中华书局除了努力经营教科书外，希望"发行所扩大业务范围，添设西书部及仪器文具部。认为贩卖西书以输入欧美文化，供学子之钻研；搜集古书以流传国学，引宿儒之注目；仪器文具为日用必需之品，制造贩卖，不仅可获锱铢，抑亦助顾客之兴味，广书籍之行销。"③试图开辟教科书之外的书籍业务。但开展教科书之外的书籍业务并不容易，必须有合适的人力、物力、稿源与推广的办法。在这种情况下，中华书局创办者认为：创办综合类杂志是摸索开

---

① 钱炳寰：《中华书局大事纪要（1912—1954）（私营时期）》，中华书局 2002 年版，第 7—8 页。

② 同上书，第 10 页。

③ 同上书，第 14—15 页。

拓出版业务的一种手段，因为通过创办综合类杂志一方面可以与作者建立紧密的联系，另一方面可以在杂志上刊登本书局书籍的广告，扩大影响，增加销量。正如出版人陈江所说："出版社为什么热衷于办杂志呢？因为办杂志本来就是出版社的经营手段之一——杂志办得好，可以带来颇为丰厚的收入。……其次，杂志如果办得差一点，通过刊登他人广告或宣传本版图书，也不会发生亏损。同时，杂志上刊登过的受欢迎的文章或小说，可以抽出来汇编成书或小说集。商务的'东方文库'就是《东方杂志》上某些文章的结集。第三，创办杂志可以树立出版社的企业形象，提高知名度。老牌的商务印书馆与老牌的《东方杂志》，红花绿叶，相得益彰，在三十年代，颇引起其他出版社的瞩目。"① 事实情况也是如此，商务印书馆于 1904 年创办了综合性刊物——《东方杂志》，取得了很好的效果。中华书局为与之竞争，势必也要创办一个与之相较且有影响力的杂志——《大中华》。即如研究者所指出的："在全国出版界中，商务印书馆较中华书局先成立了 10 余年，根深蒂固，早已先声夺人。中华要想后来居上，确非易事。其时首屈一指的综合性杂志，就是商务的《东方杂志》。陆费逵不甘示弱，他请梁启超主编《大中华》杂志，名噪一时。"②

《大中华》杂志创刊的另一个原因是：陆费逵等中华书局创办人充分认识到杂志这种传播媒介在推动社会发展过程中所起的重要作用。报人出身的陆费逵老早就对报刊的社会功能有一定的认识，1913 年的日本考察使陆费逵对报刊的舆论作用有了更深入的领会。中华书局编辑所所长舒新城曾回忆说：陆费逵"于民国二年一度赴日考察，归而建发行所及印刷所。"③ 正是这一次的日本考察，陆费逵看到日本杂志的兴盛，及其对社会发展的贡献，认为："除教科书外，希望较大者为字书及杂志。"因此，"前岁归自日本，即以尽力杂志为怀，《教育界》《小说界》《实业界》《童子界》《儿童画报》，均已出版，销路尚佳，评论颇好。明年出者更有

① 陈江：《从〈大中华〉到〈新中华〉——漫谈中华书局的两本杂志》，《编辑学刊》1994 年第 2 期。

② 吴中：《近代出版业的开拓者陆费逵》，载俞筱尧、刘彦捷《陆费逵与中华书局》，中华书局 2002 年版，第 115 页。

③ 舒新城：《陆费伯鸿先生生平略述》，载俞筱尧、刘彦捷《陆费逵与中华书局》，中华书局 2002 年版，第 348 页。

《大中华》《学生界》《妇女界》三种"①。陆费逵后来还多次强调："一国学术之盛衰，国民程度之高下，论者恒于其国杂志发达与否觇之。盖杂志多则学术进步，国民程度亦高；而学术愈进步，国民程度愈高，则杂志之出版亦愈进也。"他不仅把杂志与学术进步紧密地联系在一起，还认为杂志对国民进步，民族进步有重要推动作用。因此，中华书局在1912年创办《中华教育界》之后，于1914年、1915年又相继创办了《中华小说界》《中华实业界》《中华童子界》《中华妇女界》《中华学生界》《大中华》等杂志。在上述杂志中，陆费逵尤其重视《大中华》杂志。在《大中华》的宣言书中，陆费逵说："盖此种事业（出版杂志），非有适当之人才与目的，适当之资本与机关，固不能久大而有裨于社会也。今者吾局刊行《大中华》杂志，其于此四者果何如乎？杂志事业，吾局已认为要图，自当竭尽心力为之，资本、机关二者，固不俟言矣。梁任公先生学术文章海内自有定评，窃谓我国中上流人稍有常识者，固先生之功居多；而青年学子作应用文字，其得力于先生者尤众。吾《大中华》杂志与先生订有三年契约，主持撰述，此外担任著译诸君，亦皆学术专家，文章泰斗。人才一端，亦毋庸赘述。"② 当然，陆费逵对《大中华》也有着特别的期待，陆费逵在对股东会的报告中说，创刊《大中华》，"期于杂志界放一异彩，即使直接无盈利，然精神上之利益实无穷也"③。由此看出，《大中华》杂志很大程度上是出于提高国民素质，推动社会进步而创办的。

二 《大中华》杂志的影响和停刊

著名新闻史家戈公振在其名作《中国报学史》中盛赞《大中华》为"欧战后之重要出版物。"④ 确实，《大中华》杂志在当时是一份重要的刊物，影响很大。从发行量来看，《大中华》"每期销数2万份"⑤。与之对

---

① 钱炳寰：《中华书局大事纪要（1912—1954）（私营时期）》，中华书局2002年版，第17页。

② 陆费逵：《〈大中华〉宣言书》，《大中华》创刊号，1915年1月。

③ 中华书局编辑部：《中华书局百年大事记（1912—2012）》，中华书局2012年版，第14页。

④ 戈公振：《中国报学史》，上海古籍出版社2003年版，第223页。

⑤ 张朋园：《梁启超与民国政治》，吉林出版集团有限责任公司2013年版，第240页。

比，在知识界中声誉较高的《东方杂志》，在辛亥前后只不过"销行到一万份以上"①。那么，《大中华》为什么有这么大的销量及影响呢？究其原因有二：

其一，有明确的办刊目的和宗旨。陆费逵撰写的《宣言书》介绍《大中华》杂志的目的有三：一是"养成国民世界知识"，二是"增进国民人格"，三是"研究事理真相以为朝野上下之南针"。欲达到这些目的，《大中华》的主要内容将"论述各国大势，介绍最新之学说"，"叙述个人修养之方法及关于道德之学说"与"多研究国家政策与社会事业之方针"②。梁启超在《大中华》发刊辞《中国之前途，国民之自觉心，本报之天职》中指出中国社会存在一大不良现象——当时中国举国聪慧有才之士都集中于政治领域，而社会事业无人问津。他认为不从社会方面培养合适的政治人才，中国腐朽恶劣的政治根本没有改良的希望，国民事业也因此颓废，进而影响到国家的存亡。为改革这种不良局面，梁启超提出《大中华》杂志的宗旨应该注重社会教育，"本报同人不敏，窃愿尽其力所能逮，日有所贡献，以赞助我国民从事个人事业、社会事业者于万一，此则本报发行之职志也"③。陆、梁表述不同，但目的一致，都认为《大中华》杂志应该为养成健全的国民与社会作出努力。欧阳仲涛在《大中华》第2卷第1期上发表《过去一年之感想》一文，强调《大中华》内容覆盖了一年以来中国与世界"最有异彩"的信息，如"昨岁三秋，各省之将吏绅商，劝进之书，拥戴之电，灿然布列，于是大总统就职之誓言以民意取消之，中华民国以民意改造之……""曰科学之功能，曰民意之价值。此皆过去一年中特箸之现象，为历史上得未曾有之新闻，记者概举之，用为与吾《大中华》读者、诸君献岁相见之辞。"④ 这些内容通过《大中华》杂志这个媒介，传播到全国各地，借此教育民众，推进社会文明进步。由此可知，《大中华》杂志的内容基本遵循办刊目的和宗旨。

其二，拥有众多知名的撰稿人和刊出有影响力的论著。在众多知名的

---

① 章锡琛：《漫谈商务印书馆》，载全国政协文史资料研究委员会《文史资料选辑》第43辑，中华书局1964年版，第55页。

② 陆费逵：《〈大中华〉宣言书》，《大中华》创刊号，1915年1月。

③ 梁启梁：《发刊辞：中国之前途，国民之自觉心，本报之天职》，《大中华》创刊号，1915年1月。

④ 欧阳仲涛：《过去一年之感想》，《大中华》第2卷第1期，1916年1月。

撰稿人中梁启超的作用最大，为了扩大广告效应，在《大中华》的封面上就特写"梁任公先生主任撰述"，在第 1 卷第 1 期陆费逵发表的《宣言书》之后紧接着就是一篇介绍《梁任公之著述生涯》的文章，"梁任公先生之生涯二十年来著述与政治各半……今先生拟中止政治生涯专从事于著述精神全贯注于本杂志。近来每月乞假十余日，屏居西山撰著文字已成十余万言，寄到本社，以备陆续付刊。先生办此报之宗旨有二：注重社会教育，使读者能自求立身之道与治生之方，并了然于中国与世界之关系以免陷于绝望苦闷之域；次则论述世界之大势战争之因果，及吾国将来之地位与夫国民之天职，以为国民之指导。先生最近之著述生涯也"。此文明显借用梁任公的声望来为《大中华》作宣传。此外，梁启超还在《大中华》第 1 卷第 8 期发表《异哉所谓国体问题者》一文。此文被史学界公认是梁启超驳杨度君宪救国论、明确反对帝制的一篇极有影响的雄文，是揭开护国战争序幕的惊世之作，该文一经刊出，迅速被各大报刊转载，风行一时，极大地提升了《大中华》杂志的影响力。而其他撰稿人也纷纷在《大中华》杂志中刊文反对帝制，如近代史上著名爱国民主人士蓝公武针对当时社会上倒行逆施的尊孔复古运动，在《大中华》第 1 卷第 1 期上撰有《辟近日复古之谬》一文，首先他表明态度，"时代迁移则古今易辙，文化相接则优劣立判，居今之世而欲复古之治，以与近世列强之科学智识国家道德相角逐，是非吾人所大惑不解者耶。……所谓忠孝节义者，无一不与近世国家之文化相反……尧舜禹汤文武周公孔子之道，亦仅属于过去之文化，而非今日所可奉以为教化之法则"。他认为国家的前途"不在复古，而在革新；不在礼教，而在科学"①。除梁启超、蓝公武外，《大中华》的主要撰稿人还有康有为、章太炎、吴贯因、谢无量、张君劢、王宠惠、张东荪、张謇、林纾、范源廉、梁启勋、欧阳溥存、张相、蒋方震、黄远庸等人，他们就政治和学术等问题在《大中华》上发表文章，展开论争。

　　1917 年中华书局经营出现严重问题，濒于破产，这就是中华书局历史上著名的"民六危机"。这次危机出现的主要原因，据陆费逵在 1931 年回忆说："第一由于预算不精密，而此不精密之预算，复因内战而减少收入，因欧战而增加支出。二由于同业竞争猛烈，售价几不敷成本。三则

---

① 蓝公武：《辟近日复古之谬》，《大中华》第 1 卷第 1 期，1915 年 1 月。

副局长某君个人破产，公私均受其累。"① 中华书局为求生存不得不缩减开支，只得断腕停办《大中华》等杂志，改为"大中华丛书"出版。② 《大中华》停刊虽然主要是由于中华书局经营困难，但《大中华》自身的内外困境也是促使中华书局决定其停办的原因。从内部讲，梁启超的再次转身使《大中华》失去绚丽的光环。民国建立之后，梁启超想从政治旋涡中抽身出来从事启蒙大众的报刊工作，但民初的政治混乱使梁启超欲罢不能，很快就卷入到反袁的实际政治斗争中。因此，刘伟在《〈大中华〉杂志研究》中讲梁启超"未能全力投入"③ 办《大中华》杂志。实际确实如此，《大中华》杂志在第 1 卷第 9 期刊登了一则关于梁启超的"本杂志紧急启事"，内容是："本杂志撰述主任梁任公先生，近以养疴津门。本期文稿迟未寄到，而出版经已逾期，迭承各处纷来函促，未便再缓，本期只得暂阙任公先生之文即付印，尚祈鉴谅！是幸！"梁启超在此之后较少供稿给《大中华》杂志，《大中华》杂志的吸引力逐渐减弱了。从外部讲，以商务印书馆的《东方杂志》为代表的竞争对手给予《大中华》杂志以极大压力。创办与《东方杂志》同类型的《大中华》是中华书局与商务印书馆竞争的一个重要手段，这样《大中华》就与《东方杂志》正面竞争。尽管中华书局试图通过聘请梁启超任《大中华》主任撰述占据有利地位，但《东方杂志》也是由著名学者杜亚泉担任主编，作为老牌的刊物，其在中国知识分子中占据非常影响力的地位一时难以撼动。可见，由于内外困境和中华书局的经济危机最终导致《大中华》的停刊。

三　中华书局蓬勃发展与《新中华》的创刊

中华书局由于"民六危机"而停办《大中华》等杂志，虽然这次危机非常严重，中华书局到了"几濒于停业"的地步，但经过陆费逵等人的运筹帷幄和全体中华人的艰辛努力，中华书局又慢慢恢复元气。1925年中华书局在常德、九江、徐州及兰州等地增设分局，资本达到 200 万

---

① 陆费逵：《中华书局二十年之回顾》，载俞筱尧、刘彦捷《陆费逵与中华书局》，中华书局 2002 年版，第 469—470 页。

② 钱炳寰：《中华书局大事纪要（1912—1954）（私营时期）》，中华书局 2002 年版，第30 页。

③ 刘伟：《〈大中华〉杂志研究》，硕士学位论文，河南大学，2008 年。

元。1927 年又在香港增设分局。中华书局在企稳之后重新走上快速发展的轨道，1929 年创办中华教育用具制造厂，1932 年扩充印刷厂，"年营业额增至 400 万元"，1933 年建九龙印刷分厂，"设备之新，号称远东第一"。①

到 20 世纪 30 年代，中华书局已在中国出版界站稳脚跟，进入稳定发展时期，成为全国仅次于商务印书馆的第二大私营出版企业。1933 年 1 月，中华书局创办《新中华》杂志，此时的中华书局出版《新中华》杂志的原因主要有以下几个方面：

第一，20 世纪 30 年代中华书局经营发展的需要。民国以来，中国变幻莫测的时局时刻影响着中华书局的经营发展，中华书局编辑所所长舒新城曾说："一种企业的繁荣，他的后面必得有一种'社会需要'在那里推动；而这种推动力的大小，又与社会经济的荣枯成正比例。"20 世纪 30 年代初，受世界经济危机的影响，中国国民经济日益衰落，严峻的经济环境对中华书局的经营来说是极大的考验。如何在恶劣的处境下维持现状和进一步发展是中华书局决策层必须解决的最重要问题。此外，"九一八"事变、"一·二八"事变和内战频仍也冲击着中国脆弱的经济，造成出版企业经营困难，书籍销售不畅。出版家舒新城曾从经济、政治、文化等方面详细地数落着出版新书的困难，他说中国经济仍是以传统农业经济为主，农民占人口的绝大多数，而传统农民在日常生活中很少需要运用文字，书籍也难以在农村与农民中有市场；而且，中国政治紊乱不堪达到极点，影响到出版企业的正常营业，因此，也影响到新书的出版；另外，新书的出版需要经过筹划、征稿、排校、发行的多种环节，历时较长，由于时局变幻莫测，企业出版新书风险很大，著作"等到印行之后，社会的需要，固然有若干变动，成本反因世界的经济关系而增高，而购买的能力，则日趋日下，销售数目不能达我们所预期者几分之几，更是常有之事。"② 总之，种种实际难题造成新书面世困难。但杂志这种大众媒介能让这些困难得到部分消解，因为"杂志以其出版周期短，售价低廉，便于携带等特点见长，同时它又能像图书那样展开深入的学理讨论，从而影

---

① 熊尚厚：《我国著名出版家陆费逵先生》，载俞筱尧、刘彦捷《陆费逵与中华书局》，中华书局 2002 年版，第 103—104 页。

② 舒新城：《中华书局编辑所》，载舒新城《狂顾录》，中华书局 1936 年版，第 153—154、155、157 页。

响文化学术、世道人心。可以说杂志兼有报纸图书两者的功能，自然不能不谈到杂志"①。中华书局经过慎重考虑，决定集中力量出版中小学教科书与社会畅销书籍，暂时不出版学术著作。当然，为"兼顾发展教育文化与维持公司生存"，中华书局决定，"陆续发刊《小朋友》，《中华教育界》，《英文周报》三种杂志。在印刷能力许可时，拟再刊杂志一二种。"② 不久，中华书局推出了《新中华》杂志。

　　第二，传播文明的有效办法。前文提到中华书局出于推动社会进步的目的创办《大中华》，但由于各种原因，《大中华》最终停办。到 20 世纪 30 年代中华书局得以立足并获得稳定发展，传播文明，承担更多的社会责任成为陆费逵等人的文化追求，杂志这种大众媒介就是最好的渠道。吕思勉曾说："吾国三十年来之出版界，独先缕缕于杂志者，以书报相较，报之力大于书；而以杂志与日报相较，则杂志之力，大于日报也。"③ 此时，陆费逵等人对杂志的认识进一步升华，形成了"杂志是文明国必需品"的看法。他看到：跻身于强国行列的日本，有一种名为 king 的月刊，每期销售 90 万—150 万，还有很多发行量在 30 万、50 万的妇女杂志、儿童杂志等普通杂志。另外，他还列举欧洲各国的情况："义国有一种星期六周刊，每期销三四百万份，每份每年售美金二元。封面广告每期须五千美金。全期售报及广告收入，约一千五百万至二千万美金，合国币六千万至一万万元。一种杂志的营业，等于我国印刷出版业全部之二、三倍"；"德国有一种图画周刊，用四十五部卷筒机连接印刷，真是洋洋大观。一种杂志所用的机械，比我国印刷出版业全体大几倍"。杂志在西方先进国家非常发达，与之对比，我国的情况十分糟糕，"销到三五万的杂志，便如凤毛麟角"，出版业、报刊业十分幼稚与落后。从另一个角度看，落后意味着有更大的发展空间，正如陆费逵所说："前途还有一千倍以上的发

---

① 吴永贵：《陆费逵与中华书局对中国文化的贡献》，载俞筱尧、刘彦捷《陆费逵与中华书局》，中华书局 2002 年版，第 212 页。

② 舒新城：《中华书局编辑所》，载舒新城《狂顾录》，中华书局 1936 年版，第 159 页。

③ 吕思勉：《三十年来之出版界（1894—1923）》，《吕思勉遗文集（上）》，华东师范大学出版社 1997 年版，第 379 页。著名文学家林语堂在 20 世纪 30 年代也认识到杂志能有效促进文化的传播，起到引导、教育民众的作用，"期刊是一个国家文化进步的最好体现。归根结底，期刊不同于书籍，其功能是作为一种媒介，起到教育群众、观察最重要的国内外形势、提倡文学艺术和新思想运动，以及不断引导思想潮流和修正错误的作用"。林语堂：《中国新闻舆论史》，中国人民大学出版社 2008 年版，第 125 页。

展"，关键在于："我们要努力！"① 正是认识到杂志是传播文明的有效方式，能对中华民族产生重要影响，而当前中国报刊十分落后，有必要加倍努力改变出版业的现状，因此，中华书局在20世纪30年代决定创办《新中华》等刊物。

　　第三，为"救亡"与"建国"贡献一分力量。民国以来，外患日深，作为中国知识分子的集聚地，中华书局员工都有强烈的爱国情怀，特别是局长陆费逵，以爱国救国为己任，致力于书业。他曾经说过："我们希望国家社会进步，不能不希望教育进步，我们希望教育进步，不能不希望书业进步。我们书业虽然是较小的行业，但是与国家社会关系却比任何行业为大。"② 为传播文化知识，提高民众素质，推进社会文明进步，陆费逵苦心经营中华书局，在20世纪30年代前，出版了以《大中华》与"大中华丛书"为代表的一批有影响力的书刊。20世纪30年代"九一八"事变发生，东北沦陷；随后，日军挑起"一·二八"事变，进攻上海，炸毁商务印书馆，陆费逵强烈谴责日军的暴行，惋惜中国文化所受的损失，"'一·二八'之日军暴行，予我国印刷业出版业一个大打击。他们是有意摧残我国文化，我们要努力恢复进展！"③ "国难"日深，如何"恢复""我国文化"，如何抗敌？作为出版人，陆费逵等人又想通过出版书刊，为抗敌救亡与建设中国贡献一分力量。1932年，在陆费逵等人的策划下，中华书局编辑出版了《东北研究丛书》和《淞沪抗日战事始末》《淞沪御日战史》《一·二八淞沪抗日之役庙行镇战记》等著作，宣传爱国抗敌思想。为扩大抗日舆论，他们决定利用杂志这个新式媒介，在中华书局出版的刊物《小朋友》上编辑《抗日救国》与《淞沪战事记略》等专刊。后来，陆费逵等人想创办新的刊物，从学术上深入讨论"抗战"与"建国"问题。据《新中华》杂志最早编辑之一的周宪文回忆，1932年陆费逵邀请周宪文等人创办一个新的杂志，准备定名《中国与中国人》，陆费逵认为中国之所以如此落后，之所以沦落到亡国的边缘，"都是因为有些人忘

---

　　①　陆费逵：《六十年来中国之出版业与印刷业》，载俞筱尧、刘彦捷《陆费逵与中华书局》，中华书局2002年版，第478—480页。

　　②　陆费逵：《书业商会二十周年纪念册序》，载俞筱尧、刘彦捷《陆费逵与中华书局》，中华书局2002年版，第440页。

　　③　陆费逵：《六十年来中国之出版业与印刷业》，载俞筱尧、刘彦捷《陆费逵与中华书局》，中华书局2002年版，第480页。

了中国，忘了自己是中国人"。创刊《中国与中国人》的目的是使"人人有国家的观念"与"人人明白自己是中国人"。后来在《新中华》杂志的创刊号上，陆费逵发表了一篇《备战》的文章，希望国人能团结一致，长期抵抗，打败日本帝国主义。可以看出，身为出版人，在国家危难之际，陆费逵等人本能地想通过文化出版参加"救亡"活动，并通过报刊媒介积极宣传"救亡"与"建国"思想，号召更多的人投身于爱国救亡事业。

由于种种原因，中华书局想创办一种介绍新知，讨论"救亡"与"建国"的刊物，正如《新中华》创刊号的编辑室谈话中所讲的，"我们在几年前起就计划出一种杂志，每次都因为印刷及其他种种的关系未告功成。最近鉴于客观的需求，动于内心的迫促，更加紧了我们进行的努力；现在总算已由计划而成为事实，这新生的雏儿，得与读者相见了"①。关于《新中华》创刊的具体经过，《新中华》杂志最早的几位编辑也都有回忆，除了周宪文与陆费逵讨论刊物的名称外，倪文宙回想起1932年进入中华书局的时候，编辑所所长舒新城告诉他中华书局"将在1933年刊行一个综合性杂志略同于商务的《东方杂志》"②。钱歌川的回顾比较详细，他说：当时商务印书馆的《东方杂志》影响很大，中华书局不甘示弱，想创办一个半月刊，争取读者。这个半月刊就是《新中华》，"由周宪文、倪文宙和我三人共同负责编辑。周编政经部门，倪辑杂类及插图，我负责文艺方面。创刊号数万份，行销全国，一举成名，确立了它在出版界的地位"③。

第二节　宗旨与内容

一　宗旨与目的

1933年1月，《新中华》杂志正式创刊。《新中华》杂志发刊词明确"灌输时代知识，发扬民族精神"是其宗旨。现将发刊词内容摘录如下：

---

① 《新中华》编辑部：《编辑室谈话》，《新中华》第1卷第1期，1933年1月。

② 倪文宙：《埋头编辑的五年》，载中华书局编辑部《回忆中华书局》上编，中华书局1987年版，第107页。

③ 钱歌川：《回顾五十年》，载俞筱尧、刘彦捷《陆费逵与中华书局》，中华书局2002年版，第40页。

发刊词①

本志定名为新中华，冀其对于"现代的中国"有所贡献，故敢揭橥"灌输时代知识，发扬民族精神"之两义，以为主旨。

今日之时代，其严重性可谓无以复加，其情势之大异于往昔，尤人所共晓。然今日之时代，系从往日之时代递传而来，则其严重性自是连贯的，进展的，必然的，而决非片断的，新生的，突发的。我国国内之一切危机，在在与世界形势有密切关系。试举一端为例：因一九二九年纽约华尔街银行之倒闭，乃引起世界经济之大恐慌；列强在其本国既无发展之余地，遂不约而同竞以中国市场为打开其自国经济出路之尾闾，由是而我国所受压迫，较前更甚。产业日趋衰落，社会日益不安，强邻日本卒于此时，发动"九一八"事变，强占我东北，以谋挽救其本国之危机。国际间政治经济之关系，瞬息万变，稍纵即逝，中国处此楚歌四面之下，其将何以自存！列强侵略之势，既已长驱直入，而日益趋于深刻化，尖锐化；在我则履霜知冰之往日，业已逸去，剥床及肤之今日，不觉来临，值此时机，惟有急起直追，共谋敏捷之应付，明确之认识，知彼知己，洞隐识机；竭多数人之聪明才智黾勉以为之。本社同人，极愿集合海内外之关心国事者，共谋介绍时代知识于大众之前，以尽匹夫之责，而共负此第一重之使命。

惟仅仅谋时代知识之获得，尚是消极的，平面的工作，要使中华民族屹立于今日严重的时代之中，必诉之于意志，诉之于行为，以坚强之决心，为积极的自强工作。我中华民族于四千年历史之过程中，历尽艰辛，以有今日，虽目前压迫横来，而生存竞争之力，未许便妄自菲薄。目前难关积时间空间远大之因，诚未可以历史往迹为比拟。列强挟其整个资本主义之压迫而来，组织极其复杂，阵线极其严密，形势极其险恶，令人目眩心悸，诚觉无从抵御，其实建章宫殿，看似千门万户，总各有途径可寻，但患无决心，不患无下手处！孔子曰："人一能之己百之，人十能之己千之"，曾子曰："虽千万人吾往矣"，列强得有今日之地位，岂真天生骄子，亦不过人民之意志坚强，肯作肯为；敢作敢为而已！四万万中华民众，有八万万双手，全体动员，

---

① 《新中华》编辑部：《发刊词》，《新中华》第1卷第1期，1933年1月。

又何战斗力,生产力缺乏之足虑!吾人应不忘自己过去之历史!应信赖自己生存竞争之能力,应本孙中山先生"用民族精神来救国"之旨,发为复兴中华民族之口号而挣扎,而抵抗!以延我四千年来民族之生命,战胜万忧业集之危机。然而以文字笔墨之力,为鼓励民族意志,民族行为之工作,虽云微末,亦复艰重,同人不敏,窃希与时贤共负此第二重之使命焉。

本此二旨,以谋努力,故本志取材范围,务求广博,凡关于国家建设,民族生存诸问题之文字,本志固愿尽量刊载,其他与时代文化等等有关之著述,亦无不乐于揭布,若能效力尺寸之用于当世,则同人之幸,曷其有既!

风雨如晦,鸡鸣不已,危舟将倾,惟求共济,愿国人有以教之!

20 世纪 30 年代,世界经济危机日益加剧,欧美各国为摆脱困境,纷纷加紧压迫中国,日本直接发动对中国的武装侵略,中国民族危机空前严重。"何以自存"?《新中华》学人的办法是:其一,"愿集合海内外之关心国事者,共谋介绍时代知识于大众",通过"介绍时代知识于大众",使大众对中国处于"楚歌四面"的危机现状有"明确之认识",做到"知彼知己,洞隐识机",再以中国"多数人之聪明才智","共谋敏捷之应付"。其二,"以文字笔墨之力,为鼓励民族意志,民族行为之工作"。通过知识分子的文字笔墨,坚强中华民族的"救国"意志与决心,坚定中华儿女的"自强"行为,"以延我四千年来民族之生命,战胜万忧业集之危机。"总结这两点,即《新中华》的宗旨:"灌输时代知识,发扬民族精神。"

在办刊过程中,《新中华》编辑部比较好地贯彻了这个宗旨,《新中华》设有"常识科学""世界小闻""新词拾零""当代人物""半月要闻"等栏目,介绍最新的科学、时政、经济、文化、社会等方面的知识。另外,"长篇论文""参考资料""文艺""随笔""各科学说"等栏目更详细地、深入地向大众灌输了各类新知。如《新中华》第 3 卷第 1 期"新年特大号"的主题是"国际与中国",《新中华》的编者认为:"我们都是中国的公民,我们中国在国际舞台上又占了一个最重要的位置。国际舞台上的一切变动,都要影响到中国,都要影响到我们本身。"因此,"把国际与中国几处重要方面,加以有系统的述叙,就成为'灌输时代知识'的《新中华》应负的责任了"①。在编辑《新中华》的过程中,《新中华》编者还不断反思,有没有更好地"负起灌输时代知识的责任",希望今后努力工作更完美地完成这个任务。② 除了"灌输时代知识"外,《新中华》也十分重视"发扬民族精神"。《新中华》的编者曾说:"现在是高唱民族复兴的时代,所以我们先得振刷起民族的精神来"③,《新中华》编者希望通过刊载一些介绍时政文章,"唤起我们对于时代的警觉性。假使许多爱国忧时的读者,趁此'闻鸡起舞',大家准备着,准备着在未来的世界大战中,为半殖民地的中华民族争取一条生路,那就更是编者所馨香祷祝的了"④。另外,《文艺》栏目也是《新中华》编者"鼓励民族意志""发扬民族精神"的重要途径,因为《新中华》的编者认为:"文学中有真挚的人生,有优越的理想,有嬉笑的幽默,有警惕的讽刺,——在这种文学里,其最大的特色,还得要算它对于人生之抱乐观,对于前途之有希望。无论世界是怎样的阴暗险恶,这种文学大都常是以幽默、勇气和智慧去观察人生的。"⑤ 而且,"读者随便翻翻便可看完,用不着多的时间,也用不着深的思索。虽然,它们短短的字句中并不是没有悠长的意味"。⑥ 这种"悠长的意味"与"对于人生之抱乐观,对于前途之有希望"正是处于"国难"中的中国知识分子所迫切希望看到的东西,也是其寄托所在。

"灌输时代知识,发扬民族精神"是《新中华》的办刊宗旨。不过,细读发刊词,可知其根本目的在于:"挽救其本国之危机"与"复兴中华民族"! 20 世纪 30 年代,日本对中国的侵略日益加剧,1931 年"九一八"事变,日本侵占了东北;1932 年"一·二八"事变,日本强迫国民政府签订丧权辱国的《淞沪停战协定》。由日本豢养的伪满洲国也随即粉墨登场。民族危亡的乌云笼罩在中国知识分子的心头,"救亡图存"与"民族复兴"成为中国知识界的中心议题。《新中华》杂志积极思考"救亡"的办法。"灌输时代知识,发扬民族精神"就是知识分子参与"救

---

① 《新中华》编辑部:《编辑部谈话》,《新中华》第 3 卷第 1 期,1935 年 1 月。
② 《新中华》编辑部:《编辑部谈话》,《新中华》第 4 卷第 24 期,1936 年 12 月。
③ 《新中华》编辑部:《编辑部谈话》,《新中华》第 2 卷第 7 期,1934 年 4 月。
④ 《新中华》编辑部:《编辑部谈话》,《新中华》第 2 卷第 12 期,1934 年 6 月。
⑤ 钱歌川:《编辑部谈话》,《新中华》第 2 卷第 7 期,1934 年 4 月。
⑥ 《新中华》编辑部:《编辑部谈话》,《新中华》第 3 卷第 1 期,1935 年 1 月。

亡"的最好举措。总之,"救亡图存"是 20 世纪 30 年代中国知识分子苦苦思索的问题,他们思考的结果以文章的形式发表在《新中华》刊物上,《新中华》杂志就成为传播中国知识分子"救亡图存"思想的平台。

除了鼓吹"救国"舆论之外,《新中华》还宣传"建国"思想。其实,20 世纪 30 年代"救国"舆论与"建国"话语密不可分,"救国"是"建国"的前提,反过来"建国"是"救国"的主要途径。《新中华》杂志非常重视"自强的工作",也就是国家建设事业,在发刊号的投稿简章第 1 条目上就提到欢迎有关"国家建设"等问题的投稿。其早期负责人之一的周宪文非常关注"国家建设"问题,由于周是一名经济学家,因此,他更多地注意经济建设、生产建设。他讲生产建设必须注意三点:第一,"须注意基本生产的农工业……在目前,若不设法打开农工业的难关,实在讲不上生产建设。"第二,"须注意铲除生产建设的障碍。剿匪固然重要,同时不能忘记列强的侵略;我们若不挣脱各种不平等条约的束缚,生产建设,事倍功半;"第三,"须注意培植建设的财源。……若政府不顾人民的负担能力,藉建设之名,苛捐杂税,竭泽而渔,也非办法;即政府今后对于财政,应于培植建设财源的目标之下,从事开源与节流。务必如此,生产建设始有实现的可能"[①]。此外,周宪文还写了一篇《建设亡国》的评论,他指出在建设过程中,出现一些弊端,"第一是藉建设以从中谋利;""第二是藉建设以抽收捐税;""第三是藉建设以粉饰太平;""第四是藉建设以巩固地盘;"他认为:"这种建设,救国不足,亡国有余。"所以,"中国目前的问题不在应建设,乃在如何建设",以他之见,中国目前的建设,应当从两个方面着手,第一,"增强反抗列强对华侵略的力量。"第二,"推进生产事业,真正增加人民的收入,改善人民的生活。"[②]

总之,在 20 世纪 30 年代中国"国难"的背景下,本着"灌输时代知识,发扬民族精神"宗旨的《新中华》杂志积极讨论"救亡"与"建国"问题,目的是:"挽救其本国之危机"与"复兴中华民族"!这种爱国精神深深烙印在《新中华》主要内容之中。

二　栏目与内容

在"救亡"与"建国"议题的指引下,在"灌输时代知识,发扬民

---

① 周宪文:《生产建设》,《新中华》第 2 卷第 5 期,1934 年 3 月。
② 周宪文:《建设亡国》,《新中华》第 2 卷第 2 期,1934 年 1 月。

族精神"宗旨的规范下，《新中华》杂志的栏目较为固定，内容相当丰富。

　　《新中华》每期一般九十二页左右，大约九万字，① 但有时也会推出"大号"或"特大号"，如创刊号"篇幅超过预定之数至四倍之多"②。一般每年第一期会有"新年特大号"，篇幅特别大；每年第七期是一个"文学专号"③，篇幅也较大，每年第十三期是一个"夏季特大号"，"篇幅比普通号超过一倍以上"④。对某些期篇幅的增加，《新中华》给予这样的解释，"我们为补救因篇幅过少而致各种学术长文未能发表的弊端起见，决于每卷出两特大号及两专号。二卷的第一特大号，就是二卷一期新年号，早已出版，第二特大号，定为下半年开始的第十三期。在特大号内，各方面的文字，都增加篇幅。至于专号，第一预定为文学专号，第七期出版；第二预定为学术专号，第十九期出版；如此办法，期所以容纳普通号所不能容纳的学术巨著"⑤。当然，在《新中华》具体编辑的过程中会有调整，有时也会把"夏季特大号"编成"专号"，如：第一卷第十三期的"夏季特大号"是"摩托救国专号"，第三卷第十三期是"夏季特大号中国经济全貌特辑"，第四卷第十三期是"夏季特大号世界经济全貌特辑"，第五卷第十三期是"夏季特大号中国经济制度特辑"；每一卷第十九期也不都是"学术专号"，如第三卷第十九期就是"全国运动大会特辑"，第一卷第二期是纪念淞沪抗战的专号。总的来看，《新中华》杂志的内容篇幅与同为中华书局创办的刊物《大中华》⑥ 相比，内容比较精练；与同时期商务印书馆主办的《东方杂志》⑦ 相比，内容比较集中。

---

　　① 《新中华》创刊号的编辑部谈话中说《新中华》"平时每期约八万字七十页"，实际内容要比预想的要多。

　　② 《新中华》编辑部：《编辑部谈话》，《新中华》创刊号，1933 年 1 月。

　　③ 第一年没有"文学专号"。

　　④ 《新中华》编辑部：《编辑部谈话》，《新中华》第 2 卷第 12 期，1934 年 6 月。

　　⑤ 《新中华》编辑部：《编辑部谈话》，《新中华》第 2 卷第 4 期，1934 年 2 月。

　　⑥ 《大中华》每期 220—280 页之间，每期 12 万—17 万字。

　　⑦ "一·二八"事变中，商务印书馆被日军炸毁，《东方杂志》《教育杂志》等刊物一度停刊，战后，《东方杂志》率先复刊，教育、文艺、妇女与家庭等内容编入《东方杂志》之中，《东方杂志》由战前的每期一百多页增至战后每期二百多页，这一时段内容非常丰富。

　　《新中华》的栏目较为固定①，现将《新中华》（1933—1937 年）的栏目通过表格的形式列举出来，见表一：

表一　　　　　　　　《新中华》（1933—1937 年）所设栏目

卷别	栏目
第一卷	插图、长篇论文、文艺、谈薮、半月要闻
第二卷	插图、论评、长篇论文、文艺、通俗科学、谈薮、新刊介绍、农村通讯、世界小闻、新辞拾零、参考资料、半月要闻
第三卷	插图、时代镜、长篇论文、文艺、随笔、常识科学、谈薮、艺术漫谈、时论选辑、参考资料、世界小闻、新词拾零、读者之页、半月要闻
第四卷	插图、长篇论文、文艺、随笔小品、科学谈话、谈薮、旅行杂笔、时论摘粹、参考资料、当代人物、时闻辑要
第五卷	插图、长篇论文、文艺、科学谈话、创作小说、谈薮、随笔、旅行杂笔、参考资料、时论摘粹、学海点滴、时闻辑要

　　由表一可以看出：《新中华》最早的栏目有：《插图》《长篇论文》《文艺》《谈薮》《半月要闻》（第四、五卷改为《时闻辑要》）。这些栏目在此后基本保留下来，并成为《新中华》杂志最重要的栏目。

　　《插图》栏目。报刊上的图片或图画也被认为是言说的一种重要方式，且由于这种特殊的表达形式，给人视觉冲击力，达到文字所不能达到的宣传效果。中华书局编辑所所长舒新城是民国著名摄影家，曾出版过《摄影初步》等著作和《晨曦》《西湖百景》等摄影集，其梦想之一是"编一种像美国《家庭杂志》、德国《柏林图画周报》一样的刊物。"②《新中华》杂志非常重视插图，专门在创刊号上发"本社征求图片画件启事"，并且自始至终保留这个栏目，每期都精选与本刊宗旨相符、本期主题相关的图片。譬如，创刊号上所选的古伯的《角力者》、徐悲鸿等人的

---

　　① 关于《新中华》杂志的栏目，《上海新闻志》是这样介绍的，"设有半月要闻、评论、时论摘粹、通俗科学、农村通信、参考资料等栏目"。（《上海新闻志》编纂委员会：《上海新闻志》，上海社会科学院出版社 2000 年版，第 345 页）此说一方面不全面，一些重要的栏目没有提到，如《插图》《长篇论文》《谈薮》《世界小闻》《新辞拾零》《艺术漫谈》《时论选辑》《读者之页》《旅行杂笔》等；另一方面栏目演变的过程也没有描述出来。

　　② 舒新城：《祝中华书局成年》，《狂顾录》，中华书局 1936 年版，第 163 页；另，美国《家庭杂志》、德国《柏林图画周报》都是著名的图片杂志。

《马》，喻义《新中华》杂志将与《东方杂志》等刊物进行竞争，并希望能一马当先；另外几幅《农家秋晚》《摄影场》《一九三三年世界博览会会场》《中俄复交中之中外要人（颜惠庆，李维诺夫、莫德惠，加拉罕）》《最近中央两大会议（三中全会与内政会议）》《科学事象（机器人及火车相撞等）》都与《新中华》杂志的政治、科学、社会等内容匹配。第1卷第2期是纪念淞沪抗战的专号，《新中华》选的插图是《淞沪抗日战中之重要将领》《悼念忠魂》等图片，与主题相吻合。由此看来，《新中华》杂志试图通过插图吸引读者，同时达到传播"救亡"与"建国"思想的目的。

《长篇论文》栏目。《长篇论文》是《新中华》杂志最重要的栏目，篇幅较多，"每期约有二分之一的篇幅，划为长篇论文的'地盘'"①。可以说，长篇论文是《新中华》杂志的基石。编辑与作者的思想也主要是以长篇论文的方式传递给读者，且论文的形式也是杂志与报纸相异的主要表现，《新中华》就曾论述两者不同之处，且说明刊载论文的意图，"半月出版一次的杂志与每月（注：应是日）发行的新闻纸，两者的性质根本不同，后者的主要目的，在报告国内外各重要事变的经过，而前者对于这些事变，只能就比较更重要的，分析其发生的背景与所及的影响；《新中华》选登时事论文的标准，就是如此。……我们想使这有限的宝贵篇幅尽量多登几篇能抓住问题的中心而较少时间性的论文，不但使上海附近的读者，读了可知问题的关键所在，且远在云贵各地的读者，也不至有明日黄花之感"②。在刊载长篇论文时，《新中华》较重视有关中国实际问题的论文，但要求"实事求是，不尚空谈"，"至于国际时事的评述与最新学说的介绍，我们决以简洁的笔法，客观的态度，择尤（优）刊登，希能避免千篇一律的滥调"③。总之，《新中华》杂志的长篇论文是围绕"国家建设、民族生存诸问题"进行编辑，其主要内容也是对处于"国难"中的中国如何"救亡"与"建设"等问题进行探索。

《谈薮》栏目，《谈薮》是《新中华》杂志的一个重要栏目，当时很

多杂志都有这个栏目。谈薮意谓多人聚变之所，内容无所不包，其作用在于：第一，不好归类的内容可以放入这个栏目；第二，内容简单，没有长篇论文厚重之感，让读者有清新的感受；第三，通过增加读者的兴趣，来达到"灌输时代知识，发扬民族精神"的目的。

《半月要闻》栏目，《半月要闻》也是《新中华》杂志的一个重要栏目，当时《东方杂志》有《时事日志》栏目，《国闻周报》有《一周间国内外大事述要》，《一周大事记》等栏目。《新中华》设置《半月要闻》栏目的目的在于让读者了解"国内外各重要事变的经过"①，"不仅'不出户知天下'，并且（能）唤起我们对于时代的警觉性"②。使国人对中国的生存环境和国内的各项事业方面有深刻的认识，激励读者寻求中国的新生。从内容上看，《新中华》杂志的半月要闻主要是依据《申报》内容编纂而成，即"本志一卷二十三期所辑半月要闻，大体依据十一月十一日至二十五日之申报，政局随时变动，所载自不能全合时效……"③

除了上述栏目外，第二卷开始增减了一些栏目，主要有：《论评》《文艺》《世界小闻》《新辞拾零》《通俗科学》等。《论评》与《时代镜》其实是属于同一类型栏目，都是对某一问题或主题带有感情地进行简要且精警的评价，但《新中华》杂志认为："《时代镜》，就形式与内容两方面说都与过去的《论评》，微有不同。其旨趣在抓取新鲜的题材，用简短明快之笔，加以扼要的叙述，使读者不费大的思索，即可一口气看完。"④关于《文艺》《世界小闻》《新辞拾零》《通俗科学》《新刊介绍》《农村通讯》《世界小闻》《参考资料》《艺术漫谈》《时论选辑》《读者之页》《旅行杂笔》等栏目就不一一介绍了。

还有，《新中华》杂志每一卷尾对其刊载的内容进行分类，且列出总目录，这个总目录最大的特点就是把长篇论文细分为国际政治、国际经济、政治、经济、军事、文化、农村、社会等类。这个总目录有助于我们进一步了解《新中华》杂志的栏目、内容。现列表如下：

---

① 《新中华》编辑部：《编辑部谈话》，《新中华》第 1 卷第 6 期，1933 年 3 月。
② 《新中华》编辑部：《编辑部谈话》，《新中华》第 2 卷第 12 期，1934 年 6 月。
③ 《新中华》编辑部：《更正》，《新中华》第 2 卷第 2 期，1934 年 1 月。
④ 《新中华》编辑部：《编辑部谈话》，《新中华》第 3 卷第 2 期，1935 年 1 月。

表二　　　　　　　　　　《新中华》（1933—1937 年）分类目录①

卷别	分类目录
第一卷	插图、国际政治、国际经济、政治法律及外交、财政经济、交通实业、社会、农村问题、科学、军事及战争、教育、哲学及宗教、历史及地理、艺术、学术、小说、戏剧、散文（包含游记随笔）、谈薮、杂类、诗歌等
第二卷	论评、国际政治经济、国内政治经济、一般政治经济论文、社会和都市、科学、文化与哲学、宗教与法律、文字言语和考据、自传及时人评述、文艺论文、小说、散文、通俗科学、谈薮、农村通信、参考资料等
第三卷	国际政治经济、国内政治经济、一般政治经济论文、国外通信、民族与人种、哲学、科学、史地、人生问题、妇女问题、青年问题、法律问题、体育、图书、文艺论说、小说、随笔、艺术漫谈、游记、谈薮、常识科学、参考资料、半月要闻等
第四卷	国际政治经济、国内政治经济、一般政治经济论文、海外通信、种族与民族、华侨问题、市政问题、法律宪法问题、哲学、科学、史地、杂文、文艺论文、创作小说、翻译小说、随笔小品、旅行杂笔、世界文学名著介绍、常识科学、谈薮、当代人物素描、参考资料、时闻辑要等

　　最后，需要特别指出的是：《新中华》杂志第 2 卷第 1 期由编辑部所写的《新中华的过去与今后》，这是一篇非常重要的文章，对我们了解《新中华》杂志编者的意图有重要帮助，值得注意。此文介绍第 1 卷《新中华》有十个方面的特点："第一：注重中国问题。""第二：注重经济问题。""第三：注重农村问题。""第四：注重边疆问题。""第五：注重中心问题。""第六：注重专门学术。""第七：注意科学知识。""第八：注重辩论文字。""第九：注重文艺作品。""第十：注重参考资料。"这篇文章强调今后的《新中华》杂志"除了保全过去的十个特点以外"，还必须"注重以下几点"，主要有：增加论评、通俗科学、农村通信、新刊介绍、世界小闻、读者通信等栏目；此外，还尽量多刊载各地，特别是边疆、苏区情形的文字，刊载大众及东北问题的文学作品，刊登"各科专家对于各种当前的问题，撰述各种切实可行的方案"②。

　　从后来《新中华》杂志的具体栏目和内容看，这些规划与设想大部分都得到落实。需要指出的是，不管《新中华》杂志的具体栏目和内容如何调整，《新中华》杂志的宗旨与目的一直没变，即以"灌输时代知识，发扬民族精神"为宗旨，积极讨论"救亡"与"建国"诸问题，目的是为"挽救其本国之危机"与"复兴中华民族"贡献一分力量！

---

① 　第 5 卷分类总目录因停刊没列。

② 　编者：《新中华的过去与今后》，《新中华》第 2 卷第 1 期，1934 年 1 月。

第三节 编辑与作者

《新中华》杂志以"灌输时代知识"作为刊物宗旨之一,其编辑与作者基本上在新式学校上过学,大部分受过高等教育,少部分甚至远赴日本、欧美留学,是一群新知识分子。

一 编辑群

在《新中华》杂志前,中华书局已创办了多种刊物,深知编辑对刊物的重要性。因此,早在《新中华》杂志筹备之初,中华书局就开始物色适合的编辑人选。局长陆费逵特别欣赏当时还就读于日本京都帝国大学的周宪文,待周宪文一毕业,陆费逵就邀约周来中华书局当编辑,并拟任周为《新中华》杂志编辑。对此,周宪文回忆道:"民国二十一年冬,先生计划出版一种半月刊,邀我主其事。"①《新中华》杂志另外一位编辑倪文宙在进入中华书局之前,曾就职于商务印书馆编辑《东方杂志》,商务印书馆在1932年"一·二八"事变中被日军炸毁,导致《东方杂志》停刊,包括倪文宙在内的编辑人员被遣散,具有杂志编辑经验的倪文宙被中华书局编辑所所长舒新城看中,倪文宙回忆说:"我是于1932年4月1日进入中华书局的,是应书局编辑所所长舒新城之邀而入书局,……舒新城先生邀我入中华的时候,对我工作的安排是暂作报刊资料搜集工作,兼编《中华教育界》以及新书来稿的审辑工作。他又说将在1933年刊行一个综合性杂志略同于商务的《东方杂志》,要在1932年准备起来。这个综合性杂志定名为《新中华》……"②《新中华》杂志的另一位编辑成员钱歌川,早年留学日本,1930年年初进入中华书局担任编辑,是三人中最早加入中华书局的,根据钱歌川的回忆,"中华书局编辑所的同人,那时大都是搞古文辞的老先生,缺乏搞新文学的人,也很少编辑现代综合杂志的人,所以舒先生向夏先生③表

---

① 周宪文:《忆伯鸿先生》,载俞筱尧、刘彦捷《陆费逵与中华书局》,中华书局2002年版,第355页。

② 倪文宙:《埋头编辑的五年》,载中华书局编辑部《回忆中华书局》上编,中华书局1987年版,第107页。

③ 中华书局编辑所所长舒新城与开明书店总编辑夏丏尊。

示，想请一个新文学方面的编辑，机缘凑巧，我便获得推介，没有经过任何阻挠，居然水到渠成"①。

周宪文、倪文宙和钱歌川是早期《新中华》杂志三位主要编辑。周宪文学经济出身，后来成为著名的经济学家；钱歌川学文学出身，后来是闻名海外的文学家；倪文宙②所学不详，但从其主要工作与著作来推断，主要致力于教育方面。这三位编辑学业背景不同，兴趣也不一致，但有效地组合在一起，他们具体分工如钱歌川所说，"周编政经部门，倪辑杂类及插图，我负责文艺方面"③。倪文宙的回忆也基本一致，《新中华》"事实上由我负内部编辑工作，而署名主编是三个人，一是周宪文，二是钱歌川，三是我。周负经济论文征稿及写稿之责，钱负文艺征稿及写稿之责，我负一般论文及国际问题之责……"④ 通过这种"三公制"的分工，充分发挥了各人所长，《新中华》杂志因此取得了不错的成绩，仅仅创刊三个月后，编辑部自豪地介绍："最后还有一点要向读者报告的，我们这新中华自产生以来，甫及三月，而销路激增，自第六期起增印万份，第三、四、五期皆经再版……"⑤ 不过，一年之后周宪文离开了《新中华》杂志，担任驻日使馆留学生监督⑥。《新中华》杂志也不得不调整和充实编辑部，周伯棣、张梦麟、钱亦石、陈子明等新成员加入《新中华》杂志编辑部。《新中华》杂志在 1934 年第 2 卷第 3 期《本社重要启事》中正式对外公布编辑部调整的情况，"本社因编辑代表之一周宪文君辞职，从本年起，内部编辑事宜特组织委员会，由原编辑人钱歌川、倪文宙及周伯棣、张梦麟、钱亦石、陈子明诸人共同负责。至对外负责之编辑及发行之代表人则由倪文宙一个署名，特此声明"⑦。后来，钱歌川也于 1936 年前

---

① 钱歌川：《回顾五十年》，载俞筱尧、刘彦捷《陆费逵与中华书局》，中华书局 2002 年版，第 39 页。

② 关于倪文宙，下文有一些介绍。

③ 钱歌川：《回顾五十年》，载俞筱尧、刘彦捷《陆费逵与中华书局》，中华书局 2002 年版，第 40 页。

④ 倪文宙：《埋头编辑的五年》，载中华书局编辑部《回忆中华书局》上编，中华书局 1987 年版，第 107 页。

⑤ 《新中华》编辑部：《编辑部谈话》，《新中华》第 1 卷第 7 期，1933 年 4 月。

⑥ 周宪文：《我与中华书局》，载俞筱尧、刘彦捷《陆费逵与中华书局》，中华书局 2002 年版，第 44 页。

⑦ 《新中华》编辑部：《本社重要启事》，《新中华》第 2 卷第 3 期，1934 年 2 月。

往英国游学①,《新中华》杂志又失去一位重要编辑,但不管《新中华》杂志编辑部成员如何变化,《新中华》杂志在编辑部成员的共同努力下一直保持着较高的水准。以下是《新中华》杂志各位编辑的基本情况。

周宪文(1907—1989),字质彬,号毅恒,笔名惜余,浙江黄岩县(今属椒江区)人。高中未毕业,即东渡日本,适逢东京大地震,乃返国,入上海同文书院。1928 年,由同文书院选送至日本京都帝国大学,学习经济学。1931 年,学成归国,被中华书局创办人陆费逵聘为编辑;1933 年,与钱歌川、倪文宙等负责编辑《新中华》半月刊。1934 年,辞去中华书局编辑职务,任中国驻日使馆留学生监督。1935 年从日本回国后,长期担任暨南大学经济学教授,历任经济系主任、商学院院长和福建分校主任等职务。抗日战争胜利后赴台湾,任台湾立法商学院院长、台湾大学教授、台湾人文研究所所长、台湾银行金融研究室主任,1972 年退休,1989 年 5 月 23 日逝世,终年 82 岁。②

日本留学经历对周宪文的学术研究影响至关重大。在留学日本前,周宪文曾在《东方杂志》上发表《中国之烟祸及其救济策》等文。从此文可以看出,此时的周宪文基本上就事论事,认为救济中国烟祸的主要办法是改订刑法、设立戒烟局、取缔烟具与努力发展教育等。③ 1928年进入日本京都帝国大学主攻经济学后,其学术思想受到日本著名马克思主义经济学家河上肇的很大影响,重视马克思主义经济学的学习与研究。周宪文开始用马克思主义经济学原理来分析中国的经济现象。在任《新中华》杂志编辑期间,他为《新中华》先后撰写了《晚近欧美各国之统制经济运动》(创刊号)等十几篇文章。另外,作为中华书局编辑,周宪文还负责新书出版,由其本人参与编著的书籍主要有:《经济政策纲要》(1931 年)、《苏俄五年计划概论(五年计划的理论与实践)》(1932 年)、《商业概论》(1932 年)、《资本主义与统制经济》(1933 年)等。在离开中华书局后,周宪文仍继续为《新中华》杂志撰

---

① 钱歌川:《回顾五十年》,载俞筱尧、刘彦捷《陆费逵与中华书局》,中华书局 2002 年版,第 41 页。

② 徐友春:《民国人物大辞典》,河北人民出版社 2007 年增订版,第 941 页;吴幅员:《周宪文先生著作目录》,(台北)1993 年版;周宪文:《我与中华书局》《忆伯鸿先生》,载俞筱尧、刘彦捷《陆费逵与中华书局》,中华书局 2002 年版,第 355 页。

③ 周宪文:《中国之烟祸及其救济策》,《东方杂志》第 23 卷第 20 号,1926 年 10 月。

稿，成为《新中华》杂志发文最多的作者之一。上述著作与文章具有鲜明的马克思主义的印记，因此有人评价他"在经济学家之路上，自始至终，尊重马克思主义经济学"①。

钱歌川（1903—1990），著名的散文家、翻译家。原名慕祖，后改名歌川，号苦瓜散人，笔名歌川、味橄、秦戈船。湖南湘潭人，1903年生于芷江。1920年9月，自费赴日本留学，入东京东亚预备学校补习日文；1922年2月，考入日本东京师范学校。1926年冬，高师毕业回国，任明德中学等校教师。1929年赴上海，1930年年初，经夏丏尊介绍，任中华书局编辑所编辑。1931年，与中华书局总经理陆费逵、编辑所所长舒新城等赴日本考察印刷事业。1933年，参与编辑《新中华》杂志，负责文艺征稿及写稿，也成为《新中华》杂志撰稿最多的作者之一。先后撰写《文学科学论》（第1卷第11期）、《美国戏剧的演进》（第1卷第17期、第18期、第19期）等学术论文，以笔名歌川发表《造物的恶作剧（文学漫谈)》等作品（第3卷第10期），还以笔名味橄翻译英国小说家、剧作家高尔斯华绥的《败北（独幕剧)》（第1卷第8期）等。在担任中华书局编辑期间，钱歌川还曾担任中华书局主办的《中华英语半月刊》主编，并在中华书局出版多部著作，主要有：《文艺概论》（1930年初版，1936年再版）、《现代教育学说》（1934年）、《社会化的新教育》（1934年）、《现代文学评论》（1935年）、《詹詹集》（1935年）。1936年，入英国伦敦大学研究英美语言文学，1939年，回国后任武汉大学、东吴联合大学等学校教授。1947年春，前往台北创办台湾大学文学院并任院长。1972年年底，以70岁高龄离开讲台，移居美国纽约。②

钱歌川思想上比较进步。1927年曾投笔从戎，担任国民革命军第36军军部秘书，参加北伐。在此后的创作翻译过程中，他常常提倡大众文学，其作品也常常反映普罗大众的诉求。如他编辑《新中华》第一个文学专号（第2卷第7期）就把主题集中于大众文学，并写了一篇《大众文学》的文章。在内容上，钱氏一些作品也以批判资本主义社会为主旨，1930年他翻译了三部文学作品，其中有日本无产阶级作家江口涣的《恋

---

① 朱伯康：《非常开明著作等身的经济学家周宪文教授传略》，载熊诗平、徐边《经济学家之路》第4辑，上海财经大学出版社2004年版，第141页。

② 徐友春：《民国人物大辞典》，河北人民出版社2007年增订版，第2630、2631页；吴永贵：《钱歌川，文学生涯从中华书局开始》，《光明日报》2008年1月5日第5版。

爱与牢狱》《爱情与缧绁》，还有反映美国资本主义社会黑暗的诗剧《地狱》。在编辑《新中华》杂志时，他常与鲁迅、茅盾、田汉、邹韬奋、郭沫若、郁达夫等文化名人交往。在抗战胜利前夕，钱歌川"又与郭沫若、茅盾、巴金、老舍、冰心等在重庆《新华日报》上署名发表《文化界对时局进言》，敦促国民党政府'及早实现民主'，'组织一战时全国一致政府'。"① 钱歌川虽然一生没有加入中国共产党，也不是民主人士，但在政治上也不靠近国民党。总之，钱歌川是一位思想进步，主要从事文学创作翻译与教书授业的知识分子。

倪文宙（1898—?），哲生是其笔名，浙江绍兴人。曾就读于南京高等师范学校与东南大学，加入过少年中国学会，在商务印书馆编辑《东方杂志》。1932 年 4 月，进入中华书局，在从事新书审辑工作的同时，编辑《中华教育界》和《新中华》杂志。从现有的各种信息来看，倪文宙极有可能是《新中华》杂志的实际负责人，如中华书局向国民政府内政部登记《新中华》杂志的发行人是倪文宙，而陪同中华书局编辑所所长舒新城与《新中华》杂志作者交换意见的同样是倪文宙，② 代表《新中华》杂志向中华书局编辑所领用各种文具材料的还是倪文宙。③ 他在《新中华》杂志也公开发表了《柴哈洛夫》（创刊号）、《印度人口之话》（第 1 卷第 3 期）、《今年的双十节》（第 1 卷第 19 期）等文。倪文宙还与他人在中华书局合著出版《各国现行政制鸟瞰》《教育概念》等著作。倪文宙在编辑《新中华》杂志时主要负责杂类，由此推断，《参考资料》《半月要闻》《新词拾零》等栏目中许多未署名的作品可能是倪文宙的劳动成果，还有一些杂类栏目，虽然署名了，但作者查证不清，极有可能是倪文宙的笔名；因此，他可能是《新中华》杂志中撰文最多，贡献最大的编辑之一。

现在没有资料证明倪文宙曾加入过中国共产党，但他思想比较激进。在编辑《新中华》杂志时，主动与进步青年胡乔木、千家驹、薛暮桥和

---

① 《译海探珠的先行者——钱歌川》，载张旭《湘籍近现代文化名人》翻译家卷，湖南师范大学出版社 2011 年版，第 338—368 页。

② 中华书局编辑部：《中华书局百年大事记（1912—2012）》，中华书局 2012 年版，第 144 页。

③ 钱炳寰：《中华书局大事纪要（1912—1954）（私营时期）》，中华书局 2002 年版，第 152 页。

于光远等人联系组稿，"不想向国民党的官员们及一些所谓大学者们去征稿"①。抗战全面爆发后，倪文宙参加中国共产党党员胡愈之组织的抗日机构——复社，并积极参加翻译斯诺的名著——《西行漫记》②和编辑出版《鲁迅全集》（1938 年版）的工作。1937 年，倪文宙还发表一篇致敬苏联的文章，"伟大的苏联，所昭示世界的理想：是世界的集体安全的拥护，是反对法西斯残暴的战争，是国内的政治经济的建设，是全国人民生活的合理的改善，是新的民主主义的主持，最后而最要紧的，是以世界和平为目标，加紧自己国家和民族的军事防卫力"③。由上述内容可以看出，倪文宙当时在政治上是比较"左倾"的。

周伯棣（1900—1982），又名白棣，曾用阎琛作笔名，浙江余姚人。1917 年，考入省立第一师范学校。1921 年，进入中华书局工作，一边工作，一边读书。1930 年毕业于上海东亚同文书院。不久，赴日本留学，入大阪商科大学银行系。1933 年毕业回国，任中华书局经济编审和《新中华》杂志编辑等职。在《新中华》杂志上，他发表了《美国金本位停止的前因后果》（第 1 卷第 9 期）、《世界经济会议中的银问题与中国》（第 1 卷第 12 期）、《自掘坟墓的中国金融业》（第 1 卷第 19 期）等二十几篇论文。抗战爆发后，辗转执教于中山大学、交通大学与广西大学。抗战胜利后，任教于复旦大学。新中国成立后，加入中国民主同盟，先后就职于复旦大学、上海财经学院、上海社会科学院经济研究所。1972 年退休，1982 年逝世。④

青年时期，周伯棣是一个思想激进的热血分子，在"五四"新文化运动中，发表"非孔"的文章；他受俄国十月社会主义革命的影响，准备去苏联寻找真理，但未能成功；此后，参加李大钊等人组织的工读互助团。⑤ 从日本留学回国后，周伯棣任《新中华》杂志编辑，常发表批判帝

① 倪文宙：《埋头编辑的五年》，载中华书局编辑部《回忆中华书局》上编，中华书局 1987 年版，第 108 页。

② 倪文宙：《关于〈西行漫记〉的翻译和出版》，载中国史沫特莱、斯特朗、斯诺研究会《〈西行漫记〉和我》，国际文化出版公司 1991 年版，第 114—115 页。

③ 倪文宙：《向少壮的伟大共和国致敬》，载胡愈之《苏联革命与中国抗战》，上海生活书店 1937 年版，第 25 页。

④ 徐友春：《民国人物大辞典》，河北人民出版社 2007 年增订版，第 909 页。

⑤ 姜枝先：《攻读不倦　著书报国——周伯棣同志事略》，载政协余姚县委员会文史资料研究委员会《余姚文史资料》第 1 辑，1985 年，第 86 页。

国主义对中国进行经济侵略的文章，1934 年前后，集中力量对美国的白银政策予以抨击，最具代表性的文章是在《新中华》第 2 卷第 17 期刊登的《美国白银国有政策的批判》。周伯棣憎恶西方列强，认为资本主义社会，"已进入到衰老的阶段，它表现出种种的病症，譬如失业，赤字财政，经济恐慌等等社会病，真是时时爆发，处处蔓延；资本主义的国家，也千方百计，要医治这些病症，但百孔千疮，顾此失彼，终于无补大计。"对苏联非常赞赏，认为"苏联的革命，给予经济组织以一个根本的改造；它给予社会以一个新生。他们经过许多艰难，做过许多尝试，但它们的精神是一贯的，是伟大的，他们与资本主义国家相对立，造成一个新的世界。"[1]

钱亦石（1889—1938），原名城，字介磐，笔名啸秋、史庐、谷孙、白沙、石颠、巨涛、楚囚等，湖北省咸宁人。1915 年，考入国立武昌高等师范学校，经预科升入博物科，1920 年夏毕业。钱亦石毕业后，先任湖北教育厅科员，后执教于武汉中学、湖北第一师范学校、武昌高等师范学校附小等学校。

钱亦石是一名坚定、爱国的中国共产党党员。早在 1924 年就加入了中国共产党，不久以个人身份加入了国民党，协助董必武筹建国民党湖北临时党部。1925 年 7 月，任国民党湖北省执行委员会委员、宣传部主任。1927 年"四一二"反革命政变后，被通缉。1928 年 1 月，东渡日本；8 月，转入莫斯科中山大学特别班学习。1930 年 12 月回国，在上海从事翻译、著述工作。1932 年，任上海法政学院、暨南大学教授。1933 年，与胡愈之等人组织苏联之友社，并任该社党团书记；同年，被选为左翼社会科学家联盟负责人之一。1934 年，被选为中国左翼文化界总联盟党团成员。1936 年，任社联党团书记。1937 年抗日战争全面爆发后，以国难教育社理事身份，在上海浦东一带宣传抗日，任战地服务团团长。1938 年 1 月 29 日，在上海不幸病逝，享年 49 岁。毛泽东、周恩来、朱德送的挽联上写着"哲人其萎"。

在上海期间，钱亦石曾参与编辑《世界知识》《新中华》《中华公论》等杂志。其中，他以钱亦石、亦石、钱啸秋、啸秋、白沙、巨涛等名称在《新中华》杂志发表反帝反封建与介绍苏联的各类文章 51 篇，如

---

[1] 周伯棣：《两个世界》，载胡愈之《苏联革命与中国抗战》，上海生活书店 1937 年版，第 90 页。

《苏联对东北问题最近的言论及其远东政府》（创刊号）、《苏联十月革命十五周纪念之回顾》（第 1 卷第 3 期）、《苏联第二次五年计划之第一年》（第 1 卷第 6 期）等。①

张梦麟，1901 年生，贵州人。1930 年，毕业于日本国立京都大学文学部。回国后任中华书局编辑，并兼任大夏大学文学院教授。译有《超人》《红字》《野性的呼唤》《老拳师》《杰克·伦敦短篇小说集》《马克·吐温短篇小说》等作品，著有《在喷烟之后》《和解》小说集和《萧伯纳研究》《文字论文集》等著作。在任中华书局编辑期间，兼任《新中华》杂志编辑，在《新中华》杂志上以张梦麟、张伯符，梦麟、伯符、桐君等名称发表《萧伯纳的剧及思想》（第 1 卷第 4 期）、《马克吐温诞生百年纪念》（第 3 卷第 7 期）等文章近 62 篇。②

从张梦麟的翻译对象来看，杰克·伦敦、马克·吐温与萧伯纳等人都是现实主义作家，揭露资本主义社会的罪恶，杰克·伦敦、萧伯纳的作品还带有强烈的社会主义色彩，萧伯纳声称自己是"一个社会主义者"。受这些作家与作品的影响，张梦麟主张大众文学，揭露现实社会的黑暗，他说："我们得事先准备起来——那就是足踏实地，致力于大众文学！"③

陈子明（1901—1979 年），名亮，别号胜标，广东兴宁人。1925 年，从国立东南大学毕业后，致力于教育事业，在中学和大专院校任教。此后，陈子明受聘于中华书局，审编教育学、心理学诸书，并参与《辞海》编纂工作，同时，协助倪文宙编辑《新中华》《中华教育界》等杂志，并与倪文宙共同出版《教育概念》一书。新中国成立后，陈子明任华南师范学院教授、教务长，并任学报主编。④

《新中华》杂志编辑是一群新知识分子，周宪文、钱歌川、周伯棣、张梦麟都曾留学日本，接受完整的高等教育，钱亦石在国内高校毕业，后来也曾游学日本与苏联，陈子明毕业于国立东南大学。在《新中华》的编辑当中，钱亦石是一位知名的中国共产党党员⑤，思想进步的有周宪

---

① 徐友春：《民国人物大辞典》，河北人民出版社 2007 年增订版，第 2621 页。

② 陈玉堂：《中国现代化人物名号大辞典》，浙江古籍出版社 1993 年版，第 463 页。

③ 张梦麟：《大众文学与纯文学》，《新中华》第 2 卷第 7 期，1934 年 4 月。

④ 阙本旭：《粤东近现代报人资料》，（http://cstc.lib.stu.edu.cn/zyzl/journalist.htm）。

⑤ 根据倪文宙回忆，中华书局编辑张健甫也曾承担过《新中华》杂志的校审与国内时政论文撰写任务，而张健甫于 1925 年加入中国共产党。

文、周伯棣、倪文宙、钱歌川与张梦麟,陈子明的资料很少,难以判断他的思想倾向。总体上看,《新中华》杂志的编辑是一群追求进步,思想"左倾"的新式知识分子。

二 作者群

除了编辑外,作者水平的高低对一份刊物影响至关重要。中华书局在筹备《新中华》杂志时,就向外广泛约稿,且得到诸位学者同人的普遍支持。为《新中华》创刊号撰稿的学者有:陆费逵、武堉干、梅龚彬、陈光甫、樊仲云、周宪文、钱亦石、瞿荆洲、华汝成、金兆梓、舒新城、李石岑、宗白华、丰子恺、钱歌川、郁达夫、巴金、张梦麟、熊佛西、郑午昌等。这些名字可谓星光熠熠,在一些稿件没有来得及刊入的情况下,《新中华》杂志创刊号的篇幅超过预定的四倍之多,"创刊号数万份,行销全国"①,借此,《新中华》杂志一举成名。《新中华》杂志重视作者,但并不意味着只是片面追求名家,在留意知名作者的同时,《新中华》杂志更注重文章的质量,对有才华且努力写作的作者即使没有知名度也一视同仁。以下是《新中华》杂志核心作者的简要介绍,见表三:

表三　　　　　　　　《新中华》杂志核心作者简要介绍

序号	姓名	籍贯及笔名	学习经历	职业或身份	其他	发文次数
1	钱歌川	湖南湘潭人(1903—1990)笔名歌川、味橄、秦戈船	1926年毕业于日本东京师范学校	中华书局编辑部编辑,《新中华》编辑之一	发表在《新中华》上的文章集中于《文艺》与《随笔》等栏目。提倡大众文学	86次
2	张梦麟	贵州贵阳人(1901—?),又名张伯符,笔名梦麟、伯符、桐君等	1930年毕业于日本国立京都大学文学系	中华书局编辑部编辑,《新中华》编辑之一	文章集中于《文艺》与《谈薮》栏目。提倡大众文学	62次
3	无尘				文章集中于《通俗科学》栏目	62次
4	澄屿				文章集中于《谈薮》栏目	61次

① 钱歌川:《回顾五十年》,载俞筱尧、刘彦捷《陆费逵与中华书局》,中华书局2002年版,第40页。

续表

序号	姓名	籍贯及笔名	学习经历	职业或身份	其他	发文次数
5	周宪文	浙江黄岩人（1907—1989）笔名惜余	曾就学于上海同文书院。1931年毕业于日本京都帝国大学，学经济学	中华书局编辑部编辑，《新中华》编辑之一	深受日本著名马克思主义经济学家河上肇的影响，尊重马克思主义经济学。文章主要讨论经济问题	50次
6	盛成	江苏仪征人（1899—1996）字成中	肄业于省立东南大学、私立上海震旦大学。1927年获法国蒙伯里大学高等理学硕士学位	曾任中华书局编辑	20世纪20年代加入法国社会党，参与创建法国共产党，积极投身于国际左翼进步组织的社会活动。后来与法国共产党存在分歧。曾任国立北京大学、国立广西大学和国立中山大学教授。文章集中于《文艺》与《随笔》栏目	37次
7	予且	安徽泾县人（1902—1990），原名潘序祖、字子端	曾就读于上海圣约翰大学、光华大学	光华大学附中任教、中华书局编辑	新市民小说的代表性作家	31次
8	天序				文章集中于《谈数》栏目	31次
9	钱亦石	湖北咸宁人（1989—1938）笔名啸秋、史庐、谷荪、白沙、石颠、巨涛、楚囚等	1920年夏毕业于国立武昌高等师范学校博物科。1928年1月，东渡日本；8月转入莫斯科中山大学特别班学习。1930年12月回国	上海法政学院和暨南大学教授，《新中华》编辑。1924年加入中国共产党，是知名的中国共产党党员		31次
10	郁树锟（树锟）		曾入日本东京师范学校学习	中华书局编辑	文章集中于《科学常识》栏目	30次
11	允英				文章集中于《谈数》栏目	27次

序号	姓名	籍贯及笔名	学习经历	职业或身份	其他	发文次数
12	倪文宙（哲生）	浙江绍兴人，（1898—?）	曾就学于绍兴师范学校、南京高等师范学校、东南大学	中华书局编辑，《新中华》编辑之一	后在上海育英中学、培英中学教书。1938年曾参加翻译《西行漫记》，参编《鲁迅全集》	26次
13	周伯棣	浙江余姚人（1900—1982），曾用名白棣、阆琛	1930年毕业于上海东亚国文书院，1933年毕业于日本大阪商科大学银行系	中华书局编辑，《新中华》编辑之一	曾参加李大钊等人组织的工读互助团；受俄国十月革命影响较大，称苏联是"一个新的世界"	23次
14	沈志远（志远、王剑秋）	浙江萧山人（1902—1965）	1926年赴莫斯科大学学习，1929年毕业后，继续在莫斯科中国问题研究所攻读研究生学位，1931年回国	暨南大学任教。1925年加入中国共产党，经济学家、马克思主义学者		21次
15	民				文章集中于《当代人物》栏目	20次
16	绶文				文章集中于《科学常识》栏目	19次
17	培悌				文章集中于《论评》栏目，主要探讨经济问题	18次
18	俊				文章集中于《当代人物》栏目	18次
19	方秋苇	四川成都人（一说安徽桐城人）（1910—2001）	1931年毕业于四川民立大学政治经济系		曾任《民力日报》《新闻快报》《新京日报》《时事日报》《贵州日报》《亚洲世纪》编辑或主编。新中国成立后历任上海法政学院、上海社会科学院、上海财经学院教授	18次

续表

序号	姓名	籍贯及笔名	学习经历	职业或身份	其他	发文次数
20	王亚南	湖北黄冈人（1901—1969）原名际主，号渔邨	1922 年考入武昌中华大学。1928 年赴日本留学，1931 年回国	1933 年任教于暨南大学，1934 年去香港，后赴英国、德国，1935 年回国。主要从事马克思主义经济学研究，与郭大力合译《资本论》，出版《中国经济原论》（新中国成立后重版改名为《中国半封建半殖民地经济形态研究》）、《中国官僚政治研究》等专著	现代中国著名的经济学家和教育家。抗日战争开始后，任国立中山大学教授，福建研究院科学研究所所长。抗日战争胜利后，先后任厦门大学、清华大学教授，厦门大学校长	18 次
21	郑午昌（午昌）	浙江嵊县人（1894—1952）	1915 年入北京师范大学学习	中华书局美术部主任	曾任杭州艺术专科学校、上海美术专科学校及新华艺术专科学校教授文章集中于《画苑新语》栏目	15 次
22	卢文迪	浙江临海人（1910—1982）	1935 年毕业于私立中国公学大学部文史系		曾任中华书局编辑，《新中华》复刊后，曾任杂志主编。中华人民共和国成立后，历任中华书局编辑所副所长、代所长，财政经济出版社、中华书局副总编辑	15 次
23	李辉英	吉林永吉人（1911—1991）笔名东篱等	1933 年毕业于私立中国公学大学部中国文学系	加入中国左翼作家联盟	后任国立长春大学、国立东北大学中文系教授。新中国成立后，定居香港。文章集中于《文艺》栏目	15 次

续表

序号	姓名	籍贯及笔名	学习经历	职业或身份	其他	发文次数
24	周楞伽	江苏宜兴人（1911—1992），原名周剑箫，笔名苗垺	早年失聪		中国古典文学学者，20世纪最具传奇色彩的作家。文章集中于《文艺》栏目	15次
25	张铁生	江苏高邮人（1904—1979）又名铭鼎	曾就读于厦门大学、大夏大学。1929年夏，赴德国留学，入柏林大学研究院研习哲学	1927年加入中国共产党	在德国留学，主要撰写德国通信	14次
26	王搏今	江西安福人（1901—1939）原名王礼锡，字庶三	1930年赴日本留学，入早稻田大学，1931夏，毕业回国	主编神州国光社《读书杂志》。1933年初，因福州国光社出刊被禁，遭政府通缉，远赴欧洲。同年冬，回国参加"闽变"。"闽变"失败，再赴欧洲，居伦敦，以卖文为生。1938年冬回国，1939年病逝	在《新中华》上发表的文章多属于随笔、旅行杂记。学者贾植芳认为："王礼锡是我国较早的倡导马克思主义的辩证唯物主义来研究中国古典作家和作品。"顾一群等：《王礼锡传》，四川大学出版社1995年版	14次
27	杜若君	山东禹城人（1912—1987）	13岁加入中国共青团，曾因进行革命活动被捕入狱，出狱后，刻苦自学	1933年起，即为国内重要期刊撰写有关国际关系论文	后历任私立朝阳学院、私立齐鲁大学、东北人民大学、吉林大学、中国社会科学院教授、研究员	14次
28	叶青	四川南充人（1896—1990）原名任卓宣	曾赴法勤工俭学，入中共旅欧支部，又去莫斯科中山大学深造	1928年在长沙被捕，叛变革命	曾任国民党中央宣传部副部长。在《新中华》上发表的文章主要研究哲学问题	13次
29	舒新城	湖南溆浦人（1893—1960）原名玉山，学名维周，字心恰，号畅吾庐，曾用名舒建勋	1917年毕业于湖南高等师范学校	中华书局编辑所所长	近代中国著名的出版家、教育家。在《新中华》上发表的文章集中于文学、教育方面	13次

续表

序号	姓名	籍贯及笔名	学习经历	职业或身份	其他	发文次数
30	华汝成（汝成）	江苏无锡人（1899—1980）	1924年毕业于日本东京国立文理科大学生物系，后在日本京都帝国大学农学院研究植物学	中华书局编审主任	著名水产学家。文章集中于《通俗科学》栏目	13次
31	马星野	浙江平阳人（1909—1991）	就读国民党中央政治学校、美国密苏里大学新闻学院，1933年毕业	国民党中央政治学校教授	历任国民党中宣部新闻事业处处长、《中央日报》社长、国民党中央通信社董事长	12次
32	陈高慵（高佣）	山西平遥人（1901—1959）	毕业于国立北平师范大学	文化学者。暨南大学任教	曾因"言论激进"被租界当局搜捕，出狱后加入国民党。与其他教授联合发表《中国本位的文化建设宣言》。新中国成立后，任西北大学历史学教授	12次
33	胡适	安徽绩溪人（1891—1961）	毕业于美国哥伦比亚大学，获博士学位	任北京大学教授	中国近现代史上著名学者，新文化运动的领袖之一。曾任北京大学校长、台湾中央研究院院长、中国国民政府驻美大使等职	11次（注：转载的文章，不是作者自己投稿）
34	天惠				文章集中于《新刊介绍》与《谈数》栏目	11次
35	瞿荆洲（荆洲）	湖北黄梅县人（1902—?）	毕业于日本东京商科大学	银行任职。同时，在《中央银行月报》与《金融周报》担任兼职编辑工作		11次
36	毛秋白	浙江安吉人（1903—?）	曾赴日本留学，入东京帝国大学，获文学学士学位	中华学艺社社员，历任私立上海复旦大学、私立大夏大学教授	文章集中于《文艺》栏目	11次

续表

序号	姓名	籍贯及笔名	学习经历	职业或身份	其他	发文次数
37	武堉干	湖南溆浦人（1898—1990）字佛航	曾就学于国立武昌商业专门学校	国际贸易学家。任南京中央大学商学院经济系教授、代院长，中华书局总公司经理兼账务部部长	曾在商务印务馆、中华书局任编辑。同情中国共产党人与革命群众。见朱发建：《武堉干：大山里走出来的国际贸易史家》	10次
38	葛绥成	浙江东阳人（1897—1978）	1914年毕业于浙江第七师范学校	中华书局史地编辑部主任，兼任私立大夏大学、国立农业大学、国立上海暨南大学教授	后任浙江英士大学教授，重返中华书局任地理部主任。新中国成立后，任国家地图出版社编审	10次
39	冰生				文章集中于《谈数》栏目	10次
40	张健甫（健甫、啬夫）			中华书局编辑。1925年加入共产党，曾任中共安徽省委宣传部长、代理省委书记	文章集中介绍日本问题，出版《近六十年的中日关系》一书	9次
41	吴清友	福建福安人（1907—1965）	1925年考取北平俄文法政专科学校，后入苏联莫斯科中山大学学政治经济学，在苏联加入共产主义青年团，1930年回国	任上海《中华月报》主编、上海交通大学教授	著名经济学家和研究苏联问题专家	8次
42	祝百英	浙江宁波人（1902—?）字伯英	早年在北洋大学、唐山交大、上海交大学习机械工程及电机电信工程，后入北京大学学经济、哲学。曾去苏联莫斯科中山大学求学，1930年回国	秘密共产党员（?）左翼分子	曾任暨南大学、上海法政学院、新中国学院、中山大学教授	8次
43	符生				文章集中于《谈数》栏目	8次

续表

序号	姓名	籍贯及笔名	学习经历	职业或身份	其他	发文次数
44	凌则民				文章集中于《文艺》栏目	8次
45	章乃器	浙江青田人（1897—1977）	1913年考入浙江省立甲种商业学校	就职于江浙实业银行、私立上海光华大学	著名的爱国民主人士，救国会"七君子"之一	7次
46	颜秀三				撰写《西北游记》	7次
47	施蛰存	浙江杭州人（1905—?）	曾就读于杭州之江大学、私立上海大学、私立大同大学、私立震旦大学	在上海主编大型文学月刊《现代》，后与阿英合编《中国文学珍本丛刊》	曾加入"左联"。后任国立昆明云南大学文史系教员、副教授，国立厦门大学副教授，省立江苏学院副教授，国立暨南大学教授，大同大学、光华大学、沪江大学教授，华东师范大学教授。主要从事文学创作与教学工作	7次
48	沈起予	四川巴县人（1903—1970）	1920年赴日本留学，毕业于日本京都帝国大学。1927年回国	1930年参加中国"左联"。主要从事文学创作和翻译工作	作家、翻译家。后主编《光明》半月刊，《新蜀报》副刊、《新民晚报》副刊。新中国成立后任上海群益出版社主任编辑	7次
49	曾衍明（衍明）				文章集中研究国际关系问题	7次
50	赵镜元	浙江金华人（1903—1996）	毕业于中央大学史地系		英士大学、杭州高级中学、金华中学任教，曾在中华书局出版《土耳其史》（1935年）	6次
51	孙怀仁	浙江杭州人（1909—1992）	1932年毕业于东京早稻田大学。在日本，接受马克思主义，通读日文《资本论》	任上海法学院教授、经济系主任	后任暨南大学、英士大学、上海商学院、上海财经学院教授，上海社会科学院副院长、经济研究所所长	6次

续表

序号	姓名	籍贯及笔名	学习经历	职业或身份	其他	发文次数
52	石灵	江苏灌云人（1909—1956）原名孙石灵	1935年毕业于暨南大学外语系	1928年加入中国共产党。毕业后留校任外文系助教。参加"左联"	历任《抗联报》总编辑，南通学院辅导主任、政治教授，《文学月报》编委	6次
53	李紫翔	安徽泾县人（1902—1979）原名李延瑞	1920年入安徽省第四师范学校学习	1923年加入中国共产党。此时，写稿度日	曾任全国铁路工会秘书、中共河北省委秘书长。新中国成立后，任民革四川省副主任兼秘书长，四川水利厅厅长	6次
54	李劼人	四川华阳人（1891—1962）原名字祥	1919年赴法勤工俭学，入巴黎大学	任嘉乐纸厂董事长	中国现代重要的法国文学翻译家、实业家。历任《四川群报》《川报》编辑、总编辑。新中国成立后，任成都市副市长、四川文联副主席。文章主要集中于《随笔》栏目	6次
55	金兆梓（兆梓）	浙江金华人（1889—1975）	曾就学于京师大学堂预科、天津北洋大学矿冶系	中华书局教科图书部主任、编辑所副所长	著名语言学家、文史学家。1942年，《新中华》复刊后，任杂志社社长、总编辑	6次
56	幼常				文章集中于《文艺》栏目	5次
57	已絜				文章主要介绍地理情况	5次
58	徐农				文章集中研究经济问题	5次
59	王西彦	浙江义乌人（1914—?）	1937年毕业于北平私立中国大学	北平私立中国大学国学系读书。1934年参加"左联"	著名作家。历任福建永安《现代文学》月刊主编，桂林师范学院、湖南大学、武汉大学、浙江大学教授，上海作家协会副主席。文章集中于《文艺》栏目	5次

续表

序号	姓名	籍贯及笔名	学习经历	职业或身份	其他	发文次数
60	王家棫	江苏常熟人（1908—1980）	毕业于私立上海光华大学，获文学士学位	任职于中国国民党中央宣传部	曾任中国国民党中央宣传部国际宣传处专员、国民政府行政院新闻局第三处处长、副局长，"中央通讯社"董事兼顾问。文章集中于《文艺》栏目	5次
61	漆琪生	四川江津人（1904—1986）原名相衡，号伯勋，笔名齐苏	1923年赴日本留学，1928年就读于日本京都帝国大学经济学部。日本著名马克思主义经济学家河上肇的学生	1928年加入中国共产党，1931年加入第三党。此时，任职于中山文化教育馆	历任中国公学、暨南大学、中山大学、广西大学和复旦大学教授。学者黎缇维称他终生研究《资本论》	5次
62	梅龚彬	湖北黄梅人（1900—1975）	毕业于上海东亚同文书院	任职于暨南大学等学校，作家	1925年加入中国共产党，参加过南昌起义	5次
63	陆鸿图	浙江慈溪人	曾就读于东南大学		气象学家，任职于紫金山天文台	5次
64	陆晶清（晶清）		1922年入北京女子高等师范学校学习	王礼锡夫人。鲁迅学生、李大钊的得意门生	文章主要集中于《随笔》栏目。曾参加爱国运动，是"三一八"惨案的受伤者之一，刘和珍是这次惨案的死难者之一	5次
65	金则人			复旦大学教授。"左联"成员		5次
66	家铨				文章主要集中于《谈薮》栏目	5次
67	丰子恺	浙江桐乡人（1898—1975）	1919年毕业于浙江省立第一师范学校，1921年赴日本学习美术和音乐	开明书店编辑，从事绘画和译著工作	中国现代画家，散文家，美术教育家和音乐教育家、翻译家。文章主要讨论艺术问题	5次

序号	姓名	籍贯及笔名	学习经历	职业或身份	其他	发文次数
68	戴望舒	浙江杭州人（1905—1950）原名梦鸥	曾就读于私立上海大学、私立震旦大学	1930年加入"左联"，成为"左联"的第一批盟员。1935年曾主编《现代》月刊、《新诗》月刊、《星岛日报》副刊《星座》等	中国现代著名的诗人，从事文艺创作	5次

说明：（1）资料来源：徐友春：《民国人物大辞典》，河北人民出版社2007年增订版；陈玉堂：《中国近现代人物名号大辞典》，浙江古籍出版社2005年全编增订本；各地文史资料与其他参考书；（2）本表作者只选取在《新中华》杂志（1933—1937年）发文5次及以上者；（3）本表作者排序是以发文次数多少为序；（4）由于一些作者资料不详，本表仍存在不少缺陷和错误。

根据表三并不完全的统计和其他相关资料，我们试图对《新中华》杂志核心作者的群体结构作一些初步的分析。

第一，教育背景分析。教育状况是个人学养的重要体现，不同的教育给予受教育者不一样的知识结构，对个人也会产生不同的影响。近代中国的教育情况相当复杂，新旧教育杂糅，部分受教育者接受的是传统儒家经典的传统教育，另一部分人进入了新式学堂，接受的是西式的学校系统教育。就20世纪30年代《新中华》杂志中的68位核心作者而言，他们基本上接受的是新式教育，且大部分人接受了新式高等教育（共41人），在国内接受高等教育的有18人（不算后来出国留学）；留学日本的有12人，留学或游学欧美（主要是苏联）的11人，盛成等少数人还获得国外硕士、博士学位，这些作者占核心作者的60%多。武堉干等6人虽然毕业于专门学校或师范学校，但经过刻苦自学，在各自领域均取得了较高的学术成就。不过，无尘等21人教育情况不明。总体来看，《新中华》核心作者是一群教育文化水平较高的新式知识分子，能保证《新中华》杂志文章的质量，见表四：

表四　　　　　《新中华》杂志（1933—1937 年）核心作者教育状况

教育分类	具体人名
国内接受高等教育	予且、倪文宙、方秋苇、郑午昌、卢文迪、李辉英、舒新城、陈高慵、施蛰存、赵镜元、石灵、金兆梓、王西彦、王家械、梅龚彬、陆鸿图、陆晶清与戴望舒（共 18 人）
留学日本①	钱歌川、张梦麟、周宪文、郁树锟、周伯棣、王亚南、王搏今、华汝成、瞿荆洲、毛秋白、沈起予、漆琪生（共 12 人）
留学欧美	钱亦石（苏联）、沈志远（苏联）、叶青（苏联）、吴清友（苏联）、祝百英（苏联）、盛成（法国）、李劼人（法国）、张铁生（德国）、马星野（美国）、胡适（美国）（共 10 人）
教育状况不详	无尘、澄屿、天序、允英、民、绥文、培悌、俊、杜若君、天惠、冰生、张健甫、符生、凌则民、颜秀三、曾衍明、幼常、已絜、徐农、金则人与家铨（共 21 人）
其他	武堉干曾就学于国立武昌商业专门学校；葛绥成 1914 年毕业于浙江第七师范学校；丰子恺 1919 年毕业于浙江省立第一师范学校，1921 年曾赴日本短暂考察学习；章乃器 1913 年入浙江省甲种商业学校学习；李紫翔 1920 年进入安徽省第四师范学校学习；周楞伽由于早年失聪，基本没有经过正规的学校教育②（共 6 人）

　　第二，职业状况分析。《新中华》杂志作者大多数是具有较高文化素养的新知识分子，他们所选择的职业是什么呢？从表五可以看出，他们所选择的职业是能发挥他们新式知识用处的工作，高等学校与新闻出版这类

---

　　① 在教育背景中，需要特别一指的是《新中华》部分学人的留日背景。《新中华》杂志社编辑成员多有赴日学习经历，如钱歌川、张梦麟、周宪文、周伯棣、钱亦石等人，他们向在日本结识的学者、文人约稿，如钱歌川的留日同学，也是现代著名画家、散文家丰子恺就说："一年之前，《新中华》诞生号向我征文时，我曾写过一篇《最近世界艺术趋向》。在《新中华》又要出新年号了，编辑先生命我再写一篇这一类的文字。"（丰子恺：《商业艺术》，《新中华》第 2 卷第 1 期）郁树锟也是钱歌川的留日同学，其在《新中华》杂志上发文次数较多。除《新中华》杂志社编辑成员和丰子恺、郁树锟外，表三中具有留日经历的作者还有王亚南、王礼锡（搏今）、华汝成、瞿荆洲、毛秋白、沈起予、孙怀仁、漆琪生等 15 人（梅龚彬也曾赴日，是中国共产党情报史上富于传奇色彩的人物，号称"抗战三杰"之一。梅龚彬在日本被关押，好像没有日本学习经历，但在日本曾结识一些进步文人）。在《新中华》杂志发文 5 次以上的 68 位作者中占 20% 多。当然，并不是所有在《新中华》杂志上撰文的且拥有留日背景的学者都是因为钱歌川、周宪文等人的关系，但这样大的比重说明留日这种教育背景在《新中华》的约稿中起着一定的作用。

　　② 武堉干、葛绥成、丰子恺等人尽管没有进入大学深造，但他们经过自身努力，刻苦自学，后来也成为著作等身的学者。

创造与传播文化知识的职业是他们的首选。另外，由于各人境况不同，一些《新中华》作者也从事其他工作，见表五：

表五　　　《新中华》杂志（1933—1937年）核心作者职业情况

行业	具体名单
新闻出版行业	钱歌川、张梦麟、周宪文、盛成、予且、钱亦石、郁树锟、倪文宙、周伯棣、郑午昌、卢文迪、舒新城、华汝成、葛绥成、张健甫、金兆梓（以上都是中华书局的编辑①）、方秋苇、施蛰存、丰子恺、戴望舒（共20人）
高校	沈志远（暨南大学）、王亚南（暨南大学）、马星野（中央政治学校）、陈高慵（暨南大学）、胡适（北京大学）、赵镜元（英士大学）、孙怀仁（上海法学院、暨南大学）、石灵（暨南大学）、祝百英（暨南大学）、梅龚彬（暨南大学等校）、吴清友（上海交通大学）、武堉干（中央大学）、金则人（复旦大学）（共13人）
政府及专业机构	叶青、王家槐（在政府机构任职）；瞿荆洲、章乃器（从事银行业）；漆琪生（就职于中山文化教育馆）；陆鸿图（在紫金山天文台工作）（共6人）
其他（学者、作家、学生，包括留学生等群体）	李辉英、周楞伽、沈起予、杜若君、李紫翔、张铁生（留学德国）、王搏今、陆晶清（两人流亡海外）、王西彦（北平私立中国大学学生）、李劼人（嘉乐纸厂董事长）（共10人）
职业情况不明	无尘、澄屿、天序、允英、民、绥文、培悌、俊、天惠、毛秋白、冰生、符生、凌则民、颜秀三、曾衍明、幼常、已絜、徐农与家铨（共19人）

《新中华》杂志的作者主要任职于文化教育机构，在新闻出版业中任编辑或从事相关工作的有20人（以上海中华书局为主），在高校担任教

---

① 在职业状况中，"业缘"的因素值得重视。《新中华》杂志社成员和中华书局的编辑是《新中华》杂志最重要的作者来源。《新中华》杂志发文次数在5次及以上者有68人，其中发文次数最多的几位作者是《新中华》杂志自己的编辑，如钱歌川、张梦麟、周宪文、钱亦石、倪文宙和周伯棣等人。其原因，一方面可能是他们有为《新中华》杂志写稿的任务；另一方面由于职务的便利，他们撰写的稿件基本能在《新中华》杂志上发表，最明显的是钱歌川，发文次数最多，他曾经回忆，"中华书局对同人的照顾无微不至，同人编写的任何稿件，都要尽量收购，以增进同人的收入，希望大家能过更舒适。当然同人的书稿，都是在公司工作六小时后，回家在灯下编写出来的"。（钱歌川：《回顾五十年》，载俞筱尧、刘彦捷《陆费逵与中华书局》，中华书局2002年版，第40页）中华书局编辑所的部分编辑也经常为《新中华》杂志撰稿，除钱歌川等《新中华》杂志成员外，还有盛成、予且、郁树锟、郑午昌、卢文迪、舒新城、华汝成、武堉干、葛绥成、金兆梓等人。

师的有 13 人（以上海高校为主）①。从事这些职业，《新中华》杂志的作者们才有丰富的书籍报刊资料可以利用、查阅，也有一定的空闲时间进行思考与写作。任职于政府及一些专门机构的有 6 人，其他 10 人或在读书，或是独立学者等。另外，还有 19 位职业情况不明。不过，大体上可以说，《新中华》核心作者的职业与文化知识创造、传播有很大的关联，有助于保证《新中华》杂志稿源充足且质量上乘。

第三，政治思想倾向分析。有人认为 20 世纪 30 年代的《东方杂志》有两种政治倾向：爱国与保守。一方面表现为持强烈鲜明的抗日爱国立场；另一方面表现为在国内一些重要的政治问题上采取回避的策略。② 这样归纳准不准确？20 世纪 30 年代《东方杂志》《新中华》等具有商业性的综合性刊物政治倾向到底是什么？就第一个特点来说：抗日救亡是 30 年代的主题，一般的报刊都主张抗日救亡，关键的问题是如何抗日，采取怎样的措施去抗日？就第二个特点来讲，政治态度是不是保守？总体上讲，随着 20 世纪 30 年代国民政府的统治逐渐巩固，其对报刊舆论的控制也逐步加强，普通刊物为避讳而不太愿意直接评论政治问题。但笔者认为回避政治问题并不能直接断定这些刊物政治思想比较保守，其政治倾向还表现在经济、农村与文化问题的分析与评述上。最重要的是创办、参与报刊的知识分子的政治思想倾向是什么，这才是决定报刊政治思想倾向的最关键因素。

《新中华》作者们的政治思想倾向是什么呢？我们把《新中华》

---

① "地缘"的因素也值得注意。《新中华》杂志的核心作者相对集中于上海，这可能是因为中华书局和《新中华》杂志编辑部都设在上海，而上海及周边地区是中国教育文化较发达的地区，人们受教育程度相对较高，故撰稿与投稿的人较多。虽然，当时北平的高等教育和学术水平有可能超过上海等地，但由于交通和邮政等方面的原因，且当时北平和天津等地有《大公报》与《国闻周报》等报刊，这些因素都不利北方学人向南方刊物投稿。由于地理方面的限制，当时《新中华》向学者约稿，则以上海为中心的南方学人为主，如史料记载 1936 年 5 月 2 日，"《新中华》杂志社由舒新城、倪文宙在新亚酒楼约请作者交换意见，杨东莼、周予同、郭一岑、张宗麟、钱亦石、王造时等出席"。[中华书局编辑部：《中华书局百年大事记（1912—2011）》，中华书局 2012 年版，第 87 页] 这些作者当时基本都定居上海，且大部分是上海暨南大学和光华大学的教授，当时向《新中华》杂志投稿的除中华书局编辑外，基本以上海各大高校教师为主，以暨南大学和光华大学教师最多，如予且、沈志远、王亚南、陈高佣、章乃器、祝百英、孙怀仁和石灵等。

② 李斯颐：《30 年代〈东方杂志〉政治倾向的成因》，《新闻研究资料》1990 年第 3 期。

杂志（1933—1937 年）核心作者政治倾向简单地列一个表，见表六：

表六 《新中华》杂志（1933—1937 年）核心作者政治倾向列表

政治倾向分类	具体名单
加入或亲近中国共产党	钱亦石、沈志远、张铁生、张健甫、吴清友（加入共产主义青年团）、石灵、李紫翔、梅龚彬、杜若君（加入共产主义青年团）、祝百英①、盛成②（共 11 人）
加入或亲近中国国民党	陈高佣（因"言论激进"被租界当局逮捕，出狱后加入国民党），亲近国民党的有：胡适、马星野与王家槲（两人可能已加入国民党）、叶青（1922 年加入共产党，1928 年叛变革命，1939 年加入国民党）（共 5 人）
参加"左联"③与爱国运动	王西彦、戴望舒、施蛰存、沈起予、李辉英、陆晶清、金则人与章乃器（共 8 人）
深受马克思主义影响	周宪文、倪文宙、周伯棣、孙怀仁、王亚南、王搏今（1927 年退出国民党）、漆琪生（曾加入中国共产党，后又加入第三党）（共 7 人）
政治态度中立或不详	钱歌川、张梦麟、无尘、澄屿、予且、天序、郁树锟、允英、民、绥文、培悌、俊、方秋苇、郑午昌、卢文迪、周楞伽、舒新城、华汝成、天惠、瞿荆洲、毛秋白、武靖干、葛绥成、冰生、符生、颜秀三、曾衍明、赵镜元、金兆梓、李劼人、凌则民、幼常、已絜、徐农、陆鸿图、家铨、丰子恺（共 37 人）

从表六可以看出，在《新中华》作者群体中，政治态度中立或不详的人数最多，共 37 人，占《新中华》核心作者一半多。加入或亲近共产党的人数有 11 人（不包括叛变革命的叶青与加入第三党的漆琪生），比加入或亲近国民党的人数（5 人）多。另外，受马克思主义影响，或参加爱国进步运动，加入左翼组织的作者共有 15 人。在《新中华》杂志作者群中，共产党的影响比国民党要大得多，具有"左倾"思想的人数共计 26 人，超过核心作者人数的 38%。可以说，《新中华》核心作者的政治

① 林焕平（祝百英学生）认为祝百英是中国社会科学联盟成员，著名左派人物；有人认为祝百英是秘密的共产党员。

② 20 世纪 20 年代加入法国社会党，参与创建法国共产党，积极投身于国际左翼进步组织的社会活动。后来与法国共产党存在分歧。

③ "左联"，全称中国左翼作家联盟，是 20 世纪 30 年代中国共产党在上海领导创建的文学组织。

态度以中立为主，但"左倾"色彩比较明显。①

　　从总体上看，《新中华》编辑与作者是一群接受新式教育，文化水平较高，在政治态度上以中立偏左为主的知识分子。

　　在20世纪30年代"国难"当头的背景下，以"灌输时代知识，发扬民族精神"为宗旨的《新中华》杂志创刊了。一群教育文化水平较高、

---

　　① 在分析《新中华》作者政治倾向时，需要了解的是：第一，《新中华》杂志不同于20世纪30年代《独立评论》《再生》《时代公论》等同人刊物。同人刊物的知识分子在内部政治观点基本趋向一致，办刊的主要目的就是表达自身的政治见解，实现自身的政治目的或理想。《新中华》杂志是一份私营企业创办的具有商业性的综合性刊物，《新中华》杂志是中华书局所办的面向公众的综合性刊物，中华书局希望借助《新中华》扩大其在学界的影响与传播科学文化知识。这要求《新中华》一方面力避遭到国民政府的严惩，能够长期办下去；另一方面，需要广泛的读者，并接受更多学者的投稿，因此，《新中华》作者来源具有开放性，既刊登共产党人的文章，又发表自由知识分子的著作，还刊载国民党知识分子的作品。《新中华》杂志编辑部曾经郑重地声明："本志是国内外数万读者共同爱护的刊物，即是说，本志是超党派的……最后我们想说说一般杂志编者的立场，所谓一般杂志是与机关杂志或同人杂志有别的，编者的态度已在上面提到过原是无偏无袒的，只要文章的本身，有发表的价值，是不论新旧或左右都兼收并蓄的……中国写文章的人已经不多。又还要闹派别，所以普通的杂志看上去都像机关杂志或同人杂志似的。这种门户之见，实在是我们应该打破的。现在我们再郑重声明一句，我们的《新中华》完全是超党派的刊物，是公开的园地，无论哪一派的作家赐稿均受欢迎。"（《编辑室谈话》，《新中华》第2卷第13期，1934年7月。）《新中华》杂志作者虽然包括志同道合的友人，也有来自全国各地的投稿者，作者来源比较宽广。在《新中华》杂志（1933—1937年）上发表文章5次及以上的作者约68位，这一时期《新中华》杂志的作者大约有800人，核心作者比重不到10%；从文章比重来看，这一时期《新中华》杂志所有类型的大小文章约有3600篇，不计未署名的文章，表三上述68位作者的发文量与其余700多位作者的发文量不相上下。由此可知，《新中华》杂志十分重视普通作者来稿，积极对外征稿，在创刊号的《投稿简章》中强调本刊："取材务求广博：凡国家建设，民族生存诸问题以及国际时事、经济状况、各科学说、文艺作品，不论撰著、翻译，均受欢迎。文字语体或文言均可。……稿酬从优：每篇酌酬现金自十元至二百元（以字计者，每千字自三元至十元）。其欲自定酬报标准者，请预先声明。"（《投稿简章》，《新中华》创刊号，1933年1月，封面内页。）此后，《新中华》杂志又多次在刊物上公开征稿。总之，《新中华》作者群体复杂、多元。第二，关于上海知识界思想"左倾"的原因，学界有一定的探讨。如刘超认为，20世纪30年代上海知识分子多毕业于国内高校，留学以日本、苏联为主，文化水平整体上难以抗衡从英美留学回国的北平知识分子，且他们在上海的生活相对清寒，"此一文化格局，经济格局的背后，乃是思想谱系和政治态势的深刻分歧：前者（北平知识界）多系公费留学英美出身，从自由主义角度来继承'五四'遗产，维系了现代中国的学术共同体；后者则从激进主义视角来理解'五四'，并最终主导了战后中国知识界的基本走向"（参见刘超《战前十年知识界脉象发微——基于两种谱系的考察》，《江苏社会科学》2008年第2期。）《新中华》杂志作者群基本是上海及周边知识分子，因此，难免有上海知识界共有的"左倾"色彩。

政治态度中立偏左的知识分子，为了"挽救其本国之危机"与"复兴中华民族"，以《新中华》杂志为公共平台，激扬文字，以言论报国。在后面的几章中，我们将介绍《新中华》学人从远东国际关系、抗日、政治、经济和农村等方面，思考与讨论"救亡"与"建国"问题。

第二章

中国的前途靠自己

　　1840 年鸦片战争使西方列强强行打开了古老中国的国门，从此，中华民族或被动或主动地慢慢融入这个彼此息息相关的世界。20 世纪二三十年代，世界经济危机激化了各个资本主义国家内部的矛盾，为摆脱困境，德、日等资本主义国家向法西斯体制转型，同时，积极地对外侵略扩张以争夺资源与市场，野蛮的侵略行为不仅加深了列强之间的紧张关系，也加剧了列强与弱小国家之间的矛盾，世界形势乌云密布，危机重重。1931 年 9 月，处于经济危机中的日本，发动"九一八"事变，侵占中国东北，远东地区的势力均衡被打破，维护东亚与太平洋地区秩序的华盛顿体系开始土崩瓦解。此后，日军不断地向中国蒙古、华北进犯；最终于 1937 年 7 月发动全面侵华战争。面对日本咄咄逼人的进攻，英、美、苏等国为各自的利益进行各种公开活动和秘密谈判，作为当时最重要的国际组织——"国联"也进行调停，但结果不尽如人意，远东局势持续动荡不安。

　　此时，处于亡国边缘的中国如何才能救亡？是诉诸"国联"，或是求诸大国？还是依靠自己？《新中华》学人为了寻找正确的救亡途径，密切关注变幻莫测的远东局势，时刻留意中国面临的困境与机遇，在详尽分析欧美诸国及"国联"的态度后，《新中华》学人认为中国的救亡前途最终还得靠中国人自己。

第一节　"有名无实"：《新中华》对"国联"的看法

一　"孱弱"的"国联"

　　"国联"① 是第一次世界大战后成立的国际组织，虽然中国是其 42 个

---

　　①　"国联"（League of Nations）全称"国际联盟"，又称"国际联合会"，其标榜以"促进

创始会员国之一，但作为一个内乱不断、实力弱小的半殖民地国家，很难在"国联"中发挥应有的影响力。在遭遇国际纠纷的时候，中国也难以得到"国联"实质性的支持。譬如1928年国民革命军北伐攻占济南时，日军为阻挠国民革命军此次行动，挑起军事冲突，制造了震惊中外的"济南惨案"。当时，南京国民政府请求"国联"与英美等国调停，但英美与"国联"偏袒日本；最终，南京国民政府对日妥协，与日签订了屈辱的《中日济案协定》。

　　1931年9月18日，日本关东军突然对驻扎在沈阳的中国东北军发动进攻，由于国民政府实行"不抵抗政策"，日军很快占领整个东北。此时的南京国民政府仍然采取诉诸"国联"的外交政策，向"国联"控诉日军的野蛮侵略行为，希望"国联"能主持公道，支持和援助中国。9月21日，中国驻"国联"代表施肇基诚请"国联"组织调查团，调查"九一八"事变的真相。但在日本的阻挠下，直到1932年1月21日，以英国人李顿为首的"国联"调查团才正式成立。经过长达半年的调查，10月2日，《国联调查团报告书》（学界一般称《李顿报告书》，以下简称《报告书》）公开发表。《报告书》尽管承认东北地区是中国的领土，中国对东北享有国家主权，并驳斥日本关于"九一八"事变乃其自卫行为的狡辩，以及伪满洲国成立是其自发行动的谎言；但《报告书》也肯定了日本在东北有着特殊权益，建议在中国东北建立英、德、美等国共管的地方自治政府。这样的报告书不能满足中日两国各自的诉求，自然也引起中日双方的不满。中日两国针锋相对，激烈辩驳。12月12日，"国联"决议成立专门的"十九国委员会"，处理中日之间的争议。1933年2月，"国联"举行特别大会，通过了在《国联调查团报告书》基础上修正的《国联特别大会关于中日争议报告书》。由于对"国联"不满，一个月后，3月27日，日本政府宣布退出"国联"。此后，"国联"特别大会顾问委员会还通过了不承认"满洲国"的决议。① 但对日本日益膨胀的侵华野心没有实质性的牵制意义。

　　1933年1月创刊后，《新中华》即发表了一些有关"国联"的言论。

―――――――――

（接上页）国际合作，维持国际和平与安全"为目的，实际上是帝国主义列强巩固第一次世界大战后形成的凡尔赛体系的工具，总部设在日内瓦。第二次世界大战爆发后无形瓦解，1946年4月正式宣告解散。参见辞海编委员会《辞海》，上海辞书出版社1994年版，第866页。

　　① 洪岚：《南京国民政府的国联外交》，中国社会科学出版社2010年版，第142页。

其中，关于"一·二八"淞沪抗日战争的一周年纪念词值得重视，从中可以了解《新中华》编辑部对"国联"的基本看法。在这份纪念词中，《新中华》斥责南京国民政府的失策与"国联"的无能，"以言过去措置的失策，自从"九一八"东北事变发生以来，我们不能以实力抵抗暴日，而惟乞怜于国联。"一·二八"淞沪抗日一战，虽然激发了国民用实力抵抗的情绪，给予了暴日的野蛮行为以打击，但因当时国人，对于国联，尚望其能主持公道；对于暴日，尚望其能觉悟前非，所以委曲求全，而有淞沪抗日停战协定的成立。现在国联的无能，大国的袒日，已经昭然若揭，而最近日内瓦消息传来，竟谓国联秘书长德鲁蒙将新决议案草稿送致中日代表征求同意，其内容与十九国委员会旧提草案，大相径庭，既无一字语及满洲伪组织，亦未提及美国与苏俄，仅暗示有邀请若干非会员国加入调解之可能性而已。国联迁就暴日之态度，既已这样的显著，我们又何能希望国联主持公道？"① 可见，《新中华》对"国联"持严厉批判的态度。

1932 年 10 月，《李顿报告书》公开发表后，其不利于中国的内容被国内舆论界痛斥。学者黄宾也在创刊不久的《新中华》发文怒斥《李顿报告书》，认为这个报告书有五个方面不利于中国：第一，"完全拥护日本帝国主义占领东北的强盗行为"；第二，"让日本占领我东北为进攻苏联的根据地"；第三，"主张列强联合一致来镇压中国的排货运动"；第四，"主张东北划归国际共管"；第五，"进一步主张把共管东北的方法'推及'中国全境"。因此，他认为："《李顿报告书》就是这样的一篇共管中国的宣言，对于中国实有百害而无一利。"②

《新中华》学人不仅抨击《李顿报告书》，而且对"国联"敷衍延宕的行为也十分不满。1931 年"九一八"事变发生后，中国曾立即提请"国联"调查真相，但直到 1932 年 1 月 21 日，"国联"调查团才正式成立。此后，又经过大半年，到 10 月 2 日《李顿报告书》才公开发表。"国联对于这一《报告书》，又怎样地处理呢？其始，徇日本之要求，搁置了许多时日。及至开会之后，又互相推诿。由行政院推给国联特别大会，由特别大会推给十九国特委会，由十九国特委会推给五人起草委员

---

① 编者：《卷头语——一二八淞沪抗日战争周年纪念词》，《新中华》第 1 卷第 2 期，1933 年 1 月。

② 黄宾：《淞沪抗日战后国际三大问题的发展》，《新中华》第 1 卷第 2 期，1933 年 1 月。

会；再由五人起草委员会而十九国特委会，而特别大会。现在特别大会未开，而华北一带，已轰起日本帝国主义屠杀中国民众的连天炮火了。国联的'公道'就是这样，'依赖国联'的结果，就是这样！"① "国联"消极拖延调停中日争端，在《新中华》学人看来，一方面是无能的表现，另一方面目的在于袒护日本。

在"九一八"事变后的调停中，"国联"为什么如此孱弱无能并偏袒日本呢？在《新中华》学人看来，其原因有几点：

第一，"国联"只是一个和平机关，本身没有强大实力。学者董之学详细介绍了"国联"的各类机关，如：大会、行政院、秘书处、国际法庭、国际劳工局等，这些机构只能维持"国联"的正常运转及开会协商处理一些突发的事件。"国联"没有自己独立的武装力量，在解决各国之间的武力冲突时，只能依靠诸大国的调解，或表示无能为力。因此，董之学说："国联在成立以后的十三年中，只表现它是个有名无实的和平机关，对于帝国主义冲突不甚厉害的国际争议……尚能处置裕如……但是关于帝国主义冲突最大的问题，如裁减军备，停止关税战争，制止日军侵占我东北等等，国联便不能表现它的和平作用。"②

第二，列强之间矛盾重重导致"国联"没有解决东北问题的能力。"国联"有五大常任会员：英、法、意、德（1926年加入"国联"，并任常任会员国）与日本，其中英国在"国联"中的影响力最大，但英国与其他常任会员的矛盾也最尖锐，如：英德争夺欧洲霸权的矛盾，英意在北非的激烈竞争，英日在远东的角逐。美国虽然不是"国联"的成员国，但由于强大的经济实力，美国对"国联"也有着很大的影响力。作为经济实力最强大的英、美，它们在世界各地都进行激烈的竞争。"九一八"事变之后，英国企图讨好日本以维护其既得利益，美国坚持门户开放政策，法、意、德等国也各有算盘，欧美列强的政策难以协调。在列强矛盾重重的局势下，"国联"无力解决东北问题。黄宾讲："资本主义国家的矛盾，当然要算美国和日本最为尖锐。法国自始就是日本的同盟者，处处袒护日本。英国则以狡猾的态度，有时表现上装得好像是调人的态度，但在骨子里却实质地支持着日本的立场；由于它在战债问题上对美的关系，

---

① 黄宾：《淞沪抗日战后国际三大问题的发展》，《新中华》第1卷第2期，1933年1月。

② 董之学：《国联成立经过及其组织》，《新中华》第1卷第5期，1933年3月。

帮助日本的举动，日益显露。所以，英、法、日在东北问题上的结合，比较其他问题，还要紧密得多。在国联屡次的会议之中，历历的表现着这种倾向。"他还说："只要列强对于中国的分赃还未议妥，它是没有解决东北问题的能力的，更谈不到什么'公道'。"①

第三，英法列强纵容日本对华侵略，企图诱导日本进攻苏联。1917年十月革命后，苏俄在欧亚大陆上建立了与资本主义制度对立的社会主义政权。为消灭异己，英、法等国曾对苏联进行武装干涉，失败之后，英、法等国依旧想方设法推翻苏俄的苏维埃政权与破坏苏俄的各项建设。在日本侵略邻近苏联的中国东北之时，英、法诸国又企图诱导日本进攻苏联。在英、法诸国的影响下，"国联"刻意偏袒日本。对此，学者黄宾说："不消说是有着资本主义国家从东方进攻苏联的阴谋和瓜分中国的企图，这种阴谋和企图，在《李顿报告书》中已经表现得很明显。"②梅龚彬则详细地介绍了苏联经济的高速发展引起正忍受世界经济危机痛苦的资本主义国家的恐慌，列强反俄欲望强烈，"当'九一八'事变发生时，诸资本主义国家，特别是在远东有密切利益之英美两国，其暂时的袖手旁观，即含有期待日本率先反俄之意义"③。

"国联"没有制止日军侵占我国东北的能力，而南京国民政府却把希望寄托在"国联"身上，推行"国联"外交，最后的结局就是东北成了日本的独占殖民地。因此，《新中华》对"国联"的不满，其实是更多地表达着对国民政府外交政策的反感，黄宾就毫不客气地指责国民政府："过去的不抵抗政策与哀诉国联的举动，结果反足以助长日本的凶焰，促进国联的帮凶，并造成列强利用国联处理东三省问题来做解决其他问题的交换条件的机会。"④

"国联"既没有实力解决中日之间的争论，还偏袒日本，因此，大部分知识分子觉得国民政府应该放弃诉诸"国联"的政策。少部分学者则认为"国联"作为当时世界上最重要的一个国际组织，还是有道义上的价值，"国联至少在形式上是一个超国家的国际机关，它在中日事件当中，虽过度表示了它的孱弱无能，但最后终于通过了一些为日本不能接受

---

① 黄宾：《淞沪抗日战后国际三大问题的发展》，《新中华》第 1 卷第 2 期，1933 年 1 月。

② 同上。

③ 梅龚彬：《热河失陷后之远东局势》，《新中华》第 1 卷第 6 期，1933 年 3 月。

④ 黄宾：《国联的假面具与真面目》，《新中华》第 1 卷第 5 期，1933 年 3 月。

的议案，逼日本退出国际组织，使它在道德上、精神上、舆论上受到非常的打击"①。1933 年 3 月，日本宣布退出"国联"。但按照"国联"盟约，"国联"成员国宣布退出两年内还必须承担国际义务。因此，有人提出："我国当否趁日本退出国联发生效力的时候，在国联里正式责问日本的义务是否履行完竣？这样，我们知道不足以使日本不退出国联，但是这却是一个好机会，可以再把日本的暴行和野心尽露出来，并且提醒会员国都有不承认伪国的义务。"② 这些学者内心十分清楚"国联"实力不足，而且对"国联"不能支持正义保护和平也非常失望，但考虑到国力的衰弱，仍希望争取"国联"，利用"国联"仅有的一点力量打击日本。

总体上看，《新中华》学人认为"国联"孱弱无能。这种看法与当时社会舆论基本一致。其时，无论是言辞激烈的激进派，还是语言谨慎的保守派，都认识到"国联"是一个软弱无力的和平机关。这是国内知识界对"国联"作用的一致看法，但在对待"国联"调处中日争端问题上意见并不统一，主要形成了赞赏、相对持中与坚决反对三种意见。③ 由于"左倾"色彩明显，对"国联"的调停，《新中华》学人大部分持反对的态度，更有部分学者严厉抨击国民政府诉诸"国联"的政策。当然，《新中华》杂志作为一份综合性刊物，众多作者态度不一，仍有少部分人建议在中日调停问题上尽力争取"国联"的支持。

二　"国联"的"真面目"

"国联"一直都标榜"维持国际和平与安全"是其重要任务。事实

---

① 王亚南：《投降日本与求助国联——为"九一八"二周年纪念而作》，《新中华》第 1 卷第 17 期，1933 年 9 月。

② 国纲：《"一二八"的第三周年日》，《东方杂志》第 32 卷第 3 期，1935 年 2 月。

③ 一种是以胡适为代表"独立评论派"总体上持欢迎与赞赏的态度；另一种是《国闻周报》学人保持相对持中的立场，其态度经历了"略有希冀到几近绝望，再到跌入冰点，彻底绝望，转而又萌生些许希望的过程。"（刘莹：《"九一八"后〈国闻周报〉学人的对日态度研究》，硕士学位论文，湖南师范大学，2013 年）还有一种，与《独立评论》和《国闻周报》的态度不同，《东方杂志》根本不信任"国联"，认为"国际联盟是帝国主义的御用工具"（仲逸：《抗日斗争的一年》，《东方杂志》第 30 卷第 3 期，1933 年 2 月）。（参见郑大华、刘妍《中国知识界对国联处理九一八事变的不同反应——以胡适、罗隆基和胡愈之为例的考察》，《抗日战争研究》2009 年第 1 期；洪岚：《〈李顿调查团报告书〉公布前后中国社会各界的反响》，《史学月刊》2006 年第 5 期）

上，"国联"特别大会也的确通过了导致日本不满的报告书，也不承认"满洲国"。但在《新中华》学人看来，"国联"在主观上"既不是有所爱于中国，也不是由于所谓'和平与公道'的动机"①，而是维持英法等西方列强的利益，中国仅从"国联"获得一些道义上的支持。而且，从"国联"的行为对中国产生的实际影响来观察，"国联"并没有严厉制裁日本，反而其敷衍延宕的行径让日军肆无忌惮地扩大侵略。黄宾为此严厉指责"国联"，"自东北事变发生之后，中国即于九月二十一日正式向国联申诉，结果，只得到九月三十日国联行政院的空洞而无阻止暴日行动效力的决议，及日本置之不理。于是又于十二月十日决议派遣调查团。这无疑的是用这些决议延宕时日，让日本可以从容布置，造成'事实'。'一·二八'事变发生，日本帝国主义进一步扩大其侵略的行动，淞沪惨遭屠杀，血战月余，而国联毫无动作。迨十九路军以援绝退却，国联始于三月四日重提行政院之提议，决定'催促两国政府实行停止战斗行为'……国联每有一次讨论东北问题之后，日本帝国主义就有更进一步的侵略行动"②。"国联"的行动之所以如此敷衍延宕，在黄宾看来，其最主要的目的在于"让资本主义列强——尤其是英、法、日有充分的时间，可以在幕后谈判瓜分中国的方法。或利用这东三省问题以为有利解决其他问题的交换条件，及到日本的布置完备了，列强的谅解成立了，或其交换条（件）谈妥了，它就可以摆出它的狰狞的真面目来"③。

　　那么，"国联"的真面目是什么呢？《新中华》学人回答道："国联是一个欧洲资本主义列强的集团，是一个压迫弱小民族的分赃机关。"黄宾认为"九一八"事变后，"国联"态度的转变就是一个很好的例子。"九一八"事变发生后，国民政府采取诉诸"国联"的政策，尽管"国联"进行了多次会议，但始终因为日本的反对，"国联"对日本的野蛮侵略行为没有采取实质性的行动。1932年10月，《李顿报告书》公开发表，但由于日本的抵制，而几乎搁置起来。到了1933年2月，"国联"举行特别大会，通过了在《李顿报告书》基础上修正的《国联特别大会关于中日争议报告书》，此报告书否认伪满洲国，承认东北是中国固有的领土，

---

① 黄宾：《国联的假面具与真面目》，《新中华》第1卷第5期，1933年3月。
② 黄宾：《淞沪抗日战后国际三大问题的发展》，《新中华》第1卷第2期，1933年1月。
③ 黄宾：《国联的假面具与真面目》，《新中华》，第1卷第5期，1933年3月。

"国联"态度发生了明显的变化，其原因"完全是国联的主干英法两国，想借此举动来讨好美国，使战债问题，可得比较有利的结果，万万说不上什么'和平与公道'"。黄宾还通过对"国联"主要机关组织——大会与行政院——的权限进行详细分析，认为"国联"已完全被英、法、意、德、日等常任会员国把持，"国联的《盟约》，其根本精神就不是什么'平允'与'公道'，而是便利于强国的操纵的。根据这样的《盟约》，根本就不会产生出一个能够主持'公道'的机关。再加以强国的势迫利诱，弱小国家就不能发表什么有效的意见，国联又怎能不变成欧洲强国的工具呢？"①

国际关系问题专家樊仲云曾详细分析了"国联"的条约，他认为按照"国联"的条约，面对日本侵略中国东北、热河的强暴行为，"国联"理当对日本进行制裁，尤其应从经济方面制裁日本。但"国联"本身没有实力，"国联"背后的英、法等国有没有制裁日本的决心是一个很大的问题，英、法等国"倘无这样的决心，国联固无如日本何，只好眼看着日本破坏和平现状的横行"。总之，"国联之为国联，不过一标着和平旗号的稻草人而已"②。

除了吹嘘"维持国际和平与安全"外，"国联"另一项重要目标是"促进国际合作"。"国联"《盟约》第23规定："作为处理和平生活正常范围内极为复杂的国际关系的工具，国联有责任处理突破疆域限制的国际财政和贸易问题，陆、海、空运输问题，防止疾病和促进卫生问题，以及卖淫、贩毒等社会问题。"《盟约》第25条规定："各会员国保证促进各国红十字会组织的活动。"③南京国民政府求诸"国联"的外交政策，除了希望"国联"在中日冲突中主持公道外，还希望"国联"在科学技术、文化教育及经济社会方面给予中国支持与帮助。其实早在1927年，国民政府在南京成立之后，就试图在文化技术等方面与"国联"进行接触，但双方真正开始合作还是在"九一八"事变之后。"九一八"事变让中国各阶层认识到日本是最危险的敌人，这个敌人进逼入侵，妄想霸占整个中国为自己的殖民地，因此，不愿做亡国奴的中国军民认为与日本帝国主义

---

① 黄宾：《淞沪抗日战后国际三大问题的发展》，《新中华》第1卷第2期，1933年1月。

② 樊仲云：《未来世界大战与国联的危机》，《新中华》第1卷第5期，1933年3月。

③ 洪岚：《南京国民政府的国联外交》，中国社会科学出版社2010年版，第17—18页；另见［英］华尔脱斯《国际联盟史》上，商务印书馆1964年版，第51页。

迟早必有一战。为尽快地壮大自己，增加抗敌的力量，南京国民政府主动地扩大与"国联"在科学技术、文化教育与经济社会等方面的交流与合作，汪精卫曾说："中国感于建设之需要，与物质之缺乏，确有与世界各国增进经济与技术之关系的决心，此在中国为自存自立计，固应如此，而在世界各国为共存共荣计，亦决不认为非策。"① 1933 年中国政府一再表达与"国联"继续进行技术合作的愿望；同年 7 月，"国联与中国技术合作委员会"成立，"国联"秘书处卫生组组长拉西曼为"国联"驻中国技术合作的代表。此后，中国与"国联"的交流合作稳步推进。

对于中国与"国联"的技术合作，《新中华》的部分作者尽管认为"国联"对华的技术援助有价值，但是由于"国联"的软弱与背后操纵"国联"的英、法等国是侵略成性的帝国主义国家，他们对"国联"的技术援助仍存着不小的顾虑，"国联虽然是一个国际机关，而指挥操纵这个机关的，却是一般专以侵略弱小国家为事的帝国主义者。这次技术建设委员会中的分子，实际就是日俄以外的全世界强大帝国主义者的代表。……南京政府虽表示兴办合作事业的范围，大致为建设重工业，治理水利，建筑铁路，改良农业，并从事卫生新施设（设施）等，但帝国主义者吸吮弱小民族的精血，是与其经济组织而俱存的。它们在中国已经享有了许多保障其经济侵略的特权。这种大规模事业的发动，实难保其不利用已有的特权，或利用中国的变乱机会，以加深扩大其政治经济侵略，而在结局导出一种国际共管的局面"②。

思想激进的钱亦石肯定地表示与"国联"的技术合作将有损于中国，"关于技术合作的范围，是非常广大的。以拉西曼的报告书为根据，如农业、棉业、丝、水利、公路、卫生、教育……都包括在内。即是说，技术合作不仅涉及国民经济各部门，并且超越国民经济的范围，而深入到社会文化的领域。让外人控制我国的经济建设，固属有损独立国的尊严；让外人在教育方面的越俎代庖，更无以杜绝文化侵略的祸祟。……这样干下去，是我国的物质生活以至精神生活都逃不出国联的巴掌心"。他进而指出："拉西曼之意不在中国经济之独立的发展，而在乎增进中国的购买

---

① 季啸风、沈友益：《中华民国史史料外编》第 36 册，广西师范大学出版社 1997 年版，第 146 页。

② 王亚南：《投降日本与求助国联——为"九一八"二周年纪念而作》，《新中华》第 1 卷第 17 期，1933 年 9 月。

力，为西方过剩的工业品扩大国外市场。照拉西曼所指导的总路线从事经济建设，将使我国全部国民经济的依赖性一天天加深；换言之，拉西曼对华技术合作的计划，无异替西方资本主义国家布置新的侵略网。"因此，他明确表态中国应拒绝与"国联"进行技术合作，而在经济建设过程中走自己独立发展的道路。[①] 学者王亚南虽主张中国政府求助"国联"，与"国联"进行技术合作，但也强调国民政府在与"国联"合作的过程中应该秉承技术合作的精神，坚持自主、公开与协作三项原则，以避免英、美等国通过"国联"过多地干涉中国内政，控制中国。[②]

可见，《新中华》学人认为"国联"是列强压迫弱小国家的工具，因此，对"国联"并不认可。确实，"国联"表面上是鼓吹国际和平与合作的国际机构，但这个国际机构已被英、法等国所控制，意、德、日、美等国对其也有很大的影响力，弱小国家基本上在"国联"中没有什么发言权。在国际冲突中，"国联"经常牺牲弱小国家的利益向强国妥协。从这一方面来看，《新中华》学人对"国联"的认识大体是没错的。当然，国际关系是非常复杂的，"国联"在其中的角色也有多种面向。如在"九一八"事变后，"国联"软弱无力与偏袒日本，致使日本独占东北，窥伺华北；但日本的疯狂入侵又损害了英、法、美等国的在华利益，因此，英、法、美等国又遥控"国联"与中国进行技术合作，援助中国。中国与"国联"及欧美各国的交流合作反过来又引起日本的不满与敌视，故1934年日本发表排斥其他列强在华势力、企图独占中国的"天羽声明"[③]。但中国与"国联"的技术合作没有受到太多干扰，在日本发表"天羽声明"后不久，"国联"公开发表了《拉西曼报告书》，中国与"国联"的各项交流合作项目也继续进行，并且规模也不断扩大。直到第二次世界大战全面爆发的1941年年初，中国与"国联"的合作关系才正式结束。可见，

---

① 钱亦石：《拉西曼报告书之研究》，《新中华》第 2 卷第 11 期，1934 年 6 月。

② 王亚南：《投降日本与求助国联——为"九一八"二周年纪念而作》，《新中华》第 1 卷第 17 期，1933 年 9 月。

③ "天羽声明"表达了日本称霸东亚、独占中国的野心。"天羽声明"内容："约有下述四个要点：（一）日本在东亚有特殊责任，故对华态度，不尽与他国相同；（二）日本为保持东亚的和平与秩序，不得不采取单独行动，自负责任；（三）反对中国利用他国势力以图抗拒日本的任何举动；（四）在满洲与上海事变之后，外国给中国以经济的技术的援助，显然含有政治意味，足以酿成共管或瓜分中国的局势，日本必须反对之。"见《天羽声明》，《新中华》第 3 卷第 5 期，1935 年 3 月。

"国联"虽然受英、法等国的操纵，但在与中国的技术合作过程中，还是取得一些成就，这正如学者洪岚所说："技术合作首先在交通、水利、农村建设、文化教育等领域展开；'七七'事变后国联派出防疫队，帮助中国建立卫生防疫体系，积极预防和控制各种流行性疾病的传播。"[1] 由此可知，"国联"与中国的技术合作可能暗藏英、法、美扩大在中国势力的政治企图，但在客观上促进了中国各项建设的进步。《新中华》大部分学人虽然注意到了英、美等国的政治野心，但没有客观地评判"国联"与中国技术合作的效果。

三　改造"国联"

由于"国联"组织太软弱，不能在中日等国际争端中主持公道；且"国联"与中国的技术合作中，英、美等国暗藏不良的政治企图。因此，部分学者认为："国联"声誉已一落千丈，如欲挽回威信，必须加以改造。如何改造"国联"呢？《新中华》学人认为必须从这几方面入手：

首先，改造"国联"的行政机构。英、法、意、德、日等强国通过理事会、行政院等机构控制了"国联"，"国联"在列强的操纵下，没有担负起世界和平与发展的责任。特别是在中日冲突中，列强掌控的"国联"做出了种种偏袒日本、损害中国利益的决策。因此，《新中华》部分学者认为"国联"的现行机构非彻底改造不可。例如："国联"理事会的权限很大且存在诸多不公平的现象，改造"国联"必须从改造理事会开始。金通艺总结了改造理事会的两种办法，其一，"应立刻取消常任理事，不分常任与非常任理事"。其二，"理事会理事应由大会推选，向大会负责"。理事会理事人数由大会议决，有一定的聘期，到期重选。通过这两种办法，确保"国联"理事会能贯彻大会的意图，摆脱强国的控制。[2]

其次，强化"国联"的制裁权力。在中日争端中，"国联"本身没有制裁的力量，其所依靠的欧美各国又偏袒日本，不愿制裁日本，"国联"无能为力。"国联"因此被国人认为有名无实。周鲠生说："国联现今虽

---

[1]　洪岚：《1933—1941 年南京政府与国联技术合作述论》，《广东社会科学》2007 年第 6 期。

[2]　金通艺：《中日事件失败后国联应如何改造》，《东方杂志》第 30 卷第 14 期，1933 年 7 月。

然包含了世界上最大多数国家，然其缺乏执行《规约》的实力，则亦无可讳言。原因是具有实力的列强怕负责任，不肯以实力为国联行动的后盾。"尽管周鲠生看到了"国联"的根本缺陷，但他把改造"国联"的希望仍然寄托在欧美列强身上，"今后要国联说话有权威，它的行动有实效，必须英法一致肩负责任，意俄肯以诚意支持国联，并且美国虽不加入，至少亦有竭力合作……"① 对欧美列强的这些要求，可以说，基本上是对牛弹琴，此种言论等于空言。其他学者则提出一些具体而实在的建议，上海法学院教授汪馥炎认为改造"国联"制裁制度、改革判决机关应当确立：被制裁对象应当指明，履行义务应当切实，施行制裁应具实力等四项原则。他还说："平时国联之机构，似亦应加以改革，俾涤除官僚代表制之痕迹，成为民主代表制的组织，庶足以餍世界和平之愿望。盖制裁方法纵完善，究不免于激烈，苟在一切解决纠纷的和平手段未用尽以前，必不轻易运用强制之制裁方法。于此则各国之'自力救助'可不需要，而国际法治社会，方有建立之希望也。"②

　　另外，还有一些学者认为社会主义国家苏联加入"国联"，这也是对"国联"的一大改造。1917 年俄国十月革命后，新的苏维埃政权诞生。1919 年 7 月，苏俄政府就发表了第一次对华宣言，许诺放弃庚子赔款、领事裁判权等前沙俄政府攫取的侵华权益，希望同中国政府建立正常的外交关系。苏俄第一次对华宣言的内容传入中国后，苏俄政府立刻获得中国各界民众的好感，其和平、友好的外交政策也被国内知识界称赞。此后，苏联政府致力于国内建设，为保证安定的外部环境，先后与立陶宛、芬兰、爱沙尼亚、拉脱维亚、波兰等国签订了互不侵犯条约。这些举动与欧美资本主义国家的军备竞赛、对外扩张形成了鲜明的对比。1934 年，苏联申请加入"国联"，在中国知识分子看来，这是"国联"历史上一件重大的事件，可以挽救已被日本、德国退出弄得岌岌可危、摇摇欲坠的"国联"。钱亦石说："如果苏联入盟一经大会通过，'不但与欧洲之和平有莫大之影响，即对全球和平前途亦有甚大关系。'（顾维钧谈话）这即是说，苏联入盟以后，将透过国联而贯彻其和平政策，使过去宰割弱小民

---

① 周鲠生：《一九三五年之展望：国联的前途》，《东方杂志》第 32 卷第 1 期，1935 年1 月。

② 汪馥炎：《国联制裁制度之改造》，《新中华》第 4 卷第 18 期，1936 年 9 月。

族的机关，变成反战事的堡垒。在这种意义上，苏联入盟便是向国联打'输血针'。从另一视角去看，如苏联在国联内部起了领导的作用，即是帝国主义者十五年来御用的工具从此断送；换言之，即是过去的国联宣告灭亡，未来的国联又是别一种形相（象），对于帝国主义者是不利的。在这种意义上，苏联入盟就无异'脱洼之马'了。"①

上述改造"国联"的设想，可以说，是一帮中国学者不切实际的构想。虽然这些美好的想象经不起残酷的国际关系的检验，但这不能否定一些知识分子为抵御日本等帝国主义侵略而进行的苦苦思索及其拳拳爱国之心。值得注意的是，有《新中华》部分学人始终对"国联"采取不信任的态度，他们认为"国联"就是列强的御用工具，中国不能依赖"国联"，中国的出路在于奋起抵抗！"固然，奋起抵抗，要有很大的牺牲，要受许多的艰难困苦，但是为了民族的荣誉，为了民族永久的生存，这种牺牲是值得的！"②

总的来看，《新中华》是站在中华民族的立场看待"国联"。因为"国联"在处理中日争端上的孱弱无能，《新中华》学人用批判的眼光审视着"国联"，这也表达了对国民政府诉诸依赖"国联"政策的不满。由于"国联"是一个可用的资源，少数学人在外患严重，内忧不断的情况下，出于某种考虑，希望与"国联"进行有限的合作，希望改组"国联"，让"国联"为中国主持公道。而一些作者则已经认清了"国联"的真面目，更认识到中华民族的复兴必须依靠自己，走一条独立自主的道路！

第二节　"利益至上"：《新中华》对欧美各国
远东政策的认识

20世纪30年代，日本对华的一系列侵略行动打破了远东地区的势力均衡，也破坏了"一战"后建立起来的华盛顿体系，引起远东地区利益相关者的强烈反应，英、美、苏等国纷纷采取措施维护自身的利益，远东局势一时乌云密布。《新中华》学人非常忧心中国前途与远东局势，密切注视着

---

① 巨涛：《"输血针"与"脱洼之马"》，《新中华》第2卷第18期，1934年9月。

② 黄宾：《国联的假面具与真面目》，《新中华》第1卷第5期，1933年3月。

英、美、苏等国的举动，逐渐对欧美各国远东政策有了一些基本认识。

一　妥协的"日不落帝国"

随着日本对中国的步步进逼，"国联"的威望摇摇欲坠。"国联"沦落的原因在一些人看来主要是欧美列强自私自利，不愿肩负支持"国联"维护远东和平局势的责任。《新中华》部分学人也认为："主持国联者之无远识，无决断，而其自国的利益又互相的冲突，以致坐误时机，举棋不定。"由此导致"国联"日渐沉沦与远东局势的恶化。在欧美列强中，这些学者公认："英国的责任是比任何一国都大的，不论他拥护国联的热诚如何。"①"国联"的孱弱无能很大程度上也是贯彻英国意图的结果。

英国政府不仅从背后操纵"国联"，让其作为维护英国利益的工具，还直接采用损人利己的外交政策来保全自身的利益。这种损人利己的政策主要是指英国对日本采取的绥靖政策，其典型地表现在 1934 年日本发表"天羽声明"与 1935 年日军制造"华北事变"之后英国的妥协行为。

1934 年日本发表"天羽声明"，公开暴露了日本吞并中国的野心，并设想把欧美势力驱逐出中国乃至亚洲之外。日本狂妄的企图尽管引起英国不安，但英国并没有表现出强烈的不满，反而采取一些措施拉拢日本。譬如：1934 年，英国不顾中国政府的强烈反对，派出实业考察团赴"满洲国"，"查自国际联盟宣言不承认满洲傀儡国后，各大国家均与'满洲国'不作外交上之正式往来，甚至取敌视之态度，虽日本外交当局以必死之努力，谋傀儡国国际地位之确定，然终鲜有效果。今值远东日苏关系恶化愈深之际，在国联居指导地位且对远东有极大的利权关系之英国，突有派遣实业调查赴满之事发生。虽英国官方表示调查团之派遣，纯为商业之考察，绝无政治意味，而日英谅解之说，更属毫无根据……"② 为了讨好日本，英国违背"国联"大会不承认伪满洲国的决议，此举严重侵犯了中国主权，损害了中国的利益。

类似的情景在 1935 年、1936 年再次重现。1935 年，日本导演的"华北自治运动"日益威胁英国在华利益。在日本猖狂的侵华行动之下，英国为维护自身利益，试图从经济上帮助国民政府增加抵抗日本的力量，并

---

① 《国联之沦落和复兴》，《新中华》第 4 卷第 10 期，1936 年 5 月。
② 剑父：《英国派遣实业考察团赴满》，《新中华》第 2 卷第 17 期，1934 年 9 月。

在 1935 年派其首席经济顾问李滋·罗斯来中国，帮助中国进行币制改革。但罗斯到达中国之前，却先赴日本，兜售英国密谋承认伪满洲国换取贷款中国，推动中国币制改革的方案。对于这个秘密的方案，中国的知识界虽然不知详情，但《新中华》学人对罗斯来华的动机却洞若观火，"罗斯之使命实别有所在：盖英国在东亚的势力年来日趋失坠，不得不谋防止的对策，而且为谋防止，不得不与日本作进一步的协商"。而且，还非常机警地猜测到：英国为了达到自己目的，必然会牺牲中国的利益，与日本暗中交易，"为谋复兴在华的经济优势，英国宁可撇开美国，却不能撇开日本，所以罗斯这次先赴日本，颇有严重的内幕"①。英国设想通过向日本妥协，保全其在华利益，但此时，日本的目标是独霸中国，双方差距太大而没能达成一致意见，这个方案也就破产了。

1931 年"九一八"事变之后，"国联"在英国的操纵下通过了默认日本在中国东北有特殊利益的报告书；1934 年日本发表"天羽声明"，英国并没有强烈的抗议与实质的反制行动；1935 年、1936 年日本策划"华北事变"，英国却密谋承认伪满洲国。为什么英国再三地向日本妥协呢？《新中华》学人认为主要有以下三个方面的原因：

第一，英国国内的隐忧。英国是"一战"的战胜国，但付出的代价却十分高昂。更为不利的是，美、日等国乘机兴起，并在全世界与之展开全方位的竞争。1929 年世界经济危机爆发，各国纷纷抬高关税，实施关税壁垒，严重依赖对外贸易的英国所受的影响特别大。杜若君说："在战后，英国不但失去了广大的市场，而且在世界上又增加了新的竞争者。尤其在一九二九年的经济恐慌爆发后，世界经济战争的激化，使衰老的英国，遭受到很大的困难。战后各国利用产业合理化与货币政策，在世界市场上夺取英国的地位，英国的对策仅是采取守势的保护关税，企图利用大英帝国集团经济的政策，对抗各国。但帝国各部新兴产业的发达，已使英国的企图失败了。况且集团经济并没有彻底的对抗其竞争者的能力。"英国经济面临巨大的困难。与此同时，日益兴起的殖民地独立问题也使英国政府一筹莫展。英国是世界上拥有最多殖民地的国家，广大的殖民地是它的产品销售市场与原料来源，因此，也是它的生命线。此时，各殖民地渴望脱离英国而独立，"加拿大的国民，希望与英国断绝关系，而与美国提

---

① 编者：《时代镜》，《新中华》第 3 卷第 18 期，1935 年 9 月。

携；澳大利亚虽原为英国犯人的殖民地，到现在无论是在军事上、经济上或国际关系的见地上，也认为与其为英国的属地，毋宁与美国提携。此外，南菲（非）洲、爱尔兰、新西兰、印度等地，也都盛行着反抗英国争取独立的运动"[1]。可见，"日不落帝国"面临着分崩离析，大英帝国难逃衰落的命运。但英国政府却并不甘心，它集中精力试图解决国内的种种难题，梦想恢复昔日的光辉。此刻，有心的英国已无力兼顾中国了。

第二，英国在远东军事力量不足。"一战"前，英国海军是世界上最强大的海军，长期保持"两强标准"，即："英国海军必须保持足以与两个敌国的联合舰队作战的实力。"但是，"一战"严重削弱了英国的实力，美、日乘机迅速崛起，在华盛顿会议上，美、英、日、法、意五国签订了《五国海军条约》，英国的海军虽然仍然高于日、法、意等国，但不得不退居于和美国同等的地位。为此，学者杜若君感叹："英国的广大领土，英国的光荣，以及英国的经济利益，面包来源，全依恃其强大的海军力量，海军力的低落，是英国没落的预兆。"他还说："近代军事技术的进步，使英国的国防安全发生了许多困难。英国现在已没有保护其广大的殖民地的能力了，就是不列颠三岛的安全，也有被人破坏的可能。"[2] 海军还能保持世界最强的地位，英国的空军已落后于美、法、德等国。据学者鲍先德介绍，"一战"后，由于政府的忽视，英国空军长期衰弱不振。1929 年世界经济危机爆发后，英国紧缩军事开支，空军的情况雪上加霜，"在一九三四至一九三五年之预算中，空军预算费曾规定补充四队，然亦徒托空言。"结果，1933 年英国空军飞机仅有 850 架，连美国的一半都不到，排在美、法、德、意与日本之后，屈居世界第六位。[3] 军事实力的不足造成英国远东军事力量非常薄弱，尽管英国国内时常讨论加强远东殖民地的军事建设，特别是加紧新加坡的军港建设。但由于经费等问题，新加坡军港建设工程时断时续，进展非常缓慢。在咄咄逼人的日军面前，力量薄弱的远东英军已力不从心，只能步步后退。

第三，错综复杂的国际关系。20 世纪 30 年代的英国在全世界拥有最广阔的殖民地，利益遍布全球，不过，英国也由此卷入全球复杂的国际关

---

① 杜若君：《英国国内的隐忧》，《新中华》第 2 卷第 21 期，1934 年 11 月。

② 杜若君：《英国到何处去》，《新中华》第 3 卷第 1 期，1935 年 1 月。

③ 鲍先德：《英国空军问题之检讨》，《新中华》第 3 卷第 14 期，1935 年 7 月。

系中。此时，美、日之间既存在着尖锐的矛盾，又在经济上有着十分密切的联系；法、苏之间意识形态的斗争难以避免，但为了对付共同的敌人——德国逐渐靠近；英国本身就是一个复杂的实体，在与美、日、法、德等国密切接触的同时，又想利用这些国家之间的矛盾到达彼此牵制的目的，这也是英国一贯外交政策。不过，势力衰落的"日不落帝国"已难以在纷繁复杂的国际关系中应付自如了，"英国是一个世界的大帝国，它不能把全幅（副）的精神都用在欧洲问题上。当它考虑欧洲问题的时候，不能不想到美国的强大，日本的膨胀……"同样，英国"当它考虑远东问题的时候，不能不同时想到欧洲的混乱，以及地中海的危机。所以它不能用全副的力量来应付远东的困难"①。错综复杂的国际关系使英国左支右绌，难以集中力量对付气势汹汹的日本了。

英国对日妥协的根本原因在于实力下降，已不能自如地掌控远东局势，只能在各种冲突矛盾中仓皇应付。学者杜若君说，"英国现在虽然还是世界上最大的强国之一，但它在世界上的比重，已经不如一九一四年以前，尤其不能与十九世纪的七十至八十年代相比了。帝国各部的离心力，渐渐增加；它在军事上的地位，也相当的薄弱。这使它失却了控制世界政局的支配的能力"②。英国实力已不如往昔，尤其在远东地区，不管是经济实力，还是军事实力，都难以与日本抗衡，为了维持远东现状，维护既得利益，英国不得不采取向日本妥协的外交政策。

但远东地区最想破坏现状，最不安定分子却是日本帝国主义，日本的目的是采用各种办法把英国排挤出远东市场。如棉纺织业作为英国的支柱产业，在英国历史上久负盛名，产品行销全世界。"一战"前，中国的棉织品进口一直以英货居首。"一战"期间，日本乘英国忙于"欧战"无力东顾的时候，大规模地向中国输出棉纺产品，成为中国市场上一支举足轻重的力量。据海关统计数字，"日本棉织品输入我国之数，每年达一万二、三千万海关两"，与之相比，"英国输入我国的棉织品数额，每年约只四千万海关两，仅及日本的三分之一"③。"一战"后，日本的棉纺织品已超过英货在中国位居首位，英国的棉纺织品在中国市场上受到日货的强

---

① 杜若君：《英国政策与世界和平》，《新中华》第4卷第23期，1936年12月。

② 同上。

③ 许亦非：《中国市场上英日棉织业的竞争概况》，《新中华》第1卷第14期，1933年7月。

力挤压。英国在华经营的煤铁、航运等行业也因日本的独占政策而受到严重威胁。

为了阻止日本在中国的过分扩张，英国不得不联络他国，向日本施加压力。20 世纪 30 年代英国与美国、苏联逐渐靠近，相继与美国、法国签订《英美法货币协定》，与苏联达成《英苏海军协定》，"《英苏海军协定》中，英国答应了苏联对远东的保留条件，给苏联以在远东自由应付的权利，就是对着日本的扩张而来的"。同时，英国还希望通过经济上援助中国，增强中国反抗日本的实力，"英国当局更在南京寻求它的工具；从一九三四年来，它就希望用在财政上巩固南京政权的手段，树立一条防御日本的壁垒"。此外，"英国更在新加坡、香港各地，积极强化它的军事力量。在远东的关键中，英国似乎采取攻势了"。"似乎"这个词用的非常恰当，英国并非真的要与日本决裂，这些措施只是逼迫日本与其达成妥协的临时方法。因此，对英国的强硬态度，《新中华》杂志认为这不能看作英国对日本关系的决裂，充其量只不过威慑日本，让日本尊重英国在中国及远东其他地区的利益。"现在英国内部，还有许多怀着恢复英日同盟的幻想的人；李滋·罗斯两次访日，虽然一再碰壁，仍没使英国放弃对日妥协的迷梦。伦敦和东京不断有英日妥协的酝酿。英之鼓吹英、美合作，英、苏亲善，援助中国，都含有对日示威讨价还价的意味。英国只把中国看作它的市场，只要日本稍作让步，英、日在中国的暂时妥协，是有可能的。"①

二　美国的"史汀生主义"

其时，一方面大英帝国日渐衰落，另一方面美国则蓬勃发展，"一战"前后，美国慢慢在全球金融、商业贸易等方面取代英国的位置。在远东地区，美国的货物也成为英国商品最强有力的竞争对手。早在 19 世纪末，随着美国国力的增强与对华贸易的发展，美国资产阶级越来越强烈地要求美国政府维护和扩大其在华利益。在此背景下，美国政府于 1899 年向列强提出了对华门户开放政策。此后，门户开放政策一再被美国政府重申，成为随后 30 年美国对华关系的基本准则。到 20 世纪 20 年代，美国的努力得到了重大的回报，美国主导召开了华盛顿会议，在这次会议上

---

① 杜若君：《英国政策与世界和平》，《新中华》第 4 卷第 23 期，1936 年 12 月。

它拆散了英日同盟，限制了日本的扩张，门户开放政策得到各国的进一步确认。

但远东局势，特别是中国局势时刻都在变化。世界经济危机发生以后，为解决市场和资源的问题，日本迫切想得到广大独占的殖民地，为此，1931 年日本发动了侵略中国东北的"九一八"事变。美国坚决反对日本残暴的侵略行径及破坏远东地区平衡格局的行为，一再重申门户开放政策。1932 年 1 月 7 日，美国国务卿史汀生分别照会中、日两国政府，宣称："中华民国政府于 1931 年 9 月 18 日以前在南满所有的行政权的最后残余，业已随同锦州附近的军事行动而遭受摧残"，"美国政府不能认许任何事实上的情势的合法性，也不拟承认中日政府或其代理人之间所缔结的有损于美国或其在华国民的条约权利——包括关于中华民国的主权、独立或领土及行政完整，或关于通称为门户开放政策的对华国际政策在内的任何条约和协定，也不拟承认用违反 1928 年 8 月 27 日中、日、美均为缔约国的《巴黎公约》之条款与义务的方法，而获致的任何局势、条约或协定"①。这一照会的主要内容是不承认日本独霸中国东北的行动及所造成的后果。不过，由于英、法等国对日本侵略行动采取姑息的态度，日军不仅没有停止侵略行动，反而得寸进尺，于 1932 年 1 月 28 日进兵上海，日本的疯狂侵略引起美国的严重不满。随后，美国公开 2 月 24 日史汀生写给上院外交委员会主席波拉的信，此信的主要内容，仍"是在不承认以违反《非战公约》及《国联盟约》的方法而引起的事态条约和协定"。《新中华》将这些内容概括为："即为不承认以武力造成的国家，故又称不承认主义。"1933 年年初，日军进犯山海关，不久，又侵犯热河；并乘美国总统大选之时，散布美国将改变对日态度的谣言。对此，史汀生与新任总统罗斯福广泛交流美国外交政策，在罗斯福肯定原有远东政策的基础上，史汀生再次重申"不承认主义"的立场；随后，"美国国务院东方部部长霍恩贝克（Hornbeok）重言声明，谓史汀生的不承认以造成的国家这一原则，始终为美国的政策"②。

从上述再三的声明中可见，美国明确反对日本用武力破坏中国领土完

---

① 美国国务院：《美国与中国的关系》附件，第 17 号，1949 年，载《中国近代对外关系史资料选辑（1840—1949 年）》下卷第 1 分册，上海人民出版社 1977 年版，第 213 页。蒋相泽、王斯德：《国际关系史》第 5 卷，世界知识出版社 1995 年版，第 72—73 页。

② 《史汀生主义》，《新中华》第 2 卷第 5 期，1934 年 3 月。

整，损害中国主权的行为，不承认日本在中国东北、华北等地非法侵占的利益。当然，"不承认主义"不是美国对中国有特别的优待，其目的在于维护美国既得利益。《新中华》作者之一樊仲云认为这并不是在帮助中国，而是为了美国的利益，他说："讲到美日的对立，最主要的自然是经济的原因。资本主义国家的美国与日本，为了各自的制品，都有求得外国市场的必要。当欧洲大战之后，欧洲方面经济秩序之破坏，在暂时不能恢复的期间，中国市场遂尤为重要。"① 美国是后起的资本主义国家，在远东只占有菲律宾等少数的殖民地，因此，美国一直以来主张对华实行门户开放政策。"一战"后，美国把门户开放政策放进《九国公约》，成为远东地区的一种国际准则。20 世纪 30 年代，日本对中国的军事冒险，独霸东北，不仅直接损害了美国在华利益，还带头破坏了《九国公约》，动摇了美国为维护远东秩序而精心设计的华盛顿体系。美国当然不满日本猖獗的侵略行为，希望恢复远东的局势，保护美国利益。

不过，此时美国对日态度仍主要是从口头与外交上谴责日本，在行动上美国的方针就是静观其变，如姬明先生所说："在这一个较长时期之内，美国对远东的政策可以用'自制'和'待机'这四个字来包括，缩小防线，制限（限制）自己在远东的活动，和等待情势对自己的有利的展开。"② 在《新中华》学人看来，美国采取"自制"与"待机"的方针，而不愿立即对日本采取严厉的制裁措施的主要原因有以下几点：

首先，受《中立法案》的影响。由于历史、地理等方面的原因，美国国内一直存在"孤立主义"情绪，认为美国应致力于本国及美洲事务，而不该参与欧洲大陆及其他地区的纠纷。1917 年，总统威尔逊宣布加入协约国，参加"一战"；这一决策在战后被美国民众认为是一个重大错误，造成了许多无谓的牺牲。20 世纪 30 年代，这种"孤立主义"情绪仍笼罩全美，致使美国国会在 1935 年通过《中立法案》。《新中华》对该法案要点进行了归纳：第一，"禁止美国商人以军火运往交战国"；第二，"禁止人民搭乘交战国船只"；第三，"设立军火管理委员，以统制军火贸易"；第四，"限制外国潜水艇驶入美国海口"；第五，"规定各国对于交

---

① 樊仲云：《未来之太平洋大战与吾国之地位》，《新中华》创刊号，1933 年 1 月。
② 姬明：《远东问题现阶段与英美之离合》，《新中华》第 4 卷第 2 期，1936 年 1 月。

战国施行经济制裁时，美国得自动参加"①。由于《中立法案》的存在，美国政府不可能深入介入中日之间的争端，更不可能对日本单独采取严厉的制裁措施。

其次，美国深受经济危机的困扰。1929 年世界经济危机从美国首先爆发，美国经济受到的冲击最大。金融风潮不断，"金融界常有挤兑情事（事情），银行屡屡发生破绽（产）；至一九三一年九、十月之交，大小银行牵连倒闭者二千余家，约占全国总数十分之一"。为了缓和美国金融危机，时任总统罗斯福上台伊始就禁止金银出口，随后废止金本位制。这些措施有效地缓解了美国金融风潮，但美国工商业、农业恐慌仍旧严重。据沈志远介绍："如果假定一九〇九到一九一四年商品价格之指数为 100，那末一九三二年农产品价格之指数即为六三"②，农产品价格如此低落，美国农民的生活日益艰难。美国工人的日子同样困苦，失业问题非常严重，"一千多万失业工人，在现行的产业制度没有根本改变之前，是没有得到希望了"③。面对如此严重的经济危机，美国政府与社会各界焦头烂额，无暇顾及远东岌岌可危的局势。

再次，在远东军事实力不足。美国政府虽然在军事上加大投入，扩充军备，但军队战斗力的大幅提升，还需要相当长的一段时间。另外，在 20 世纪 30 年代初期，无论从远东兵力部署的情况来看，还是对远洋作战能力进行考察，美国远东军事实力还比较薄弱。中华书局局长陆费逵就讲过："美国就是对日开战，然劳师远征，力量并不见得十分雄厚，日本是不怕的。"④

最后，英国等国的不合作政策。美国深陷经济危机，远东军事实力不强，对付盛气凌人的日本，有必要与英国合作。但英国对日本一贯采取妥协、迁就的政策，马星野说："对外方面，第一困难是国联的迟缓与无力，第二困难，是英国的不能合作，后者尤为美国政治家感到失望的原因。"⑤

除了上述难题外，美国与日本还有庞大的经贸往来，在反苏等方面也

---

①　《美国会通过中立法案》，《新中华》第 3 卷第 18 期，1935 年 9 月。

②　沈志远：《美国农业危机的特质》，《新中华》第 1 卷第 9 期，1933 年 5 月。

③　马星野：《美国到何处去》，《新中华》第 3 卷第 1 期，1935 年 1 月。

④　陆费逵：《备战》，《新中华》创刊号，1933 年 1 月。

⑤　马星野：《远东危机与今后美国外交政策》，《新中华》第 4 卷第 24 期，1936 年 12 月。

有一致的利益。这些因素，都造成美国难以对日本采取强硬态度。

"九一八"事变与"一·二八"事变发生之后，美国政府再三发表声明，不承认日本在东北等地取得的"成果"。为应对日本的侵略行径，美国还在外交与军事方面采取了一些措施。在外交上，除了与英亲善外，最重要的政策是与苏复交，1933 年美苏两国正式复交。在军事上，美国还加紧海军与空军的建设。不过，这些行动并不代表美国准备在短时间内与日本发生军事冲突，因此，也就无力阻止日本野蛮的军事行动。有时，美国为了自身利益还向日本示好与妥协，特别是在 1933 年、1934 年左右，美日双方的妥协气氛浓烈，国际关系问题专家钱亦石评论说："东京与华盛顿同时公布了广田与赫尔的'换文'，彼此声明无挑衅之意，且谓两国间现有或将来所发生的争议，无不可和平解决，都认为相互间的贸易于两国有利。……从这些事实去看，似乎太平洋上两个霸王已成了'梁山上的朋友，越打越亲热'。"特别是 1934 年 4 月日本发表"天羽声明"后，美国抗议的声音非常弱小，以至于当时有传言美国政府将放弃"不承认主义"。不过，《新中华》学人认为美日之间的矛盾注定难以调和，"日美关系的'协和'，并不是说日美矛盾从此消灭。相反，外交上偶然的'协和'，无非各种矛盾的综合。'笑里藏刀'是外交家的本色，这是无须解释的"①。

三　苏联"不干涉主义"的渐变

与远在大洋彼岸的英、美两国不同，苏联与中国有绵亘数千里的领土接壤。苏联的亚洲领土本身也是远东地区的一部分，因此，中、苏两国本身即是影响远东局势的重要因素。其实，苏联的前身——沙俄是最早侵略我国领土的国家之一，也是近代史上攫取中国领土面积最多的国家之一。19 世纪末，沙俄与日本激烈地争夺中国东北，为此，双方还在中国东北爆发军事冲突，也就是历史上著名的 1904—1905 年日俄战争。俄国在这场战争中失利，被迫与日本签订了《朴次茅斯条约》。根据条约，沙俄仍控制着北满，但南满让与了日本，由此，俄日双方划分了在中国东北的势力范围。此后相当长的一段时间内，俄日两国争先恐后地从经济、政治与军事等方面加速向中国渗透侵略势力。作为激烈的竞争对手，俄日双方矛

---

① 钱亦石：《日美换文后的远东局势》，《新中华》第 2 卷第 8 期。

盾异常尖锐。

1917 年十月革命推翻了沙俄旧政权，建立新的苏维埃政权。新政权打破了历史的惯性，颁布《和平法令》，采取和平外交政策，并向中国政府表示愿意废除在华特权和取消不平等条约。但为确保苏联远东地区的安全与稳定，苏俄没有放弃在中国的中东铁路与蒙古等地区的权益，甚至于 1921 年派兵占领外蒙古与唐努乌梁海地区，以致阻缓了当时中苏建交谈判。不过，在中、苏两国共同努力下，双方最终于 1924 年签署《中苏协定》，两国正式建立外交关系。然而，此时中国内部各派军阀混战连连，中央政府更迭频繁。1926 年奉系军阀张作霖掌控了北京政府，采取反苏反共的外交政策。北伐军收复北京之后，奉系退守东北，继张作霖之后，掌管东北大权的张学良于 1929 年强行夺取管理中东铁路的权利，双方关系破裂，中、苏两国断绝外交关系，不久之后，还发生了中苏边境战争。

中苏关系的恶化与破裂为日本侵略中国东北创造了绝好的机会，1931 年日本关东军发动"九一八"事变，占领中国东北；1932 年 3 月成立了日军绝对掌控的伪满洲国。中国东北发生的剧变使苏联远东地区的局势迅速恶化。本来，苏联对十月革命后日本出兵干涉苏俄革命，并占领其远东大片领土的记忆就十分深刻；此时，欧洲英、德等国不断叫嚣侵略苏联，并纵容日本侵略中国东北，但要求日军不得侵占锦州及南下，教唆日军北上侵略苏联的企图十分明显。远东地区局势的恶化使苏联政府感觉危机四伏。当时，苏联正在实施第一、第二个五年计划，努力建设社会主义现代化国家，和平稳定的外部环境是必备的条件。这些因素促使苏联对日本的侵略持容忍、退让的态度。国际关系问题专家樊仲云分析道："苏俄之所以反对日本占我东北，是因为北满利益的损害，且犹不止此，因日本之奄有我东北，苏俄远东一带便将感受非常的危险。但苏俄因五年计划的经济建设尚未完成，实不能轻易言战致功亏一篑，且尤恐以此造成各国之反俄战线，使国际形势陷于不利。故苏俄目前的政策，意在求政治的和平，不惜与各国妥协，订立不侵略条约。"[1] 梅龚彬也说："在日本已取得热河，已巩固了对俄进攻炮垒的时候，苏俄如果采取强硬干涉的政策，则远东反俄战争将随之而爆发。苏俄为避免此种危机之到来，一面固加紧其实力的准备与声明反对帝国主义任何形式之侵略。然在'和平'的范围之内，

---

① 樊仲云：《未来世界大战与国联的危机》，《新中华》第 1 卷第 5 期，1933 年 3 月。

即苏俄不致卷入战争的范围之内，可以接受美国之亲近，亦可继续与日谈判不侵犯条约，更将以其他种种手段，阻止帝国主义反俄战线之形成。"①1932 年伪满洲国成立后，"苏联对于伪满洲国的态度，苏联政府曾在外交文书中宣布过，即守'严正的不干涉主义'"②。

　　虽然苏联强烈反对日本在远东地区的扩张，且公开严厉谴责日本的侵略行径与欧美列强的妥协政策，但在欧美各国不采取有效措施压制日本侵略行为的情况下，为了自身利益，苏联对日本在远东地区扩张的基本态度是"不干涉主义"，甚至对日本在中国东北地区侵犯它的利益时采取容忍与退让的政策，苏联的这种态度可以从出售中东铁路的问题上明显体现出来。

　　中东铁路是俄国在三国干涉还辽之时向中国提出要求修筑的，经过俄国与苏联 30 多年的经营，中东铁路在经济、政治与军事等方面具有巨大的价值，可以说它是俄国与苏联在中国东北势力的桥头堡。日本对中东铁路垂涎已久，占领东北后，就时常制造事端，甚至想武力抢夺中东铁路，"中东路现在名义上是苏俄与伪国共同管理，日本参谋本部却要管理一大半。双方时常发生严重的争执，彼此互相指责，去年十月莫斯科公布文件，证明日本一面在谈判售路，一面想以武力夺取该路"③。苏联为避免与日本正面冲突，不得不出售中东铁路。据《新中华》记载："中东铁路转渡问题，业经最后解决，苏联代表柯资洛夫斯基与日方代表东乡彻夜会商最后之详则，已于今晨三时商获妥协，日俄'满'三方代表委员会今将从事草拟正式协定，预料二月间可以签字。"④ 中东铁路的出售表明在"九一八"事变之后，中国东北的局势发生了天翻地覆的变化，日本独占中国东北。需要指出的是，苏联不是把中东铁路直接出售给日本，而是卖给了伪满洲国，当然，最后控制中东铁路的是日本，伪满洲国作为非法政权，并不具备接收的资格，苏联出售中东铁路等类似行为不仅纵容了日本的侵略行径，还严重损害了中国的权益，侵犯了中国主权。

---

　　① 梅龚彬：《热河失陷后之远东局势》，《新中华》第 1 卷第 6 期，1933 年 3 月。

　　② 白沙：《苏联对东北问题最近的言论及其远东政策——莫斯科通讯》，《新中华》创刊号，1933 年 1 月。

　　③ 萧萧：《二次日俄战争的展望》，《新中华》第 2 卷第 17 期，1934 年 9 月。

　　④ 《中东路让渡成交》，《新中华》第 3 卷第 4 期，1935 年 2 月。

除了在中国发动大规模的侵略行动，加剧远东局势外，日本还对苏联做出咄咄逼人的进攻态势，"日本自取得满洲以来，便无时无刻不在积极地作进攻苏联的具体布置，第一在军事上，日本在北满的兵力，约计十三万人，伪满兵有十一万人，在日本指挥下的白俄兵约一万二千人，不久之前，日本更藉换防为名，增调第七师团赴热河，三师团赴吉林，十六师团赴黑龙江，更闻继三师团之后，第六第十二两师团将顺序由日本国内调赴北满，总计起来日军人数共计在十八万左右了。陆军而外，日本更调有大批飞机赴满洲，在我东北四省，特别是吉、黑两省，大小飞机场更建筑到五十余处之多。此外更在与苏境相邻的间岛，实行大批的武装移民，预定今年年底完成四十二座堡垒的建筑。第二……，真可说日、苏关系的紧张，已经达到随时随刻都有爆发战争的危险！"[1] 在此种恶劣的环境下，苏联为了阻止战争爆发，试图谋求与日本订立互不侵犯条约，被日本拒绝之后，苏联深刻地认识到扩军备战的必要性和重要性。苏联红军的人数从原有的六十万人扩充到 1934 年的九十四万人；苏联空军虽然装备不及美英等国，但数量惊人，约有四千架；海军主力舰比较陈旧，但苏联正在加紧建造大量新式的潜水艇及驱逐舰。[2] 在远东地区，苏联配置重兵，"苏联军事当局鉴于日伪海军将侵入苏联领水，特大加戒备，近又调巡洋舰及潜艇二十余艘集中于伯力附近，陆军方面亦增加二十万人。此外尚有飞机千架，并将增加步骑兵十万人，飞机（行）员一千人及大炮坦克车等向满洲里动员"[3]。

除了在远东地区积极备战，苏联还在外交上调整方针，一方面与美国携手合作，另一方面积极与中国接洽。中国在日本的步步进逼，且英法主导的"国联"对日妥协的情况下，转变对苏态度。中苏两国关系迅速靠近，在经过短暂的秘密谈判之后，1932 年 12 月 12 日，中苏两国正式恢复外交关系。

虽然，苏联对中日争端采取"不干涉主义"的态度。不过，由于苏联紧邻中国东北，面对日益严重的远东局势，苏联政府从军事上与外交上积极采取措施，"不干涉主义"的政策渐渐发生变化。

---

① 柳棠：《第二次世界大战与中国》，《新中华》第 2 卷第 13 期，1934 年 7 月。

② 《苏联之战斗力》，《新中华》第 3 卷第 19 期，1935 年 10 月。

③ 《日苏越界纠纷》，《新中华》第 3 卷第 21 期，1935 年 11 月。

四　对远东局势的影响

1931 年"九一八"事变之后，日本侵占辽阔、富饶的中国东北，触犯了欧美列强，特别是英、美、苏三国的利益。尽管当时英、美、苏三国都对日本的野蛮侵略感到不满，但各国都把精力集中在恢复和发展国内经济上，无力限制日本的侵略，而且三国之间又存在着错综复杂的矛盾，难以形成阻止日本扩张的合力。最终，英、美、苏三国基本上对日本采取了妥协的政策。这种妥协政策使日本越发猖獗，加速扩大对中国的侵略，造成中国及远东局势日益恶化。1932 年年初，日军挑起"一·二八"事变，进攻上海。由于上海是欧美各国在华势力的大本营，各国列强在上海都有着大量的投资，因此，英、美等国全力调停中日冲突，在它们的强力斡旋下，国民政府与日本签订了丧权辱国的《上海停战协定》。根据协定，中国军队不能在上海布防，治安由外国军官指挥的中国警察负责，这严重侵犯了中国的主权，最恶劣的是上海自此门户大开，日军及其他国家军队极易通过上海深入中国东南各省。在上海停战谈判期间，中国举国上下都要求同时讨论上海与东北问题，一并解决中日之间的所有争端，此举遭到日本极力阻挠，也没得到欧美列强的强力支持，最终，东北问题也悬而未决。

在淞沪抗战前，"国联"应国民政府的强烈要求，1932 年 1 月成立了以英国人李顿为首的"国联"调查团，调查中日之间的争端。经过大半年的调查取证，1932 年 10 月，《李顿报告书》公开发表。如上文所述，"国联"操纵在英、法等国手里，《李顿报告书》主要反映着英、法的意图；另外，美国作为世界上经济实力最强大的国家，纵然不是"国联"的成员，但对"国联"也有很大的影响力。《报告书》虽然承认中国拥有东北的主权，但也迁就日本，认为日本在中国东北有"特殊利益"；最反映欧美列强意图的是：《报告书》提出实行"门户开放原则"，并让"满洲自治"，由英、法、美等国共管中国东北。即便英、美如此迁就日本，作出种种妥协，但这种妥协离日本独霸东北的目标太远，日本拒绝接受《李顿报告书》。在"国联"特别大会通过修改的《报告书》后，日本退出"国联"。欧美等国的妥协退让，并没有改变日本独占东北与退出"国联"的决心，反而对"国联"与远东局势给予了巨大的打击。

日军在占领东北之后，又把侵略矛头指向蒙古与华北。1933 年年初，日军连陷山海关、热河等地，并强迫国民政府签订《塘沽协定》等不平等条约。日本的侵略行动引起欧美列强的不满，在国民政府的要求下，英、美、苏、德等国开始从经济、军事上援助中国，特别是英、美通过"国联"与国民政府进行"技术合作"，帮助中国解决卫生、医疗、交通与经济等问题，它们试图通过"技术合作"等方式增加中国的实力来对抗日本的侵略。这些援助中国的行为遭到日本的强烈反对，1934 年 4 月，日本发表"天羽声明"，强调日本与中国存在特殊的关系，日本在东亚有着维护"和平"的特殊责任，强烈反对西方列强对中国的各种支持行动。"天羽声明"是日本要把西方列强排挤出远东地区的公开宣言，毛泽东也说"天羽声明"是"日本帝国主义企图强占全中国的最明显的表示。"[1]英、美等国尽管对"天羽声明"相当不满，但在行动上却都相当低调，害怕触怒日本。樊仲云说："日本对华侵略的野心，只有因此而更为促进。因为由这次宣言，所引起的事情的经过，我们可以看出国际对于日本的暴行是根本说不上制裁。在远东方面具有最大关系者为英、美、法、俄四国，苏俄以其立场的不同，冷眼旁观，置不过问，且不必说。而法国态度亦复如此。英国虽对日要求解释，然其通牒语气实非常和平，至于美国则徘徊却顾，视为不必有什么举动。其最大原因，固由各国都自顾不暇，不能顾及，而英美态度之未能一致，亦为根本所在。"[2]

　　英、美等国的软弱态度，使日本更加明目张胆地扩大对中国的侵略。1935 年开始，日本向华北步步进逼，先后强迫国民政府签订了《何梅协定》《秦土协定》等不平等条约。这些条约一方面使日本的势力深入到河北、察哈尔等省，另一方面造成国民政府严重的政治危机。面对中国危局，英国试图牵头组织各国银行团向国民政府提供贷款，维持国民政府的统治；同时帮助中国改革混乱的币制，解决由美国购银引起的中国金融恐慌，但衰弱的英国此时没有足够实力，最后国民政府在美国的支持下，完成币制改革。固然，中国币制改革的顺利完成为日后的抗日奠定了重要的基础，但此刻日军在英、美、苏等国的纵容下，华北危机不断，中国局势持续恶化。1937 年 7 月，日本发动了全面的侵华战争。

　　由上述可知，经过仔细地观察英、美、苏等国的言行，20 世纪 30 年

---

[1]　《毛泽东同志论日本帝国主义的阴谋》，《红色中华》第 181 期，1934 年 4 月 28 日第 4 版。

[2]　樊仲云：《日本对华宣言后之国际形势与中国》，《申报月刊》第 3 卷第 5 号，1934 年 5 月。

代《新中华》学人对各大国的远东政策形成了一个基本认识：英、美、苏等国虽然同情中国，反对甚至谴责日本在远东地区的扩张，但它们从维护自身利益出发，不愿因得罪日本而冒战争风险，因此，谴责日本的声音不大，支持中国的力量更小，这种行为实际上纵容了日本在中国的侵略，直接造成远东地区局势的恶化。

第三节　"中国的前途靠中国自己去决定"：《新中华》对国家前途的论断

"国联"与西方各国的所作所为让《新中华》学人对远东时局有了更清醒的认识，在总结弱小国家经验与教训的基础上，部分学者认为诉诸"国联"、求诸大国的政策不可靠，认为"中国的前途靠中国自己去决定"。

一　总结弱小国家的经验与教训

为了寻找中国的出路，《新中华》杂志对其他弱小国家的处境及争取民族独立、追求国家现代化的努力格外关切，希望从其他弱小国家身上汲取一些经验与教训。

土耳其是弱小国家争取民族独立与实现现代化的典范。从 16 世纪至 18 世纪，奥斯曼土耳其帝国曾盛极一时，势力横跨欧亚非三大洲，但进入 19 世纪后，日趋没落。第一次世界大战直接促使积弱已久的奥斯曼土耳其帝国土崩瓦解，作为战败国，土耳其被迫接受列强制定的不平等条约——《色佛尔条约》。根据条约，土耳其除了保留首都伊斯坦布尔周围的一小块土地外，其他领土将被列强瓜分殆尽。而且，曾经的附庸国——希腊在英国人的支持下，入侵土耳其。外敌的入侵激发了土耳其民众的爱国情怀，土耳其民族解放运动空前高涨，土耳其人民在凯末尔领导下成功打败了国内外反动军队，废除《色佛尔条约》，缔结《洛桑条约》，并经过努力奋斗，建立了一个崭新的独立的现代土耳其共和国。

20 世纪 30 年代，中国知识分子非常钦慕土耳其，不断在各种报刊上发文，介绍土耳其的各种情况，讨论土耳其成功的经验。《新中华》等报刊也对土耳其非常感兴趣，曾表示以前的土耳其是"近东病夫"，中国则被称为"东亚病夫"，两者"同病相怜"，但现在的土耳其已通过艰苦奋斗成了一个独立的现代国家，中国欲摆脱目前的病症，土耳其的经验值得学习。① 土耳其有哪些成功的经验呢？

第一，领袖与民众休戚与共，为实现民族独立共同奋斗。凯末尔是土耳其历史上杰出的领袖，被誉为共和国之父。土耳其之所以能打败国内外反动军队，从一个信奉伊斯兰教的君主制国家蜕变成为立宪民主共和国，并成为20世纪30年代世界上工业增长速度最快的国家之一，根本原因在于土耳其民众在雄才大略的凯末尔领导下艰苦奋斗、奋发图强。储玉坤认为土耳其共和国是凯末尔与千千万万土耳其民众共同缔造的，"曾被帝国主义者吸干了血而号称'近东病夫'的土耳其，（土耳其人民）在其民族英雄凯末尔的领导之下，仅用了十余年的工夫，不仅挣脱了重重束缚的练（链）锁而获得自由与独立"②。他还说："在四面楚歌之中，民族英雄凯末尔在小亚细亚组织昂（安）哥拉政府……"，"这个光荣的条约（《洛桑条约》）是土耳其人的热血和头颅换来的；总算获得相当的代价，取得弱小民族的解放与自由"③。

第二，致力于现代化建设。凯末尔不仅带领土耳其民众建立了一个独立的资产阶级民主共和国，还大刀阔斧地进行社会政治体制改革，加快推进国家经济建设。作为一个伊斯兰教国家，原来的奥斯曼土耳其帝国不仅实行君主专制制度，而且宗教神权势力异常强大，顽固落后的社会文化传统遍布在社会各个角落，土耳其的发展受到严重的制约。衰落的奥斯曼土耳其帝国长期被欧洲帝国主义控制，加上战争的破坏，在独立之前，土耳其呈现一派国敝民困的景象。经济上的表现尤其明显，土耳其农工商业处在破产的边缘，找不到一线生机。储玉坤说："土耳其原是半殖民地的国家，她的经济完全操纵在帝国主义者的手里，要求土耳其经济的复兴，则非实行工业化不可，故自凯末尔将军执政后，开发全国的富源，而推动了工业化巨轮，特别注意到省与省的交通，内地与海岸的联络，埋头于铁路的敷设。"④ 在凯末尔的领导下，土耳其不仅大力发展经济，还在政治、文化、教育，甚至于宗教等方面，都进行现代化改造，且取得巨大的成就。沙生讲："土耳其的政治上了轨道。军队已有了最新的设备，经济的基础渐渐稳固，教育采取最新的教育制度。新的文化已在土耳其诞生了。

---

① 编者：《编辑室谈话》，《新中华》第3卷第19期，1935年10月。

② 储玉坤：《土耳其要求废约之检讨》，《国闻周报》第13卷第19期，1936年5月。

③ 储玉坤：《艰苦奋斗的土耳其》，《新中华》第3卷第19期，1935年10月。

④ 储玉坤：《土耳其要求废约之检讨》，《国闻周报》第13卷第19期，1935年5月。

他们连本国的文字都抛弃了来采用拉丁文字母的。于是凡足以妨碍现代化的旧制度，旧习惯，他们都不惜以全力铲除之。连根深蒂固的回教也渐渐发生整个的动摇。"① 经过艰苦的奋斗，土耳其面貌一新，摘掉了"近东病夫"的称号。

第三，实行和平外交，努力充实国防。土耳其在领袖凯末尔的领导下致力于经济建设，增强国力，和平、安全的外部环境是必备的条件。为了创造和平、安全的环境，土耳其主动缓和与苏联、法国、意大利、英国等国的关系，并采取睦邻友好政策，积极改善原来与之对立的希腊的关系，1933 年 9 月，土耳其、希腊签订了平等互利的《土希条约》。在储玉坤看来，"土耳其的外交是着着胜利的，到现在，可说已奠下了和平的基础。"② 和平外交政策是维护国家安全的一个重要方法，但国家安全根本上还是依赖强大的国防。独立前，土耳其任人宰割，独立后，土耳其在凯末尔的领导下在军事上下足功夫，积极扩大军备，充实国防，据记载，"本年（1934 年）五月三十一日，安哥拉国会通过了下年度的国家预算概数为 30000000 镑（土耳其会计年度从六月一日开始。）其中 10000000 镑之巨额用于国防，如陆、海、空军，宪兵队及其他防御工事，这一个数目超出上年度军事预算甚大……在本年度内，土耳其的空军将大加扩充，多添新机，多建机场。拟向外国延聘教练，并向美国订购大帮（批）飞机"③。

土耳其的成功使中国知识分子相信："弱小民族也有光明的前途。"艰苦奋斗中的土耳其在中国知识分子看来是仍处于困境中的中华民族最好的学习对象，"土耳其的再兴是我们的镜子，是一切弱小民族的镜子，它的艰苦奋斗的经验是值得一切弱小民族——尤其是中国——学习的啊！"④

除了土耳其是奋斗成功的榜样外，另一个是曾经有过辉煌历史的西班牙，此时，也与中国一样仍处于内忧外患的境地。在公元 16 世纪，西班牙帝国曾拥有着世界上最强大的海军——无敌舰队，主导着大西洋贸易，是世界上最强大的国家之一。但是，1588 年西班牙在英西战争中失败，

① 沙生：《土耳其的国防与外交》（德国通信），《东方杂志》第 31 卷第 20 号，1934 年 10 月。

② 储玉坤：《艰苦奋斗的土耳其》，《新中华》第 3 卷第 19 期，1935 年 10 月。

③ 《土耳其之国防》，《新中华》第 2 卷第 12 期，1934 年 6 月。

④ 储玉坤：《艰苦奋斗的土耳其》，《新中华》第 3 卷第 19 期，1935 年 10 月。

无敌舰队损失惨重，从此，失去了"海上霸主"的地位。此后，相对于英、法、德等国的快速发展，西班牙在政治与经济方面逐渐落伍；加上西班牙内乱不断，与邻国纷争不绝，国力日渐衰落。进入 20 世纪，西班牙政局越发动荡不安。1936 年，西班牙内战爆发，欧洲列强乘机进行武装干涉，西班牙陷入了深渊。

西班牙由盛到衰的经历常常使中国知识分子联想到自己的祖国，西班牙衰落的境况也屡屡引起他们的同情和悲悯。中国知识分子深入探究着西班牙积贫积弱的原因，并把这些认识发表在《新中华》等报刊上，想从西班牙的经历中汲取一些教训。

第一，努力解决好以土地为核心的经济问题。由于从美洲得到大量的金银，西班牙帝国曾经是世界上最富有的国家，但这些财富并没有导致西班牙工商业的繁荣发展，而被西班牙权贵用来尽情享受奢侈生活。为了满足当权者豪奢的需要，西班牙还对工商业征收重税，因此，一直以来，西班牙经济以农业为主。在这种以种植业为主的经济社会中，西班牙权贵牢牢掌握着土地，大部分民众则无立锥之地。据学者宾符介绍，在西班牙，完全没有土地的"农业劳动者"，全国有 200 万人，占整个西班牙农业人口的 40%；土地不足，需要租种地主土地的贫农，也有 125 万人左右，其比例占 25%，占有的土地仅 2.2%；大地主与富农的人口加在一起有 75 万，比例占 15%，所拥有的土地却高达 86.7%；此外，还有少数的中农与自耕农。可见，在西班牙，土地高度集中于地主手中。① 曾经最富有的国家，由于不思进取，至 20 世纪 30 年代，西班牙成为西欧最落后、最贫穷的国家之一。权贵与农民也由于土地分配等方面的原因，形成了尖锐的对立，冲突不断。1931 年君主制倒台后，共和制在西班牙建立了，但马德里政府却软弱无力，不敢彻底解决封建大土地所有制。学者曾建屏说：自从 1931 年马德里共和国成立之后，始终没有彻底地解决土地问题，"历来共和党的政府，尤其是阿絷那政府，对于西班牙的民族革命及土地革命，始终是采取一种极其无力和温和的方法。因此，终第一次阿絷那内阁之世，西班牙所没收贵族的土地，总数也不过只有四万公顷，受到土地整理实惠的农民，犹不及五千人。这种对土地革命表示退缩的态度，实为

① 宾符：《西班牙乱事之内在的因素及其国际关系》，《东方杂志》第 33 卷第 18 号，1936年 9 月。

此后右派人民行动党登台之主要条件之一"①。20世纪30年代，西班牙工商业十分落后，土地分配非常不合理，权贵与民众的冲突不断。马德里共和国成立后，由于没有彻底解决土地问题，难以得到民众的鼎力支持，新政权摇摇欲坠。

第二，必须彻底清除封建势力。由于土地问题一直没有彻底解决，西班牙权贵一直保留强大的势力，"西班牙可以说是现代的一个畸形的国家。它一方面充满了封建的色彩，大地主与教会（在一九三一年以前还有宫廷）代表绝大的封建势力。另一方面，它亦发展了幼稚的资本制度，然而同时却受着帝国主义的经济的压迫，过着半殖民地的生活。此外还加上一个根深蒂固的军阀，与封建及资本两势力，站在同一战线上，拥护自己阶级的势力。"② 这种封建势力极力反对共和政府的各项政策，特别是土地、民族与宗教等政策。1932年圣胡而霍领导的武装叛乱虽然被政府坚决地镇压下去，但西班牙封建势力并没有被打倒，而且整个社会日益分化为左右两个对立的群体。在此种背景下，1936年佛朗哥将军发动叛乱，向政府宣战后，西班牙内战全面爆发。学者宾符说："这次暴力政变……实质上却是代表没落中的西班牙封建集团和大资产集团的法西斯势力向代表整个西班牙被压迫大众的革命势力反攻的一种尝试，它也是资本主义总危机下没落中的西班牙反动集团最后的挣扎。"③ 曾建屏也讲："从西班牙的国内情形来看：目前在这个以斗牛著名的国度里，已经有了两个对立的政权。一个是玛（马）德里人民阵线政权，另一个却是法西斯蒂所组织的国防政府。它们各指挥着各自的外交人员，进行各自的国际活动。"④ 1931年西班牙共和国成立后，新政权没有采取强力措施彻底清除封建势力，造成国内叛乱不断，局势动荡不安。

第三，避免开门揖盗，杜绝列强干涉。在内战中，西班牙左右两派势力分别向苏、德、意等国乞求援助，这给了欧洲列强干预西班牙内政的机会。德、英等国为了在西班牙获得或扩大利益，纷纷把触角伸向西班牙，

---

① 曾建屏：《西班牙革命的前瞻》，《新中华》第4卷第16期，1936年8月。

② 《西班牙内战的教训》，《新中华》第5卷第4期，1937年2月，转引自上海《大公报》，1937年1月31日。

③ 宾符：《西班牙乱事之内在的因素及其国际关系》，《东方杂志》第33卷第18号，1936年9月。

④ 曾建屏：《西班牙革命的前瞻》，《新中华》第4卷第16期，1936年8月。

"欧洲的帝国主义国家，对西班牙内战的干涉，带有自私的卑污观念。他们都想把西班牙变成自己的半殖民地；并且企图利用西班牙的地理的地位，作为巩固地中海霸权的根据。这样，在西班牙的干涉阴谋中，发生了帝国主义权利争夺的斗争。而西班牙问题的性质，也更趋复杂了"①。学者曾建屏同样认为："西班牙这次内战之所以能够这样持久的原因，在某一点上看来，固是由于法西斯保皇党之死力挣扎；但其更大的理由，却是在于世界法西斯蒂之对于西班牙的阴谋，不惜直接摧残西班牙的革命。故西班牙这次战争的影响，在国际上，实不下于在她的国内。"②《新中华》学人指出西班牙内战的扩大化很重要的原因在于德、意、英、法等国的干涉政策，特别强调德、意法西斯势力赞助佛朗哥叛军武器、弹药，甚至是直接派德、意飞行员驾驶飞机参加西班牙内战，纵容西班牙法西斯势力进行叛乱。确实，欧洲列强的干涉政策造成西班牙内战激烈化、复杂化。同样需要指出的是，苏联及共产国际也在西班牙内战中扮演了不光彩的角色，正如学者让·德科拉所说："它们（欧洲强国）在西班牙找到了实现自己意识形态的场所。有些列强对西班牙事务内部有分歧。实际上，德国人和意大利人几乎一致希望佛朗哥胜利，而苏联则热盼佛朗哥失败，至于法国政府，虽然官方造成中立，其实说服不了舆论。"③ 不过，思想"左倾"的杜若君、曾建屏与冯宾符等人忽视了或屏蔽了苏联在西班牙内战中的不良影响。西班牙左右两大势力为了自己的利益，勾结外国，使欧洲强国纷纷染指西班牙内战，致使西班牙局势恶化到不可收拾的地步。

总之，西班牙的内忧外患与中国的现状何其相似！西班牙的前途因此也引起中国知识分子的忧虑，"在此次内战中，不论是左派或右派胜利，并不能说西班牙问题已经解决。就是在军事上，左派或右派能战胜他的敌人，但却不能立刻消灭他的敌人的潜在势力。同时造成西班牙政治不安的许多重要问题，也亟待解决：怎样挽救经济危机？怎样解决土地问题？破产的新兴产业如何救济？几百万贫苦农民的生活如何改善？少数民族的自治运动如何应付？怎样建立一种为大多数人拥戴的政治制度？这一切问题如果得不到解决，西班牙政局的安定，是不可企望的"④。如何把提问题

① 杜若君：《西班牙的内战》，《新中华》第4卷第16期，1936年8月。
② 曾建屏：《西班牙革命的前瞻》，《新中华》第4卷第16期，1936年8月。
③ ［法］让·德科拉：《西班牙史》，商务印书馆2003年版，第489页。
④ 杜若君：《西班牙的内战》，《新中华》第4卷第16期，1936年8月。

的对象由西班牙替换成中国，这不正是中国知识分子在对中华民族的前途思考吗？

二 "中国的前途还是要靠中国自己去决定"

西方列强自私自利，不仅不可能为中国而开罪日本，而且只会乘人之危，欺凌中国，其他弱小国家的经历也证明贪婪的列强只会把中国引向亡国的境地，只有依靠自己的艰苦奋斗才能有光明的前途。

虽然日本是中国最危险的敌人，而英、美等国也是侵略中国的同路者，它们为维护和扩大自身的利益可以随时牺牲中国。英国在"九一八"事变之后时刻都想着与日本妥协，幻想与日本合作来巩固自身在华利益；因此，《新中华》学人认为：站在中华民族的立场上，"我们对英日合作，不应存着不正当的希望；以为中英关系的密切的，幻想着英日谈判，可以使日本放弃对中国的野心。因为伦敦的爵爷们所注意的，是英国资产阶级的利益，他们绝不会为中国作打算。在中英利害相同的时候，英国固然可以给我们以援助；到他们感觉到对日妥协有利的时候，就要以我们作牺牲了"。因此，我们中国"为着避免作英国的牺牲，我们应当有抵抗侵略者的决心，强固民族解放斗争的阵容。因为将国家的命运，完全交付给他人，是很危险的。只有在我们强固的民族解放阵容的面前，帝国主义者才不敢以我们的利益作牺牲。"[1] "九一八"事变、"一·二八"事变已证明欧美列强是不可靠的，"回忆淞沪战争之日，上海租界当局名守中立，而实则与日本帝国主义者以莫大之便利。即由此点，亦要见任何外力，皆不足恃。国人乎，除全国民众一致团结抗日以外宁有自存之道乎？"[2]

苏俄建国后一直执行和平外交政策，还向中国政府提议废除历史上中、俄两国签订的历次不平等条约，并在 20 世纪二三十年代与多国签署互不侵犯条约。1932 年 12 月，中、苏复交，国内舆论界积极评价国民政府与苏联复交的外交政策，但部分中国知识分子仍理性地看待与苏联复交对我国的影响，认为不宜过于奢望，"吾人固不敢谓中苏恢复国交，即为远东问题之解决，更不敢望中苏复交，即有若干意外之助力。然而吾人确知中苏国交恢复之后，匪（非）特在一般的商业上增多便利，即政治的

---

① 杜若君：《英日合作与远东政局》，《新中华》第 5 卷第 12 期，1937 年 6 月。
② 蒋光鼐：《淞沪抗日战争之意义》，《新中华》第 1 卷第 2 期，1933 年 1 月。

外交的，必不致因隔阂之故，而资人以利用之工具，为东北将来计，至少可减去敌方之便利"。他们认为对日抗争的最根本因素还是培养国力，外交上的助力只不过是以厚声势，"应请国民注意者，人贵自立，国尤宜然，中国过去，或全身靠人，或操纵两大，实则国际离合，胥视利害，依赖与国，固非善策，操纵诸邻，亦非至计，今日我所求者仅在自保，我所赖者仍惟自身努力。窃愿全国上下，泰然自处，勿涉轻躁，良以中俄复交，虽在对日长期斗争中，获得若干安慰，在国际困难环境间，开出一条新路，究之乃寻常应办之事，在目前断不宜为何等重大之期待，此国民所应了解者也"①。并且中、苏复交只是外交手段的第一步，其成败还要看以后国民政府外交政策运用的好坏，现在忧与喜、利与害为时过早。

《新中华》杂志特意以中苏贸易为例，讨论中苏复交对中国产生的影响，"自从中俄复交以后，一般人都说：此后我们能以俄货代替日货。这种观念，无形中可以发生一种很坏的影响；即是说：日货既可以俄货来代替，国货就无须乎急急的提倡了。我们为了要使一般人免去这种错误的观念，所以本期选载了三篇论文——武堉干先生的《中俄贸易与中日贸易》、钱亦石先生的《苏联经济建设中的对外贸易》及王伟然先生的《驳俄货可代日货说》"②。武堉干详细分析了中苏之间的贸易与中日之间的贸易，并把两者对比，最后认为："以纯从贸易见地以言，由苏俄进口货物实属不多，殊难望其迅速发展；且即使发展以后，对于日本货物之倾销我国者，亦殊难予以打击，如煤油等项，日货且根本不受影响，不过少数货物如棉布、木材、海产物等，则因日本利赖我国市场过殷之关系，今有苏俄同类货物之竞争，或足令日货市场有所扰乱耳。"关于中国对今后苏联出口贸易的前途，武堉干认为短时间很难突破，这是因为原来中国向苏联出口贸易的主要货品主要集中于东北，而现在东北已沦为日本的殖民地，西北地区虽有部分产品输出，但交通不便且贸易保障也是个很大的问题，因此，扩大输出产品希望不大。③ 王伟然也说："中俄复交，两国贸易的趋势，出口物品，我则仅茶叶稍有希望，俄之入口，似皆较有起色，故其趋势，当属入超，与以前出超之贸易……俄货入口，对于日货，并无极大

① 《中俄复交之面面观》，《新中华》创刊号，1933年1月，转引自《大公报》1932年12月14日。

② 编者：《编辑室谈话》，《新中华》第1卷第4期，1933年2月。

③ 武堉干：《中俄贸易与中日贸易》，《新中华》第1卷第4期，1933年2月。

打击，故企图中俄复交后，可以俄货抵制日货者，恐归失望。"因此，抵抗日本帝国主义的根本希望在于发展本国的工商业，增殖国本，"注意工商业之发展，自谋出路，作为抵制的根本后盾，庶能有复仇雪耻之一日。是以此后希望国人，勿以俄货抵制日货为得计。只求充分发展国货，则日货不特抵制而自归灭迹"①。

"国联"与英、美、苏等国都不是中国可以依靠的对象，幻想国际社会帮助中国抗敌是一个非常愚蠢的想法，是行不通的，"我们却亲见居民三千万，每年输出几占全国总额三分之一的东北，被虎狼劫去。事后仍不知振奋，只像驯羊一样伏在虎狼面前，幻想和平，或更异想天开，希望有一位'打不平'的天使，替我们制虎狼于死命，这是如何的蠢笨！这是如何的惭愧！"②面对日本帝国主义疯狂的侵略，中国只有屈服与反抗两条路，"自己如果决心听天由命受暴力的支配，那就只有永远的屈服；若果还想乘（趁）机恢复故土，争民族的生存自由，那就非趁早预备绝大牺牲不可"③。中国的命运掌握在中国人自己的手中，只有中华民族团结一致，努力抗日，与凶恶的敌人作殊死的拼杀，中国才能自力更生，才能得到各国的尊重，才能找到中国的前途，"一国领土的完整，必须以其自国的力量去尊重，因此，我们以为中国目前唯一的出路，只有凭藉整个中国民族的力量，以武力收复失地，以武力排除国难，换言之，就是以武力抗日反帝，然后领土乃得完整。若仍然依赖英美'口惠而实不至'的空言'尊重'，无论事实上决不会有'领土完整'的奇迹发现，就使英美真能如我们的幻想，合力以驱除日本在中国的势力，亦不过前门驱狼后门引虎的自杀政策而已"④。黄宾也说：目前摆在中华民族面前的只有两条路，一条是"俯首屈服，走向死亡的道路"，另一条是"奋起反抗，用民族的战争来争民族生存的道路"。虽然奋起抵抗可能会有很大的牺牲，并需要忍受许多的困苦，但是，他认为："为了民族的荣誉，为了民族永久的生存，这种牺牲是值得的！"⑤因此，借用武堉干先生的一句话，"中国的前

---

① 王伟然：《驳俄货可代日货说》，《新中华》第 1 卷第 4 期，1933 年 2 月。

② 白沙：《苏联对东北问题最近的言论及其远东政策——莫斯科通讯》，《新中华》创刊号，1933 年 1 月。

③ 武堉干：《第二次世界大战与中国之前途》，《新中华》第 3 卷第 15 期，1935 年 8 月。

④ 张健甫：《尊重中国领土之完整》，《新中华》第 2 卷第 24 期，1934 年 12 月。

⑤ 黄宾：《国联的假面具与真面目》，《新中华》第 1 卷第 5 期，1933 年 3 月。

途还是要靠中国自己去决定"①。

中国的前途要靠自己是当时中国知识界一个普遍的认识。如力主"国联"调停的胡适也认为："我们到了这个时候，真不容再假借期待国联的盾牌来姑息自己了。世界各国是否能长期容忍日本的挑战态度，是否还有联合起来共同制裁一个害群之马的决心——那都不是我们所应该特别重视的。我们不能依靠他人，只可依靠自己。我们应该下决心作一个五年或十年的自救计划，咬定牙根做点有计划的工作，在军事、政治、经济、外交、教育的各方面都有个'长期拼命'的准备。无论国际政治如何变化，一个不能自救的民族是不会得人的同情与援助。幸运满天飞，飞不到不自助的懒人的头上！"②胡适强调中国不能再有依靠他人的心理，只能靠自己，中华民族应该从军事、政治、外交、教育等各个方面进行长期准备。在知识界有很高声誉的《大公报》也说："无论中国自身过去如何自误，然为拥护民族生命计，自今以往，必与日本军国主义者，作殊死之奋斗，不达到完全自由解放不止！其奋斗过程，甚至延长至数十年或一世纪！中国民族今后当以此为最大目标以赴之。"《大公报》强调长期奋斗必须坚持二点：其一，"绝不假外力，不望外援"；其二，"国民奋斗之目标，绝不仅以恢复失地为止"。为了实现这个奋斗目标，《大公报》提出："中国自此为始，须将其政治制度，经济方略，一齐从头改革，社会之风俗，个人之生活，俱须彻底刷新。如何建设拥护民众大群利益之政治？如何急进的兴科学工业？如何在资本主义与非资本主义之各种矛盾与对立中，自定其解决经济问题之步骤与方略？如何全力增进行政与军事的效率？如何彻底完成全国之自卫手段？以目前国难紧急状态衡之，以上诸大问题，一年中必须立基础，五年中必须收成效！如是方足救亡与复兴也。"③

依靠中国自己并不代表完全排斥外部的力量，孤立自己。俗话说：敌人的敌人就是朋友。西方列强与日本有着十分尖锐的矛盾，中国完全可以利用英、美、苏等国的反日政策与行为，壮大自己力量，打击日本。学者王亚南就主张与"国联"合作，与英、美合作，充分运用外交手段，寻

---

① 武堉干：《第二次世界大战与中国之前途》，《新中华》第 3 卷第 15 期，1935 年 8 月。

② 胡适：《内田对世界的挑战》，《独立评论》第 16 号，1932 年 9 月。

③ 《长期奋斗之根本义》，《大公报》1932 年 3 月 11 日。

找盟友，共同抗击日本。《新中华》杂志编辑部曾这样讲："中国毕竟是'他力支配'的半殖民地。日本的势力是一种，英国的势力又是一种，美国的势力更与日、英在中国市场上鼎峙而三。如果不抹杀事实，我们应该承认中国的命运仍握在日、英、美三国的手中，尤其是握在日本的手中。"① 在此局面之下，如何诉诸国际社会，也就是如何运用灵活的外交政策来借助外部势力抵御日本的侵略成为一个重要的问题。除了西方列强之外，如何在外交中寻找更多的盟友呢？复旦大学教授金则人提出一个较新颖的观点，他设想通过中国参加世界和平大会，采取灵活的外交政策，团结尽可能多的国家来建立一个太平洋集体安全制度，来"保障中国不受侵略不被灭亡"，具体的办法是："我们自己必须自主地去推动在太平洋上具有共同利害关系的国家，并即时和它们谈判。第二，我们不放弃一切和别的国家接触的机会，把这个制度的建立作为外交的中心活动，在一切国际的集会上，特别是在行将举行的国联大会上，我们应该把建立太平洋集体安全制度的问题作为主题提出来，争取大会的注意和解决。"另外，还可以争取欧美各国爱好和平的民众，与他们"紧密地携起手来，未始不能迫使他们的政府参加太平洋集体安全制度"。还有，尽可能团结太平洋沿岸的各弱小国家与民族，"这些弱小民族如印度、安南、缅甸、暹罗、菲列（律）宾、荷属东印度等，它们也都怀着和中国遭受同一厄运的危险。它们正需要一个安全保障来保障它们的安全"②。总之，我们的目的就是更多地与其他国家接触，寻找更多的盟友，增加我们的外援，共同打击敌人。

《新中华》杂志曾转述民国二十四年（1935）12 月 26 日《北平晨报》这样的社论："国际问题，必须固守我之立场，方有出路，我若放弃我应有之立场，则一切皆不堪设想矣。个人不能牺牲自己以就人，国家更不能忘却自己以从人。此点为外交成败关键，负其责者，宜三致意焉。"③《新中华》学人也一直是这样思考中国前途与评述远东局势的。站在中华民族的立场上，他们对"国联"偏袒日本给予猛烈的抨击，对英、美、苏等国的自私造成远东局势的紧张充满愤怒，为了解远东局势可能会对中

---

① 编者：《时代镜》，《新中华》第 3 卷第 16 期，1935 年 8 月。

② 金则人：《世界和平运动与太平洋集体安全》，《新中华》第 4 卷第 18 期，1936 年 9 月。

③ 《勿忘自己立场》，《新中华》第 4 卷第 2 期，1936 年 1 月，转引自《北平晨报》，1935年 12 月 26 日。

国产生的影响，时刻关注着各大国的政策与行动，也急切地想从一些弱小国家中找到面向美好未来的出路。总之，《新中华》学人站在民族的立场，去认识、分析与批判这个相互影响、相互制约的世界，一心想为中华民族寻找生存的机会与空间。

第三章

抵御外敌侵略

1931 年 9 月，当日本关东军在柳条湖畔端起机枪，举起刺刀时，抵御日本帝国主义的侵略即成为中国首要的任务。在"救亡图存"意识的感召下，饱含爱国热情的中国知识分子纷纷通过报刊讨论如何抵御日本帝国主义。在讨论的过程中，中国知识分子对如何抗日救亡形成各种不同的观点，即"面对强敌入侵和内乱不已的复杂局面，中国知识界，特别是处于国共之间的大批中间派知识分子在一个相当长的时间里对于如何救亡御侮却有着不同的认识和主张。"[1] "独立评论派"知识分子在仔细分析敌强我弱的形势和不利的国际环境后，认为应该对日本侵略采取比较"低调"态度，主张："不排除坚守底线的局部妥协以'争取时间'。"[2] 同一时期《新中华》学人虽然也明知中国面临敌强我弱的不利形势，但是，面对当时日本侵略者的不断挑衅和武力进犯，其坚决主张抵抗日本侵略。

第一节 《新中华》对日本的观察

俗话说："知己知彼"才能百战百胜。为了找到抵御日本帝国主义侵略的有效办法，中国知识分子密切注意着日本，希望通过对日本仔细观察，更多地了解日本。《新中华》杂志也做了大量"知彼"的工作，《新中华》杂志或聘请留学日本的中国学人撰写《东京通讯》，或约请对日本素有研究的专家学者写稿，向国人介绍日本的各种动向。总的来

---

① 杨奎松：《七七事变前部分中间派知识分子抗日救亡主张的异同与变化》，《抗日战争研究》1992 年第 2 期。

② 罗福惠、汤黎：《学术与抗战——〈独立评论〉对于抵抗日本侵略的理性主张》，《华中师范大学学报》2006 年第 3 期。

看，这些文章的内容主要集中于日本的政治、经济与对华政策三个方面。

一　军部势力膨胀与法西斯化

日本军部主要包括陆军省、海军省、陆军参谋本部与海军军令部等机构。尽管，陆军省与海军省隶属于内阁，是日本内阁重要部门；但它们与欧美等国从属政府的军事机关有所不同。一方面，它们在内阁中的地位很高，能对内阁决策产生重要的影响，特别在"统帅权独立"与"陆海军大臣现役武官制"等规定相继出台后，日本内阁更加受制于陆、海两省；另一方面，陆军省听命于参谋本部，海军省服从军令部的指挥，参谋本部与军令部不隶属于内阁，直接向天皇负责。可以说，在 20 世纪 30 年代的日本，军部地位高于内阁，甚至可以通过陆、海两省左右内阁。1931 年"九一八"事变，就是由日本关东军秘密策划发动的，虽然日本若槻内阁决定了"不将事态进一步扩大"的方针，但在军部支持下，日本关东军不断扩大侵略，最终导致若槻内阁总辞职。

军部势力的膨胀并不断干政，加剧了日本政局的动荡。从 1929—1931 年的两年多时间内，日本经历了田中内阁、滨口内阁、若槻内阁与犬养毅内阁，其中滨口、犬养毅两任首相都被军部的法西斯主义势力枪杀。学者唐槐注意到封建势力、军部与日本政局的不安有着密切的关系。他认为：由于日本明治维新是一次自上而下的资产阶级改革运动，大量的封建军事势力并没有得到彻底的清算，而且这些残余势力长期把持日本政权，民主制度难以在日本正常运行，日本政治也就时刻处于危机之中，政潮迭起。"日本的资本主义虽极发展，但因为资产阶级革命是采取自上而下的和平形式，使日本到现在还保存一部分封建贵族的势力，这形成了目前封建地主与资产阶级的畸形政权。议会政治的存在，在封建地主与贵族的眼里看来，自然是他们很大的障碍，所以时常发生彼此倾轧的政潮"。相对于封建残余势力来说，唐槐认为日本少壮派军人更应对动荡的日本政局负责：（日本）"一切国家政策，全凭军部意志施为，其态度之傲慢，睥睨一切，处处都表现出日本政治随着军部的骄横而日益走入法西斯化的道路。军部为推速（动）这一进程，整齐资产阶级内部的队伍，曾经采取一切毒辣的手段。为了免除政治上受内阁的牵制，实行过用暗杀首相来倒阁，为了要内阁阁员忠实地执行法西斯的命令，也曾演过军部驱逐商相迫走外务大臣之'逼宫'的滑稽喜剧。"① 由军部少壮派军人参与的，致使犬养毅首相被枪杀的"五一五政变"② 就是典型的实例。"五一五政变"是日本政治史上沉重的污点，它标志着日本政党内阁的结束，日本内阁日渐被军部掌控。

此后，海军大将齐藤、冈田都以"举国一致"口号先后上台组阁，当时政党势力犹在，但军部气焰嚣张。为安抚各派势力，齐藤、冈田内阁容纳了官僚、政党与军部各色人等。可是，内部矛盾十分尖锐，政治倾轧频频发生，以至于学者张健甫认为："齐藤内阁的本身，本为一非驴非马的混合组织，没有真实的基础，也没有真实的力量；标榜'举国一致'的美名，既不能不相当听命于政党，又不能不低首下心于军部，故自成立之初，即呈风雨飘摇之状。"经历陆相荒木引退，部分阁僚卷入贪污丑闻之后，齐藤被迫下台。经过元老重臣协商之后，继齐藤之后出面组阁的是冈田启介，冈田与齐藤一样，出身于海军，而且在遴选内阁成员时，也采取了平衡各派势力的相似办法。《新中华》学人发文说："冈田内阁与齐藤内阁不过五十步与百步之差，甚至可以说冈田内阁即是齐藤内阁的持续"，"冈田内阁无论其在组织上、政纲上、性质上均为齐藤内阁的化身，已是毫无疑义的铁一般的事实"③。

在齐藤、冈田内阁任内，尽管容纳了一些政党人物，但军部的势力明显增强。《新中华》学人认为其主要表现为：第一，积极干涉政治。日本军部一贯干涉政治，但此前主要集中力量干涉政府的军费预算；齐藤、冈田内阁上台后，军部在过问军费预算的基础上，又对日本政制提出改革要求，突出的体现在军部 1934 年发表"国防本义与其强化之提倡"的文章，并散发小册子，提出改变政治体制的要求上，"其内容有四要点：（一）国防与国内问题，（二）国防与思想，（三）国防与武力，（四）国

---

① 唐槐：《最近日本政潮之解剖》，《新中华》第 2 卷第 6 期，1934 年 3 月。

② "五一五政变"，"1932 年（昭和七年）5 月 15 日，以海军青年将校为核心发动的政变。1930 年前后，海军青年将校中出现以改造国家、实现法西斯化为宗旨的集团，他们与井上日召勾结，计划采取直接行动。……5 月 15 日袭击总理大臣官邸、警视厅、内大臣牧野伸显邸宅、日本银行、政友会本部等。……犬养中弹后，翌日身亡……但政变并未成功……犬养内阁辞职后，成立起所谓举国一致的斋藤内阁，政党内阁时代至此告终。"[日] 竹内理三：《日本历史辞典》，天津人民出版社 1988 年版，第 477 页。

③ 张健甫：《新旧交替的日本内阁》，《新中华》第 2 卷第 14 期，1934 年 7 月。

防与经济的调整"。此举是"以整个军部名义作公开的要求改革政制"；此外，军部还极力推动日本在"满"机关的改组，使军部完全控制"满洲"。第二，推动急进外交。在军部的支配下，齐藤、冈田内阁四面出击，导致日本与各国关系异常紧张，"齐藤内阁在其两年零一月的过程中，其最大的政绩，厥为造成'满洲国'及进而使'满洲国'称帝，标榜亚州（洲）的门罗主义，而退出国际联盟"。军部对冈田内阁的影响力更大，致使冈田政府的对外立场更为强硬，"冈田内阁有甚于齐藤者，厥为英、日、美三国海军之竞争平等，与对华外交之急进"①。第三，压制自由主义学说，积极提倡国粹主义、天皇主义。当时，军部部分右翼分子大肆攻击日本自由主义学说代表——美浓部达吉博士的"天皇机关说"②，并鼓动日本国内的一些法西斯团体积极宣传所谓的国粹主义、天皇主义。在齐藤、冈田内阁任期期间，"各种以国粹主义或暴力主义为背景的团体，如雨后春笋般涌现着！尤其自去年十月军部颁布小册子以来，这些国粹主义团体更从宣传方面大肆活动；不是在报纸上发表言论，即是刊发小册子；这些小册子几乎每月有几种出现，不是反对既成政党，即是攻击学者私人及其著作。他们认为一切自由主义学说，都是外来的而非日本固有的"③。即使是齐藤、冈田内阁如此讨好军部，军部少壮派法西斯势力仍对他们不满意，以致发生"二二六政变"④，多名内阁大臣和元老、重臣

---

① 张健甫：《新旧交替的日本内阁》，《新中华》第 2 卷第 14 期，1934 年 7 月。

② "天皇机关说"，"宪法学说。根据伊里奈克的'国家法人说'，主张统治权属于作为法人的国家，天皇为国家最高机关，行使统治权。……美浓部达吉在明治的最后一年 1912 年（明治 45 年）3 月发表《宪法讲话》以后，'天皇机关说'发生质的变化，转变为议会主义的宪法学说。……'天皇机关说'就同美浓部的名字连在一起了。进入昭和时代，随着法西斯主义抬头，'天皇机关说'遭到军部、右翼的攻击。1935 年（昭和 10 年），菊池武夫在贵族院弹劾'天皇机关说'，说它是'叛逆思想、学匪'，发展为'国体明征'问题，美浓部达吉受到指控，著作被禁止发行，本人也不得不辞去贵族院议员职务"。[日] 竹内理三：《日本历史辞典》，天津人民出版社 1988 年版，第 483—484 页。

③ 胡泽吾：《日本学术界自由主义与国粹主义之冲击——日本通迅》，《新中华》第 3 卷第 8 期，1935 年 4 月。

④ "二二六政变"，"1936 年（昭和 11 年）2 月 26 日皇道派青年将校制造的政变，也是军部法西斯分子发动的最后一次政变事件。……26 日晨，村中孝次、矶部浅一、安藤辉三等从步兵第一、第三连队、近卫步兵第三连队抽调一千四百余名士兵，高喊'昭和维新''尊皇讨奸'等口号，杀死内大臣斋藤实、大藏大臣高桥是清和教育总监渡边锭太郎，重伤待从长铃木贯太郎，占领陆军省、参谋本部、国会、总理大臣官邸等附近地区，要求陆军首脑部果断实行国家改

被刺杀，冈田内阁也随之倒台。

冈田内阁倒台之后，广田弘毅上台组阁。广田曾多次任日本外相，以对华"协和"外交著称，但其本质上是一个军国主义者。王亚南评论说："广田原来是一位非常圆满融通的人物，据说，他之得任外交大臣，还是由于少壮军人领袖荒木贞夫的推荐；况且在对外政策上，他与军人实也没有何等本质的差异。军人在这种种的打算与限制之下，所以对广田的组阁，不表示坚决的反对，不过，内阁的阁员，差不多完全要征求他们的同意。"① 在广田组阁的同时，参与"二二六政变"的少壮派法西斯军人遭受惩处，"老成派"法西斯军人势力迅速扩张。应军部的要求，广田内阁公布"庶政一新"② 的纲领，可以说，相对前几任日本政府，广田内阁更受制于军部。在军部的劫持下，广田内阁"不能不接受军部充实国防的要求；这种要求的广义解释，并不但是扩充海陆军备，同时在军部眼中视为与枪弹等一般军需品同样重要的'特殊军需品'，即使用一般军需品的国民的健康，特别是'军人主要来源'的农业劳动者的生活状况，亦不能不求所以改进。"③ 最终，广田内阁为了迎合军部，"大刀阔斧的拟订了一个庞大预算，其预算总额为三十万四千万圆"④。如此巨大的预算也直接导致广田内阁的塌台，继起的是林铣内阁与近卫内阁，其财相分别是结城与贺屋，但"贺屋财政是承袭结城财政的；而结城财政是修正马场财政的；他们根本都是以军事费为中心的偏军财政"⑤。可以说，广田、

（接上页）造。陆军当局预计到此类事件的发生，企图利用这个时机建立新体制，因此颁布了《戒严令》……结果，除两名自杀外，其余将校、下士官等全部投降。主谋者被处死……以这一事件为契机，冈田内阁垮台，统制派控制的军部进一步加强了政治的发言权。"［日］竹内理三：《日本历史辞典》，天津人民出版社 1988 年版，第 484 页。

①　王渔邨：《东京政变发生后的国际局势》，《新中华》第 4 卷第 6 期，1936 年 3 月。

②　"所谓'庶政一新'的'庶政'，所包者广，但在不根本变革资本主义政治经济体制的限内，同时且在适应军人法西斯蒂要求的限内，其所指不外是一切有关国防主义与统制主义推行的政治、经济、文化各方面的事项，而对此等庶政的'一新'，则又不外是求其更便于推行国防主义统制主义，换言之，即更便于推行军人法西斯蒂的政策"。王渔邨：《在军部政党夹攻下的广田内阁的奋斗》，《新中华》第 4 卷第 18 期，1936 年 9 月。

③　王渔邨：《日本马场财政论》，《新中华》第 4 卷第 11 期，1936 年 6 月。

④　周伯棣：《从马场财政到结城财政》，《新中华》第 5 卷第 5 期，1937 年 3 月。

⑤　阎琛：《日本贺屋财政之展望》，《新中华》第 5 卷第 14 期，1937 年 7 月。

林铣与近卫内阁在前几任内阁的基础上，更向前一步，在政治、经济、文化等方面推行法西斯政策，特别是在财政上迎合军部，保证对外侵略战争的经费。在《新中华》学人看来，这些都是军部势力日益膨胀，日本日趋法西斯化的明显体现。

二　日本迈向战时经济

明治维新之后，日本经济发展迅速，但与欧美国家相比，还存在明显的缺陷。工业虽然比较发达，但以轻工业为主，钢铁、机械等重工业还依赖进口，工业技术水平较低；另外，农业几乎停滞不前。"一战"时，欧美国家忙于战争，日本乘机迅速扩张经济实力。不过，好景不长，"一战"后欧美国家卷土重来，在远东与日本进行激烈的竞争，再加之自然灾害等原因，日本经济陷入慢性的不景气状态中。1929年世界经济危机在美国爆发后，很快就波及日本，致使原本就脆弱的日本经济雪上加霜。具体表现在：日本的农业恐慌日益严重，"自一九二九年农业经济恐慌以来，将日本农村的土地所有关系及其经营方法，予以极大的威胁，使农民阶级的分化过程，愈益激烈而趋于低落。是后，连年东北地方的冷害，凶年，各地大风灾，水灾，旱灾，相继勃发，正困于农业恐慌过程中的日本农村，便受到收入激减的打击……"① 工商业日渐没落，特别是日本中小工商业情况严峻，"日本中小工商业者之疲惫困顿，至本年（1932年）更深刻化了。……日本全国便呈货物滞销和金融梗塞的状态。"② 日本对外贸易的状况也不容乐观，1932年"进口方面，虽然稍有膨胀，但出口贸易却很收缩；这是由于生丝在美国的需要衰退，而棉布又在中国市场遭遇排货的影响"③。总之，日本农业恐慌扩大，工商业没落，对外贸易衰退，经济危机空前严重。

为了应对空前严重的经济危机，滨口、若槻内阁采取了紧缩财政、产业合理化和黄金出口解禁等政策，但效果并不明显，"整理紧缩的消极方针既不成，金解禁也无效，后来再禁现金输出，亦不能恢复往时的繁荣，

---

① 邓葆光：《一九三六年之日本社会——日本社会通讯》，《新中华》第5卷第1期，1937年1月。

② 涤尘：《经济恐慌中日本的军事预算与军事产业——东京通讯》，《新中华》创刊号，1933年1月。

③ 武堉干：《世界经济的回顾与展望》，《新中华》创刊号，1933年1月。

日益陷于暗淡悲惨之境"①。在此种情况下，发行公债和增税是仅存的解决办法。日本正处于经济不景气之时，民众生活已穷困潦倒，大规模的增税不合时宜。此后，历届内阁紧紧抓住增发公债，设想通过通货膨胀的政策来改变困境。虽然日本历届政府也明知发行公债并非妥善的措施，但除此之外，已没有更好的办法。据学者瞿荆洲介绍，"日本现有内国（国内）公债四十九万万一千二百万圆，外国公债十三万万九千八百万圆，合计达六十三万万一千余万圆"。如果把这些公债平均摊派到日本当时6000万人身上，每人的负担将高达100元以上。在1933年新的财政预算收入中，公债总额为"八万万九千六百四十余万圆，占全岁入百分之三十七"②。公债是日本财政收入的重要来源。

政府发行的巨额公债主要投入到军事预算和军事产业中。《新中华》学人注意到："昭和八年度（1933）的军事预算，陆海军共计八万万二千万圆，达预算总额二十二万万三千七百余万圆的三成八之谱。"③而在1934年的预算中，军事预算支出再次提高，"在全部总概算二十七至二十九万万圆中，军事方面占十四万万以上"④，所占的比例也再次上升，1934年的军事预算占总预算的一半左右。到1937年，日本的国防预算"为十四万万一千万圆，明年度便得超过十六万万圆"⑤。从这些数字中可见：日本军事预算逐年增加，增幅很大。还需要指出的是，早在1931年"九一八"事变发生之后，日本为保障对中国东北的占领，除了编制正常的军费预算外，还单列庞大的"东北事件费"，此种军事费用也是由公债来支撑的。

依赖公债的庞大军事费，大约十分之三四直接投入到军事产业中，学者周质彬说："一九三三年度海陆军预算八万五千万圆中，有二万六千万

---

①　涤尘：《经济恐慌中日本的军事预算与军事产业——东京通讯》，《新中华》创刊号，1933年1月。

②　瞿荆洲：《日本军费之膨胀与其财政之危机——东京通讯》，《新中华》创刊号，1933年1月。

③　涤尘：《经济恐慌中日本的军事预算与军事产业——东京通讯》，《新中华》创刊号，1933年1月。

④　涤尘：《日本明年预算中的军事预算——日本通讯》，《新中华》第1卷第19期，1933年10月。

⑤　阆琛：《日本贺屋财政之展望》，《新中华》第5卷第14期，1937年7月。

圆，是用在金属工业、机械工业、化学工业，及纺织工业等军需工业上面。"① 瞿荆洲认为大量的资金进入军事工业导致其大肆扩张，"制造工业中如化学工业、机械制造业、金属工业及食品制造业，都与军事有密切的关系，故最近日本计划资本，多集中于这一点。军需工业因通货膨胀以扩张，是为日本膨胀景气政策之最大的作用"。随着这些工业的膨胀与扩张，它们在国民经济中占的地位越来越重要，"一九三二年度日本制造工业计划资本的比率为其全部计划资本之百分之四十，而一九二八年，则仅为百分之二十六"②。在庞大的公债投入军事产业领域的情况下，日本军事产业在百业萧条中独具繁荣，"日本自从'九一八'事件发生以来，日日都在扩张兵备，补充兵器，因而日本一切产业虽极萧条，独军事产业却呈蓬蓬勃勃的生机，大有应接不暇之势。今年如此，明年军事预算有偌大的款项，前途当然更有可观"③。在《新中华》学人看来，军事产业已经主导了日本经济。

20 世纪 30 年代经济危机发生之后，日本政府积极发行公债，采取通货膨胀的方式，使军事工业大肆扩张，以至日本经济表现看起来处于一个"景气"的状态。《新中华》学人认为这是一种畸形的状态，公债发行过大会对国家财政产生致命的伤害，"军备之扩大，直接影响财政，财政之罗掘有尽，军费之膨胀无穷；这是日本财政根本的危机"④。由公债影响到财政，由财政影响到国民经济与民众生活。学者俞虎生从各个方面详细介绍这种恶果，从产业方面看，日本军需工业发达，军备产业也日益扩大，但一般工业则呈现衰颓之势；从金融方面看，由于日本政府增发公债，导致利息日益减低，社会各阶层高价购买金银等贵金属的意愿强烈；从对外贸易来看，与军需有关的商品，如金属、机械、化工等商品进口日渐增加，而日本轻工业产品对外输出日渐衰落，特别是一直占日本出口首位的纺织品下滑严重；从农工民众的日常生活来看，尽管军需工业十分景

---

① 周质彬：《日本"非常时经济"之一瞥》，《新中华》第 2 卷第 20 期，1934 年 10 月。

② 瞿荆洲：《华北风声急紧中日本经济的总解剖——通货膨胀下日本的经济》，《新中华》第 1 卷第 6 期，1933 年 3 月。

③ 涤尘：《经济恐慌中日本的军事预算与军事产业——东京通讯》，《新中华》创刊号，1933 年 1 月。

④ 瞿荆洲：《日本军费之膨胀与其财政之危机——东京通讯》，《新中华》创刊号，1933 年 1 月。

气，工人就业相对增加，但因物价高涨，普通工人生活水平反而下降；农民的生活也由于农业危机而日渐恶化。① 总之，大规模增发公债，导致日本畸形的经济隐患重重。

在这种畸形的经济中，除了少数财阀与军人受益之外，日本民众的利益受损严重，社会矛盾必将进一步加剧；而且，日本政府不可能无限制地增发公债，通货膨胀的办法不是长久之计；因此，日本这种"景气经济"是非常不稳定的，如同空中楼阁，随时会破灭的。不过，在《新中华》学人看来，日本政治当局虽然认识到问题的严重性，但仍存侥幸心理，特别是一些军部中的法西斯分子，设想扩大军事工业，通过对外侵略，掠夺别国的资源与独占殖民地的市场来摆脱困境。为此，日本法西斯势力充分利用宣传工具鼓吹加强军备与对外战争。周质彬说："自从'九一八'东北事变以后，日本当局即以'非常时'相号召，政治日趋于强力化，经济日趋于军事化；这一'非常时'实为'备战时'的别称。"② 罗叔和也说："军部更运用特殊手段，加强非常时期，使一般国民都集中心力于向外开拓，而忘却自身眼前的痛苦。"③ 总之，《新中华》学人认为："日本现已入（处）于'战时状态'了！其整个的社会觉醒于紧张迫切的'战时状态'中。"④

三　急进、阴险的侵华政策

20世纪30年代，在发动"九一八"事变，占领东北之后，为加快侵略步伐，日本军部、外务省分别推行武力侵略和"协和外交"的政策，在出兵进犯蒙古、华北的同时，推出"华北自治""中日经济提携"等政策。日本一系列的对华政策吸引着《新中华》学人的密切关注。

张健甫通过考察中日关系史，认为侵略中国是日本近代以来既定的国策，20世纪30年代的一系列侵华政策只是以往政策的延续，目标是吞并全中国。明治维新之后，在发展资本主义的过程中，日本需要庞大的市场、足够的原料与廉价的劳动力，但本国面积狭小，人口有限，更缺乏丰

① 俞虎生：《加紧备战中的日本经济》，《新中华》第4卷第13期，1936年7月。
② 周质彬：《日本"非常时经济"之一瞥》，《新中华》第2卷第20期，1934年10月。
③ 罗叔和：《日本经济财政的鸟瞰》，《新中华》第3卷第22期，1935年11月。
④ 瞿荆洲：《日本军费之膨胀与其财政之危机——东京通讯》，《新中华》创刊号，1933年1月。

富的资源；而且，此时世界几乎被欧美诸强完全分割，只有中国等少数国家还未被瓜分；于是，中国成为日本侵略的目标。1874 年日本就出兵进犯台湾，要求中国签订不平等条约；1894 年挑起中日甲午战争，强割台湾，把朝鲜当作自己的保护国，并进窥"满蒙"；后经日俄战争，抢夺俄国在中国"南满"的各项权益。1931 年"九一八"事变之后，东北沦陷，日本达到吞并中国东北的目的。在对外扩张过程中，日本统治阶层逐渐形成了比较清晰的侵略总方针，即著名的大陆政策。大陆政策规定了日本对外侵略的四个步骤，第一步侵占台湾，第二步占领朝鲜，第三步吞并"满蒙"，第四步征服全中国。根据大陆政策，张健甫说："可知近年日本侵占满蒙，目的决不止于满蒙，乃系循着大陆政策的步骤，向征服全中国的目标迈进。"并称：日本处心积虑侵略中国，而且蓄谋已久，不是一朝一夕的事情。他反驳当时部分中国人认为日本侵华只是部分军人的野心，而非整个日本的国策，他认为这种观点"简直是替日本侵略中国作掩护。"[①] 学者樊仲云也表达了相似的观点，他说："日本，因为地狭民贫，其资本主义的发展，必须有赖于中国，故亟亟欲事分割。但欲分割中国它就得预备与其他强盗火并，这便是为了朝鲜及东三省而日俄二国发生战争的由来。"到 20 世纪 30 年代，随着经济危机的爆发，日本陷入泥潭，为打破难关，"为取得丰富的资源，遂不觉其食指的大动，而出兵东三省，这便是最近东北事件的由来"[②]。从这些有关中日关系史的描述中，可知樊仲云已意识到侵略中国是日本既定的长期政策。

"九一八"事变之后，日本并没有放松对中国的侵略。1932 年挑起"一·二八"事变，日军进兵上海；1933 年年初，占领热河；随后，又侵占长城各要隘，并于 5 月签订丧权辱国的《塘沽协定》。1934 年年初，一手操纵对华武力侵略的荒木陆相辞职，林铣十郎继任。荒木的辞职引起中国知识界的热议，有人推测日本对华政策即将发生转变。学者钱亦石并不认同这种推测，认为这种推测是"皮相之谈"，他说："林为荒木前辈，论者谓其深沉刚猛不下荒木，而敏断果决则尤过之。他代荒木而为陆相，

---

① 张健甫：《近六十年来的中日关系》，生活·读书·新知三联书店 2012 年版，第 3—14 页。（张健甫，中共党员，中华书局编辑，是《新中华》学人中较多关注日本情况的作者之一。原著于 1937 年在生活书店出版，2012 年生活·读书·新知三联书店把其列入《三联经典文库》重新出版）

② 樊仲云：《未来之太平洋大战与吾国之地位》，《新中华》创刊号，1933 年 1 月。

殆因少壮军人渐不满意荒木，而军部的众望又集中于他的一身。"他以日本筹备溥仪称帝，企图吞并蒙古为例，论证日军当局仍在积极备战，时刻准备对华发动新的侵略，并强调："荒木下台后的日本政局，就对内对外两方面讲，都没有什么根本改变的。假使有的话，那只是在荒木的黩武主义之上，变本加厉而已。"[1] 随后的历史印证了他的言论。1934 年 4 月，日本外务省情报部部长天羽英二发表了排斥其他列强在华势力，企图独占中国的声明。1935 年日本屯兵华北，先后强迫国民党当局签订了《何梅协定》与《秦土协定》等不平等条约。

　　日本帝国主义武装侵略行径遭受国际舆论的普遍谴责，其对华侵略的方式不得不有所调整，开始在蒙古、华北五省（河北、察哈尔、绥远、山东和山西）等地积极策划"自治"活动。1932 年，日本帝国主义策划在伪满洲国下设立蒙古人聚居的"兴安自治省"，引诱蒙古"自治"，脱离中国。为什么日本帝国主义要如此费尽心机地策划"蒙古自治运动"呢？在江毓麟看来，这是日本"企图占有绥远及西北内蒙，以树立'伪满'之外围，固为整个大陆政策之推进，而在军事上、经济上，尤具有特殊重大之意义。"[2] 学者冷亮则详细介绍内蒙的军事、经济的价值，并揭露日本策划内蒙"自治"目的在于使内蒙脱离中国，附庸日本的真实面目。在军事上，内蒙具有非常重要的地位，"内蒙若一旦有事，察哈尔固不保，即山西、河北亦失凭依"。在经济上，内蒙也具有特殊的作用，"内蒙之主要物产，可分农产物、畜牧、食盐、矿产等。农产物有小麦、胡麻；小麦粒细，磨粉蒸为馒头，其性最耐饥，蒙古劳动之人，皆以此为饱，胡麻与内地之芝麻为同类，粒大则油多，油为工业国所必需，盖其性易干，可作油漆黑胶之物，用途至广，此外包头黄河涯之药材如甘草、黄耆，堆积如山，又如蘑菇，产量亦丰"。内蒙所具有的重要军事与经济价值引得日本帝国主义垂涎欲滴，日本帝国主义"一面拟筑自多伦横贯锡林郭勒盟直达滂江百灵庙之铁路，以作经济之侵略，一面虽所谓民族自决之口号，煽动蒙古王公，脱离中国，附庸日本，实现政治之分化，更挑拨汉蒙感情，施行以华制华之毒计"[3]。

---

　　① 巨涛：《荒木下台后的日本政局》，《新中华》第 2 卷第 1 期，1934 年 1 月。

　　② 江毓麟：《日人导演下之蒙绥独立运动及其企图》，《新中华》第 5 卷第 14 期，1937 年 7 月。

　　③ 冷亮：《内蒙现状及其自治问题》，《新中华》第 1 卷第 22 期，1933 年 11 月。

　　日本帝国主义煽动"蒙古自治"之后，又精心策划"华北自治"。其中，殷汝耕在通县成立伪冀东防共自治委员会就是日本帝国主义一手导演的滑稽戏。日本帝国主义"一面极力压迫华北军政当局，使之脱离中国，组织傀儡政权，造成中国的分裂，一面则以少数金钱收买平津各地的无赖分子，集结示威，并向当地政府机关请求宣布'自治'。十一月二十五日河北省滦榆区行政督察专员殷汝耕，以政府大吏公然为出卖民族、危害国家的叛乱行为，重演溥仪执政、康德称帝的傀儡戏，在平东南五十里的通县，组织所谓伪'冀东防共自治委员会'，宣布脱离中国政府的统治"①。对此，《新中华》评论道："殷汝耕叛变，不是冀东问题，也不是华北问题，而是整个中国民族生死存亡的最后问题。"② 此后，日本帝国主义又威逼利诱宋哲元等人实行"华北自治"，由此造成华北局势异常紧张。

　　对于"九一八"事变之后，日本在东北、华北等地策划"自治运动"，制造傀儡组织的行径，张健甫认为其目的在于掩盖其武力侵略中国的事实，"'九一八'事变，原为日本帝国主义预定的侵略计划，初非出于偶然的行动，所以日本于占领东三省以后，即进行组织伪'满洲国'傀儡，以为其对华侵略政策的掩饰"。不过，这种在中国"以华制华，利用新日汉奸，在中国境内设立非法傀儡组织"是"日本对华最毒辣的政策"③。

　　在紧张策划蒙古、华北"自治运动"的同时，日本当局向中国政府提出中日经济合作的要求，也就正式推出了"中日经济提携"政策。尽管武力进犯在近代史上是日本侵略中国的主线，但从经济方面进行渗透也是日本侵略中国的重要方式，正如张健甫所说："日本帝国主义侵略中国，差不多有一个固定的历史公式，日本每次对华武装侵略以后，继之必

---

　　① 《阴霾不雨的华北局势》，《新中华》第3卷第24期，1935年12月。

　　② 编者：《时代镜》，《新中华》第3卷第23期，1935年12月；另外，关于"华北自治"事件的报道、评论与分析的不仅《新中华》杂志的文章不多，其他刊物如《东方杂志》也如此，《新中华》中的一段文字可能说明问题：（南方）"然而负着文化使命的教育界领袖们，不闻有何举动，负有报道真实新闻，指正舆论意向的领袖报纸们，多方避免华北重大事件的正面记载和积极评论。他们向政府指定的'睦邻'范围内，更往里缩。在日军占据丰台车站这一天，上海的某大报，不加以论列，转拿辽远的比较不切于目前的问题来评论一下。这一种顾而言他，由不敢触忤而转为阿谀的事实表现，就充满了华中的文化界，而大企业的报纸拥有者，便在自己利益的打算中，支配了一切。"《时代镜》，《新中华》第3卷第23期，1935年12月。

　　③ 张健甫：《近六十年来的中日关系》，生活·读书·新知三联书店2012年版，第148页。

有一次极凶残的经济侵略。"1935年年初，日本当局就开始高唱对华经济提携。为什么此时日本采取"亲善"外交，调整武力侵略的政策呢？在张健甫看来，其原因有两点：其一，在经济恐慌日益加深的状况下，日本持续地对中国进行武力侵略，加重了日本庞大的军费负担，造成日本财政入不敷出与社会经济极度贫乏；其二，日本积年的武力侵略，造成中国民众反日情绪日益高涨，英美等国也逐渐调整对日的纵容态度，英美与日本的外交对立逐渐加深，并从经济上援助中国，日本在外交上逐渐陷入困境。为摆脱这些困境，日本提出"中日经济提携"的口号。一方面，用这种"亲善"的方式掩盖其武装侵略之实；另一方面，开发、独占中国的资源，特别是华北的资源，建立以日本为中心的东亚经济集团，使中国在经济上成为日本的附庸。① 方秋苇则把经济与武力两种侵略方式进行对比，他认为日本的经济侵略手段更狠毒、急进，"施用武力，我们还可以反抗；施用经济的压力，无疑的是要扼住我们的咽喉。因为经济霸道政策之成功，中国国民经济已趋崩溃，英美势力已整个地退却，而华北已殖民地化；最后只需武力的占领，在名义上取得统治权而已；何况现在施用武力，也是不中用的；只有经济霸道政策才可以把握绝对的胜利"。他在介绍日本帝国主义支配华北的金融、铁路、电气、铁矿与纺织等产业之后，说："现在的华北，……无论是政治上经济上日本和'满洲国'对华北的关系，都是非常密切的。在政治的意义上说来，今日之华北已成日本半统治的局面；在经济方面说来，今日之华北经济之已被日本扼制：华北各省国民经济之衰落，及英美经济势力之退却，均为事实的最好例证。"② 因此，《新中华》杂志认为："所谓中、日提携，乃是进一步的吞灭中国的毒计。如果这种毒计，也可以接受的话，那么，中华民族的灭亡，乃是中国人民自己注定的命运。"③

《新中华》学人认为：明治维新之后，对外侵略成为日本国策；并在对外扩张中形成了大陆政策。此后，大陆政策一直是日本对华政策的基石，在这个指挥棒下，日本不断地侵略中国。不过，"九一八"事变之后，日本对中国持续地武力侵犯，导致日本国内财政与社会经济陷入危

---

① 张健甫：《近六十年来的中日关系》，生活·读书·新知三联书店2012年版，第64—65页。

② 方秋苇：《在日本独占政策压迫下的华北》，《新中华》第2卷11期，1934年6月。

③ 编者：《时代镜》，《新中华》第3卷第5期，1935年3月。

机，日本与中国、英美的矛盾日益尖锐。在此背景下，尽管军部等法西斯势力仍坚持对华继续扩大军事行动，但日本一些资本家与当权者主张暂缓军事行动，以经济与外交等办法促成蒙古、华北脱离中国。日本这两种对华政策，在《新中华》学人看来，本质、目的都是一致的：吞并中国，有所不同的"只是缓急上的分歧。"①

总的来看，经过深入的考察，《新中华》学人认识到日本军国主义者控制的战车已经填满燃料，对中国大规模的侵略战争也已不可避免。

第二节　《新中华》对中国基本国力的分析

在深入了解日本的同时，《新中华》学人时常回过头来反观自己，通过认真剖析中国自身优缺点，努力做到"知己"。

一　军事力量羸弱

从狭义上讲，军事力量主要指武装力量的数量与质量，也就是武器装备的情况与战争人员的作战实力。通过对中国的军队装备及中国官兵素质的分析，《新中华》学人对中国的军事力量都持悲观的看法。

学者张其昀认为没有机械化部队是中国军事最大的危机。在陆军机械化部队中，坦克最为重要，"有陆上舰队之名"，但是，"我国亦完全付之缺如。"不仅没有坦克，其他军车也很少；而且，这些紧缺的军车有时还被握有实权的人物扣压私用，而不是投入到紧急的战场中。如他记载了在热河之战中汤玉麟扣留军车载运私产一事，"热河省政府致电北平，谓前方运输困难，需用大批汽车，当代征赴热，由平热汽车路开赴承德，不料军用汽车二百辆，悉被汤玉麟扣留，以之载运私产，开赴天津，时我军在喜峰口集合者，有大批军需品竟无汽车运输，言之最为痛心"。海军对科学、机械的要求非常高，但中国的机械、科学均十分落后，因此，中国海军力量也非常弱小，"中国目前的海军，舰不成舰，队不成队，又无一支潜水艇，则海防上实与解除武装无异"。较之于陆军与海军，张其昀认为空军最有前途，将在未来战争中发挥重大作用，只是我国空军力量过于微弱，无力与列强抗衡，"我国之航空事业，自创办迄今，已历二十五年，

---

① 唐槐：《最近日本政潮之解剖》，《新中华》第 2 卷第 6 期，1934 年 3 月。

中间因迭经战乱，迄无若何进步之可言。以极少之飞机，极短之航线，极简之设备，犹以用于内争者居多。截至现时止，中央所有飞机，新旧合计，尚不及百架，且须因陋就简，一种型式之机，往往以之供各种工作之用。所有军用飞机悉购自外国，其自造者，仅有马江海军飞机制造厂所造之海雕号水面飞机。以言地下设备，则中央所有机场不过二十余所，且类多狭小，而附属建筑物尤多付缺如，航路路灯，更从未计及。以言民用航空，将仅有两个外资合办之邮运公司，共有飞机尚不满二十架。以言航空经费每月总计不过十余万元，尚不及陆军百分之一，其幼稚情形如此"[1]。

中国军队数量尽管众多，但无论是陆、海、空军的武器装备，还是作战实力都难以令人满意，因此，有人讲："吾人且把自己的实力检阅一下，陆军吧，有二百余万的兵额而不能正式作战；海军吧，区区五万吨的战舰，真是'渺沧海之一粟'！空军吧，三百六十余架飞机，还经过一回九一八事变的损失，其他的一切准备更谈不到。"中国国防空虚，而敌人日本却加紧备战，"日本全国上下，对于扩张海陆空军备的热烈，几乎成了疯狂。它的正式陆军在将来远东军事开始的时候，虽仅仅二十五万人，但是它的预备军有二百万人，后备军有五百万人，陆军的总兵力有七百三十四万人。它的海军总吨数有七十万另三千七百八十吨……就整个军事预算讲，一九三〇年的军费预算为四万七千万元，而一九三二至三三年的预算则增加到八万二千万元以上，超过全年度预算总支出（二十二万三千七百万元）的百分之四十。更足见日本政府扩张军备的积极！"[2] 日军已步入世界军事五强之列，陆、海、空三军均有强大的实力。日本加紧备战使中日军事力量差距更加明显。"一·二八"淞沪抗战让国人直观地认识到这种差距，张治中将军曾这样回忆，"日军的武器，在数量上质量上较我们为优；这是一个事实。譬如：日军每每于开始攻击之前，炮兵极力活动，并且集中火力，向一点攻击，破坏我阵地的工事，然后步兵出击；他们的飞机，盘旋我阵地上空，侦察情形，或肆行轰炸；我们因为防空设备和炮兵力量较弱，不免受相当的影响"。在武器装备上，日本占据绝对优势。在战术上，张治中将军也称道日军相当进步，"说到战术。日军的战

---

[1]　张其昀：《摩托与国防》，《新中华》第 1 卷第 13 期，1933 年 7 月；《中国之领空》，《申报月刊》创刊号，1932 年 7 月。

[2]　谢祖安：《资本主义的挣扎与世界大战的酝酿》，《新中华》第 1 卷第 7 期，1933 年 4 月。

术，也相当进步。譬如：他们步炮协同及陆海空军之联络协同作战，多有可取之处。但是，他们的射击和飞机的投弹，并不十分准确，不过其弹药充分，浪耗是在所不惜的"①。学者允恭也在《东方杂志》上发文说明在淞沪抗战中由于军事的落后导致中国军队不得不撤离战场，"中国陆军虽有数百万，其训练及设备真堪与侵略国周旋者恐为数极少。海军空军更不足道。沪战之经验，诏示吾人海空两方面全然不能抵抗。日机轰炸，吴淞炮台为之无险可守，浏河登陆，全线为之动摇"②。

周怀嵒是一位对军事素有研究的学者，他在对中国国防进行全面的考察之后，认为中国过去国防存在诸多缺陷。具体表现在：第一，"为政者对于国防观念薄弱"；第二，当政者"无自救之决心"，造成有国无防的局面；第三，中国官兵难以担负保境安民的责任，而"诿之于外交之折冲"；第四，中国"百物不竞"，各项产业均比较落后，造成"国防根本之准备，亦付阙如"；第五，军队私有，致使中国"将帅不能协调，指挥未能统一"；第六，国家与人民关系疏离，"国民缺乏国家之观念，使国防上多所辣手"。种种弊端足够说明中国国防已千疮百孔。究其原因，一方面是近代以来中国的国防建设不健全导致的，周怀嵒说："国难之作，不作于其作之日，而必有所由作；外侮之来，不来于其来之日，亦必有所由来。"历史上中国政府与列强签订了许多不平等条约，受其影响，外国军队可以在中国一些战略要地驻扎，也可以在中国内河与铁路运输士兵与各种物资，受其束缚，中国反而不能在一些重要的港口要塞建造炮台，国防建设大受影响；另一方面，受国内经济、政治的影响，中国国防建设举步不前，"我国自民国肇建以来，政治不修，内战濒仍，废者不举，兴者亦摧，而国防之建设，更曾未稍为执政诸公所顾及，则此次日军之猖獗，悬割我国土，我主权，盖亦非偶然"。中日两国在军事实力上差距明显，所以，日本在20世纪30年代对中国的侵略战争中屡屡获得胜利，"沈阳之陷，不逾一夕，热河之失，亦仅旬日，是探囊取物，未有若是之易，破竹之事，未有若是之甚。……日阀侵略狂热之必将更进而达于沸点，将无疑义。是故我国设防于滦州，彼即增兵于榆关，以取敌对之形势；我军甫

---

① 张治中：《淞沪抗日战争与今后抗日战的准备》，《新中华》第1卷第2期，1933年1月。

② 允恭：《追忆一二八》，《东方杂志》第31卷第3期，1934年2月。

退及河北，彼即尾至古北喜峰口，以求一冲而入。其既得满洲复思东蒙，既得东蒙，复思华北之野心，昭然若揭，无可讳饰"①。中国赢弱的军事力量不被狂妄的日本军人放在眼中，为实现其吞并中国，称霸东亚的目标，在独占中国东北之后，日军仍不断地挑起事端，持续对华发动侵略战争。

二 物质力量单薄

军事力量是决定战争胜负的直接因素，但是，战争是敌我双方综合国力的较量，除军事力量外，经济、政治、文化教育的作用也非常大，甚至民众的精神意志也能影响战争走向。在这些因素中，经济力量的作用尤为重要，因为经济是军事的基础，是保证战争得以胜利的物质前提。但总体上看，中国的物质力量十分薄弱，陆锡章说："国民经济之组织，悉被帝国主义者破坏而无遗。益以民国以来，连年内战，此仆彼兴，循环无已。败者化为土匪，到处骚扰；成者变为军阀，就地需索。农田荒芜，工商落后。农村经济，乃陷于万劫不复之悲景；即国民全部之经济，亦被其榨枯而余。"②

中国物质力量薄弱首先表现在财政上。由于中国经济落后，国民政府财政收入并不多，"惟财政之基础为经济，而经济亦随政治之隆替以为盈亏……现在我国情形，以言经济，则农村颓坏，闾阎萧条；以言政治，则战乱频乘，官方隳败，加以外患猝发，东北沦亡，天灾迭降，哀鸿遍野，国家元气，□伤殆尽"。衰退的中国经济无力提供巨额的财政收入，但财政支出却在逐年增加，国民政府财政空虚，入不敷出。国民政府为了增加财政收入，除了增税之外，还不得不大量发行债券。军事费用占国民政府财政支出的大宗，达到百分之三四十，但这些经费基本上投入到内战之中，并没有真正用于抵御外敌的国防建设上。魏颂唐说："若夫军费支出膨胀，素为谈财政者所诟病，其实我国军费，若就数字上言之，并不为多，以我国土地之广大，国防之空虚，当此外有强暴之侵陵，内有匪共之窃发，安内攘外，此区区者，恐尚不敷，且较之列强，亦复相差倍蓰。所

---

① 周怀晶：《未来世界大战与国防建设问题》，《新中华》第 1 卷第 7 期，1933 年 4 月。

② 陆锡章：《中国食品工业之现状及其自给计划》，《新中华》第 2 卷第 3 期，1934 年 2 月。

可议者，我国之国队，多用于内战，而不用于御侮而已。"① 可见，尽管军费占财政支出很大比重，但总体上讲，真正用于加强国防建设，御侮抗敌的费用不多。

其次，从与战争密切相关的行业来看，中国物质力量也十分薄弱。具体表现在：

第一，重工业。尽管早在 19 世纪下半叶清朝开展洋务运动时，中国就创办了一些机械工厂，并且用西法采矿炼铁，但中国重工业发展一直进展缓慢。20 世纪 30 年代，中国重工业的情况岌岌可危，如中国重工业中分量最重的煤矿开采业面临严重困难，中国煤矿生产大部分被外资控制，胡博渊说："开滦、中兴、井陉、临城、坊子以及河南福公司等矿，始用西法为大规模之开采。然其事业，皆与外人发生关系。"② 在国防上，铁与煤同等重要，更令人沮丧的事情是由于中国冶铁工业不发达，不能消化本国出产的铁矿，只得出口给自己的敌人——日本，"吾国国内炼铁事业颇不发达，故年有巨量之铁砂出口，其主要销路，以输运日本为最夥，每年有八十万至一百万吨之间，即在中国冶炼之生铁，其中亦甚多输至日本，以为制钢之用"③。但是，中国的经济建设和国防建设又需要大量钢铁，在国内钢铁生产不足的情况下，只能从国外大量进口，"我国需用钢铁之量，逐年增加，而近数年来，其增加之率，殊为猛进。……去年钢铁原料进口数量，若将东北各省除外，共为四十六万余吨……钢铁事业为国防之大本，工业之始基，国家之强弱胥视钢铁事业为转移，我国消用钢铁既如是之多，而其十分之九且须仰给外人，殊不足以建设工业独立之基础，故非力求钢铁自给不可"④。由此看来，中国钢铁工业情况同样不容乐观。与军事工业密切相关的还有机械制造工业，虽然在 20 世纪 30 年代之前中国兴办了一些机器工厂，但绝大部分工厂规模太小，生产太少，难以满足中国工业和国防发展的要求，中国的机器需要从外国大量进口，"一九二九年至一九三一年三年来，建设的空气浓厚，因此机器的输入，

---

① 魏颂唐：《中国财政现状及其前途》，《新中华》第 1 卷第 3 期，1933 年 2 月。

② 胡博渊：《中国燃料工业之现状及其自给计划》，《新中华》第 2 卷第 2 期，1934 年 1 月。

③ 朱俊臣：《中国之铁矿》，《新中华》第 5 卷第 13 期，1937 年 7 月。

④ 黄金涛：《中国钢铁工业之现状及其自给计划》，《新中华》第 2 卷第 2 期，1934 年 1 月。

逐步增加，虽然年来银价下落，但机器的输入还在增加的趋向上。"九一八"事件以后，举国陷于国难之中，同时世界经济衰落达于底点，中国产业界的衰落也格外显著，机器的输入，也就大大的减少。"[1] 输入机器的减少说明中国产业处于衰退的局面。由此可知，中国重工业极度落后，产品自给率低，无法支持中国的国防建设。

第二，轻工业。相对于重工业来讲，中国轻工业的情况较好，特别是在"一战"期间，中国轻工业获得空前的发展。不过，战争结束之后，各列强卷土重来，不仅把中国产品排斥出世界市场，还蚕食中国市场。20世纪30年代，中国轻工业日渐衰落，时任实业部部长的陈公博观察到棉纺织业的困境，"近一年来纱业却发生了很严重的危机，一方面存纱堆积，因而纱价暴跌，纱厂停工减工之举不一而足；他方面现在政府虽开始统制政策，但整个纱业还陷于积重难返的境地"[2]。与丝业同遭厄运的还有食品工业，以食品工业中最重要的面粉业来说，"今年来，情形却大不相同。其初以东北案件未决，华北之市场又被日人侵占，面粉之市场以（已）是厄蹇。继而存粉堆积，粉价暴跌。……各面粉厂之制造成本，现不能再减，且不能亏本销售，加以原料存量不足，结果惟有暂行停工之一途"[3]。橡胶工业的情况也难以乐观，"自二十年以后，天灾人祸相继而来，橡胶品之销路顿减。虽在抵制日货运动中稍获微利，终以社会购买力蹙减，各厂皆削价竞卖（竟至半价以下），而资本较薄之各厂只有趋于倒闭之一途，故二十一年（1932）底，上海橡胶工厂已停闭三家，今年上半年，尚未见起色"[4]。棉纱、食品与橡胶都是战争中必备的战略资源，这些产业的衰落也对中国的国防产生恶劣的影响。

第三，农业。与重工业、轻工业一样，20世纪30年代中国农业也陷入严重的危机之中。农民无地化与贫困化情况日趋严重，耕种面积逐渐缩小，农作物产量下降明显（主要指1935年以前），钱亦石等人通过统计数字来说明了20世纪30年代中国耕地面积逐渐缩小的趋势，"据统计，

---

[1] 顾毓瑔：《中国机械工业之现状及其自给计划》，《新中华》第2卷第2期，1934年1月。

[2] 陈公博：《中国实业之过去与今后》，《新中华》第2卷第2期，1934年1月。

[3] 顾毓瑔：《中国工业的危机及其统制政策——中国工业危机中一个最低限度的统制政策》，《新中华》第1卷第24期，1933年12月。

[4] 同上。

民三耕地面积为一、五七八、三四七、九二五亩，至民十七止（只）有一、二四八、七八一、〇〇〇亩……民二十一国府主计处的统计，耕地面积是十二万五千万亩，似乎比民十七稍有增加；但孙怀仁君根据荒地扩大的统计……则目前的耕地面积必降落到民十七的水平线下。"[1] 耕地的减少直接造成中国农产品产量下滑，农产品也就不够民食与工商业消费，大量进口外国农产品就不可避免，学者董汝舟描述了 1931 年的农产品输入状况，"民国二十年，棉花、小麦、米、烟草四种农产品之进口价值，约合三万七千二百六十八万海关两，较十九年度多六千三百余万海关两，约合九千四百五十余万元"[2]。钱亦石则介绍了 1932 年的农产品进口情况，"关于米、麦、面粉、棉花、烟叶五项进口的百分比，在民二十尚只29.61％，在民二十一则升到 33.78％"[3]。"以农立国"的中国大量进口农产品说明此时农业生产确实出现严重的危机。

总的来看，煤、铁、机械、棉纱、面粉、橡胶、米、麦都是战争时期最重要的战略物资，这些产业的衰落表明中国物质力量十分薄弱。

三　蕴藏的潜力巨大

在军事、物质等方面，中国相比日本要较差一些；但除了军事、物质之外，综合国力的要素还包括自然条件、人口、教育、政治、外交与国民精神等因素。20 世纪 30 年代中国处于内外交困的局面，人口、自然条件等方面的潜力没有展现出来，但这些潜力并没有丢失。《新中华》学人认为中国地大物博，在人力资源与自然资源，乃至经济发展前景上均有较大的潜力。

学者张其昀把中日两国自然资源进行对比，认为在国土、耕地面积方面，中国远胜日本。他说全中国的面积有 1110 万平方千米，而由本州、四国、北海道与九州四大岛组成的日本本部面积仅为 38 万平方千米，只相当于我国甘肃一省的面积，按比率计算，只有中国面积的 3.5％。当然，日本自维新之后，特别是"一战"后，获得了一些新领土、租借地及委任统治地，这些土地与日本本部合计，共 68 万平方千米，仍比中国

①　钱亦石：《中国农村的过去与今后》，《新中华》第 2 卷第 1 期，1934 年 1 月。

②　董汝舟：《中国农民离村问题之检讨》，《新中华》第 1 卷第 9 期，1933 年 5 月。

③　钱亦石：《中国农村的过去与今后》，《新中华》第 2 卷第 1 期，1934 年 1 月。

青海省小，也仅相当于中国面积的 6%。由于日本国小，可耕地面积也不大，加上日本是岛国，火山、地震频发，山地较多，"平原面积合计不过占总面积百分之十九"。这也决定了日本可耕地不多，按张其昀的说法，"日本本部可耕之土地不过总面积百分之二十"，即 7.5 万平方千米左右的耕地。中国地大，占亚洲 1/4，不过，地形也比较复杂，西北荒漠，西南高山，"可耕之土地约占总面积百分之十八"，大约 200 万平方千米的耕地，是日本的十几倍。还需注意的是，日本已耕地占国土总面积 15.6%，即接近可耕地的 80%，已没有多少土地可开垦；而中国已耕地仅占总面积 8%，不到可耕地的 50%，还有巨大的潜力。当然，张其昀还强调："天然富源不过一种潜势力，并不能代表国家的实力。假使天然富源不能与消费中心发生关系，而使国计民生受其利益，则所谓货弃于地，只是纸上涂画而已。"为充分利用中国巨大的土地资源，中国官民必须协同努力，艰苦奋斗。① 除农耕外，中国每年还大量出产畜牧产品，学者李如汉介绍了西北丰富的畜牧出产，"陕甘间所产之骡，为世界之最健全者；甘肃、平凉、固原一带，牧羊业甚盛；西宁羊毛出口十万担；甘州屯、平番等处八万担；兽皮出口，年计千万元之巨；而兰州羊肉、羊乳之美，尤为他处所未见。至于绥远之产羊毛地毯，数额亦巨。青海及塞外之产马，尤为驰名海内外。新疆羊毛、驼毛等出口亦不鲜"②。这些畜牧产品也是中国重要的富源。

　　周宪文则以中国矿产资源与日本进行对比。首先是煤矿，中国有 2430 亿吨，占世界储藏量的 5.9%，仅次于美国与加拿大，居世界第三位；日本也产煤，并向国外出口，但没有中国丰富。其次是铁矿，中国铁矿不丰，仅 20 亿吨，不过也占世界储铁量 5.4%；但日本只有铁矿 8500 万吨，数量非常少，不到中国的 5%。再次是油田。煤油十分重要，军队中大型装备需要煤油才能开动，海军与空军也只有煤油才能发挥作用，煤油更是重工业的生命线。中国煤油不多，仅有 43 亿桶，占世界储油量 6.1%。但日本本部更少，"只越后与秋田有极少的油田，其储藏量亦不如中国之多"，其煤油大量依赖进口，这是日本致命的缺点。其他矿产资

---

① 张其昀：《日本国势的鸟瞰》，《外交评论》第 7 卷第 1 期，1936 年 1 月；《中国国势的鸟瞰》，《独立评论》第 201 期，1936 年 5 月。

② 李如汉：《开发西北问题》，《新中华》第 2 卷第 14 期，1934 年 7 月。

料，"如'钨矿储藏量，江西南部约七七九、二三四吨，湖南约二一、四〇〇吨，广东一四八、八五三吨；此外尚有广西、福建及河北抚宁长城外等。全国赋存之富，为世界所罕见。'何况其他矿产，几乎应有尽有"。因此，他认为："中国的资源，对于中国国防的建设，早算下了巩固的基础。"[1] 李如汉还详细介绍了我国西北的矿产资源，"河南煤、铁最著；清化镇、六河沟一带尤著名。陕西、延长之石油，中外共知。其他若大通河之产金砂，祁连山北麓产银甚富；大青山一带，煤矿丰富；昆仑山之产玉，阿尔泰山之产金矿；甘省黄河以北，盐硝至多；青海盐池甚多；兴安岭西北一带，盐湖星布，所产石盐及天然碱，为察哈尔大宗产物"[2]。这些天然资源是中国进行国防建设的重要基础。

其实，中国最大的潜力蕴藏在中国民众中。张其昀根据相关统计，介绍说：在 20 世纪 30 年代，中国人口约 4 亿 3000 万人，是世界上人口最多的国家。日本本部人口约 6900 万人，是中国的 1/6，加之新领土等地的人口，数量达 9700 余万人，也不过是中国的 1/5。由此可见，中国人多，日本人少，中国人力资源非常丰富。不过，中国并没有努力发展教育，丰富的人力资源并没有得到充分发挥。他以初等教育为例，1933 年日本本部小学生约 1070 万人，占总人口的比例为 16%，仅居美国与澳洲之后，位于世界第三位。相比，中国的情况比较糟糕，全国小学生 1172 万人，占总人口的比例为 2.7%，失学情况比较严重，人力资源大量被浪费。[3] 如果中国人力资源的潜力被充分开发，中国将会对世界产生深远的影响。《申报》曾发表《远东危机与海军会议》的时评，认为改变远东现状，改变日本在海军会议上的态度，根本的因素是中国 4 亿民众，"日本当政者已为黩武主义所沉醉，非有外力之压迫，决不肯稍退一步，三种力量之中，以中国自觉为最要。使吾民族有卫国之决心，吾牺牲之勇气，则可以博世界之同情，促和平之实现，海军会议之成败，远东和平之能否维持，端在吾四万万人民之努力及决心如何耳"[4]。胡适也曾警告日本军国

---

① 周宪文：《中国国民经济与国防》，《新中华》第 5 卷第 1 期，1937 年 1 月。

② 李如汉：《开发西北问题》，《新中华》第 2 卷第 14 期，1934 年 7 月。

③ 张其昀：《日本国势的鸟瞰》，《外交评论》第 7 卷第 1 期，1936 年；《中国国势的鸟瞰》，《独立评论》第 201 期，1936 年 5 月。

④ 《远东危机与海军会议》，《新中华》第 3 卷第 24 期，1935 年 12 月，转引自《申报》1935 年 12 月 3 日。

主义者：不要轻视一个 4 亿人口的民族的仇恨心理，"如果这个四亿人口的国家被逼到无路可走的时候，被逼到忍无可忍的时候，终有不顾一切，咬牙作困斗的一天，准备把一切工商业中心区，一切文化教育中心区，都在 20 世纪的飞机重炮之下化成焦土。前年日本的领袖曾有'焦土外交'的口号。我们审察今日的形势，如果日本军人的言论真可以代表日本的政策，中国真快到无路可走的时候了。无路可走的中国，只有一条狭路，那就是困兽的死斗，用中国的'焦土政策'来应付日本的'焦土政策'"①。中国的举国抗战必将摧毁日本帝国主义。

　　实际上，中国民众已经行动起来要求政府抵抗日本帝国主义，如 1935 年爆发了声势浩大的"一二·九"抗日救亡运动，华北青年学生走上街头，高呼"打倒日本帝国主义""反对华北五省自治"的口号。《新中华》杂志高度评价学生的爱国行为，"目前北平是在外寇内奸双重压迫之下，敌人的大炮飞机，随时有把北平炸成瓦砾的可能，而北平学生竟能不顾一切，无视敌人的武力，忘记一己的生命，本其爱护民族的热忱，作请愿游行的壮举，这种威武不屈的精神，的确表露了中国民族的不可屈服性，的确可以寒栗帝国主义者征服中国的野心，足与阿比西尼亚的反意、埃及的反英，形成目前世界三大民族的反帝高潮"②。其他民众也已经拿起武器反抗入侵的日本帝国主义者，如顽强的东北义勇军像铲不尽的野草一样在白山黑水之间勇敢地抗击着日军，在"一·二八"淞沪抗战中英勇的中国军人与民众奋力阻击日军对上海的侵略，"'一·二八'之役，中国民族虽然并没有得到绝对的胜利，但是因了十九路军及上海民众的奋勇斗争，至少已表示民族解放斗争的开始。帝国主义者从此更不敢轻视中国民众的力量。"③

　　中国经济十分落后，但在"一战"期间，中国工业发展良好。这段历史也证明了中国如果有自主发展的机会，也能凭借自身的努力迅速发展，快速提高国力。但绝大部分时间，帝国主义列强的侵略抑制了中国的发展，经济学家王亚南说："一般工业发达的必备条件，是丰富的资源，是广大的国内市场，是充盈而低廉的劳动，此外，还要有便利的交通，有

①　胡适：《敬告日本国民》，《新中华》第 4 卷第 1 期，1936 年 1 月，转引自《大公报》1935 年 11 月 27 日。

②　编者：《时代镜》，《新中华》第 3 卷第 24 期，1935 年 12 月。

③　仲逸：《抗日斗争的一年》，《东方杂志》第 30 卷第 3 期，1933 年 2 月。

强固、独立，而且修明的政府。中国对于前三个条件，虽比之任何国家都无逊色，但它的交通太不方便，它的政府太缺乏保育其工业的力量了。然而，在各资本主义国家的影响与刺激下，中国由赋予的发展工业的优越条件，毕竟在某种限度抵消了它障碍工业发展的缺点。"① 中国资源丰富，人口众多，如果民众能够动员起来，资源合理利用，中国经济必将迅速崛起，中国也将拥有巨大的物质实力，不仅能抵御强敌，而且能实现中华民族的伟大复兴。

总之，《新中华》学人虽然认识到中国在军事实力与物质力量方面不如日本，但认为中国潜力巨大。不仅如此，《新中华》学人还相信中国人能够挖掘中国蕴藏的巨大潜力，克服军事实力的不足，抵御与战胜日本侵略者。

第三节　"力御外侮"：《新中华》的抗敌主张

深陷经济危机的日本，权力日益集中于军部，体制逐渐向法西斯主义转型，在军部等法西斯势力的推动下，日本军事工业迅速膨胀，整个日本迈向了对外战争的轨道。人口众多、市场广阔的中国，一直都是日本帝国主义垂涎的对象，此时为摆脱困境，实现吞并中国的目标，日军对中国步步进逼。《新中华》学人虽然明知中国面临敌强我弱的不利形势，但意识到如果中国不奋起抗敌，注定将沦为日本的殖民地；而且他们认为中国潜力巨大，如果能够充分挖掘中国蕴藏的巨大潜力，克服军事实力的不足，中国能够抵御与战胜日本侵略者。因此，《新中华》学人坚决主张抵御外敌入侵，强调在提高国力的基础上，以军事为中心，做持久的全面的抗战准备；此外，还建议求诸大国，希望借助美、苏、英等国的力量牵制日本。

一　坚决抵御日本侵略

敌强我弱，这是中日力量对比的基础态势！如何在敌强我弱的局势下最大限度地维护、争取中国的利益是所有中国知识分子思索的焦点。以丁文江、胡适为代表的"独立评论派"学人认为中国应尽可能避免与日本

---

①　王亚南：《中国产业统制论》，《新中华》第 1 卷第 15 期，1933 年 8 月。

开战，因为，"中国号称养兵二百万——日本的常备兵不过二十万——中国的人口比日本要多四五倍；以人数论，当然我们是占优势的。但是我们的一师人往往步枪都不齐全，步枪的口径也不一律。全国所有的机关枪大概不过几千杆——欧战的时候作战的军队每一师有一千五百杆。七五公厘的野炮大概一万人分不到两尊——实际上需要二十四尊。重炮，坦克，毒气和飞机可算等于没有。所以以武器而论，我们的二百万兵，抵不上日本的十万。欧战和上海的经验告诉我们，近代的战争是最残酷的，是不限于战斗员的。海上和空间完全在日本武力支配之下。……凡日本的海军和空军力量所达到的地方当然完全是日本的俎上之肉。所以我们对日宣战，完全是等于自杀"。此外，国防还与工业、交通、财政、民众生活水平等密切相关，"国防问题是全国民近代化的问题"，中国的近代化程度难比日本，甚至远不及印度与土耳其。因此，"无论我们如何努力，因为地理上历史上的束缚，二三十年以内，是无法可以真正阻止敌人侵入的"[1]。他们认为中日之间实力差距太大，中国根本无力与日本抗衡，只能想尽一切办法争取更长的准备时间，强调只有充分准备好了，才能抵御日寇。

从丁文江对中日实力的对比，可以知道："独立评论派"学人为什么不肯对日宣战，对日本侵略采取比较"低调"的态度。与之对比，《新中华》学人虽然也看到了敌强我弱，但更重视中国蕴藏的潜力，这正是丁文江他们所忽视的地方。《新中华》学人认为中国有建设健全国防的基础，只不过，"在现状之下不易实行；推其原因，自不外乎由于外力的侵凌；资源之被夺，固无论矣；农工商业的衰落，何一而非外力为之厉阶"。因此，"我们要求中国国民经济的发展，固须正本清源，从积极建设国防着手；而在现状之下，如欲积极建设国防，则又不得不从彻底的民族战争开始"。一些学者提出：无国防安能战争？确实，没有国防难以战争，但面对帝国主义的节节进逼，仅仅空言和平，也不能阻止中国经济变成帝国主义的附庸，中国沦为列强的殖民地。常言道"与其坐而待毙，不如铤而走险"。《新中华》学人认为："我们须在'以国防消灭国防'的根本态度之下，从彻底的民族战争之中，建设起健全的国防，以促国民

---

① 丁文江：《抗日的效能与青年的责任》，《独立评论》第37号，1933年2月；《关于国防的根本问题》，《国闻周报》第11卷第35期，1933年9月。

经济的繁荣。"①《新中华》杂志创刊号的第一篇文章就是中华书局局长陆费逵撰写的《备战》，陆费逵先生在文章中强调："太平洋风云变色，我们当然为其中主角之一，我们当然站在反日的战线。"② 也就是说，《新中华》杂志一开始就摆明了自己的观点：坚决抵御日本侵略！

　　《新中华》杂志是中华书局于 1933 年 1 月在上海创办，前一年的此时，上海局势异常紧张，1 月 28 日，日军进攻上海，十九路军奋起抗敌，淞沪抗战爆发。这场战争虽然以国民政府妥协，中日双方签订《淞沪停战协定》结束，但十九路军与后来增援的第五军的英勇抗敌行为让国人看到了"救亡图存"的希望。一年后，《新中华》杂志第 1 卷第 2 期以"淞沪抗战"为主题组稿，一方面约请蒋光鼐、蔡廷锴与张治中等亲历淞沪抗战的爱国将领撰写纪念文章以示《新中华》杂志的抗战态度；另一方面邀约上海市市长吴铁城，市社会局长吴醒亚，市教育局长潘公展以及杨荫溥、龚德柏等官员与学者就战争对上海的影响及战后的重建等问题进行讨论，也表示《新中华》杂志在仔细思考如何应对即将爆发更大规模的中日之战。《新中华》编辑部在这一期的卷头语中强调："至于暴日，狼子野心，贪而无厌，近且愈来愈凶，东北三省横遭噬，华北又在告急，山海关与九门口已沦敌手，而十五日东京来电谓日军当局且公然表示侵热计划势必扩至平津；暴日既得寸进尺，我们更何能梦想其觉悟前非。我们如果不愿坐待暴日的宰割，除却奋起图存，力御外侮，以延我四千年来民族的生命外，更有何法？"并高呼："我们必须全国一致，继'一·二八'淞沪抗日的精神，用血和肉来求我中华民族的复兴。'一·二八'淞沪抗日一战，实是我中华民族复兴史上光辉的第一页。"③ 学者黄宾总结淞沪抗日与东北抗敌的经验，认为抗战才能"救亡图存"，"淞沪抗日，血战月余，东北几十万义勇军十四月来的苦斗，这些经验已经明白地告诉我人以争取独立自存的方式了呢！淞沪抗日兵士及东北抗日的义勇军的血路，才是中华民族唯一的出路！"④

　　1933 年年初的局势依然严峻，元旦夜日军进攻山海关，1 月 10 日攻

----

① 周宪文：《中国国民经济与国防》，《新中华》第 5 卷第 1 期，1937 年 1 月。

② 陆费逵：《备战》，《新中华》创刊号，1933 年 1 月。

③ 编者：《卷头语——一二八淞沪抗日战争周年纪念词》，《新中华》第 1 卷第 2 期，1933 年 1 月。

④ 黄宾：《淞沪抗日战后国际三大问题的发展》，《新中华》第 1 卷第 2 期，1933 年 1 月。

占九门口，进逼热河。对此危局，爱国将领第五军军长张治中说："日本人于侵略东三省后，现以侵占榆关，急图攻热，形势益趋严重。这个问题，决不是甚么外交方式，和平手段可以解决得了的。只有在战场上去求解决，拿我们的铁和血来与敌人争最后的胜利。"① 但此时的国民政府却执意推行"攘外必先安内"的政策，寻找机会向日本妥协。同年3月4日，日军占领热河，之后又向长城各口进兵。在大军压境的情况下，5月31日，中日双方签署了丧权辱国的《塘沽协定》。陈翊林对此评价道："塘沽协定虽将日本的进攻暂时在表面上稍形和缓，然此种和缓，不过将急性梅毒变成慢性梅毒，而梅毒仍旧潜伏在内，渐渐滋长，一旦再形发作，必使华北完全无救。……而当局所取对策，已为不和而和，处处堕入日本的诡计中。"他还认为："在目前言战，未免有人笑为高调，但总须准备将来有一日对日作战。为备战而暂且对日言和，也必得有和的好手腕与大气魄。偷偷摸摸，暗中断送，总不能算是外交罢。"② 爱国将领与热血学者都不满国民政府的妥协政策，主张用"铁和血"与敌人进行坚决的斗争。

《塘沽协定》的签订给日本打开华北大门提供了极好的机会，自此，日本走私的货物源源不断进入华北，流通到整个中国。另外，日本外相广田还提出了"中日经济提携"的口号，试图通过没有硝烟的手段来控制华北，乃至全中国。当然，日本帝国主义并不放弃武力侵略中国，1934年"八月间日军在天津、榆关、秦皇岛、大沽口一带累次举行海陆空军大演习，以及日军自由出入蓟密各县，增防察东一带，则是继续武力侵略的实际行动。"此后，日军多次进犯察东，于1935年1月制造了"察东事件"，最终也在国民党政府的极力妥协下，双方订立《大滩口约》。《新中华》杂志对国民党政府"委曲求全"的态度相当不满，认为抗战才是中国的出路，"华北当局对外'委曲求全'的苦心，我们也未尝不明白，但过去的事实告诉我们，'委曲'已至再，至三……而'求全'则杳不可必。当此寇深祸急之日，我们以为于空言'和平'，空言'建设'以外，必须努力于'救亡图存'的根本工作——抗日反帝。否则整个华北，仍陷在水深火热之中，我们即欲'粉饰太平'，其如日本铁骑长驱直入何

---

① 张治中：《淞沪抗日战争与今后抗日战的准备》，《新中华》第1卷第2期，1933年1月。

② 陈翊林：《平津的亡征与邹平的生机》，《新中华》第1卷第23期，1933年12月。

呢？"① 此后，日本又接连策划了"河北事件""张北事件"，强迫国民党
当局签署《何梅协定》《秦土协定》，逼迫国民党军队撤离河北与察哈尔。
但日本并不以此为满足，它想通过"华北自治"的方式在华北建立如东
北"伪满"一样的政权，为此，日本一手导演了"冀东防共自治政府"
的成立，并逼迫国民党设立"冀察政务委员会"。

　　总之，日军在侵占东北之后，步步向华北进逼，在国民政府的极力妥
协下日本得以公开地分治与蚕食华北，华北危亡！在此危机时刻，《新中
华》学人坚定主张："在民族生死关头，除了有血性的中国人一致反对积
极侵略中国的帝国主义外，决无第二条路可走！"② 但总体来看，此时
《新中华》等报刊的言论相当收敛，很少从政治上正面批评国民政府，究
其原因，当时国民党对报刊舆论控制加强，报刊的言论受到诸多的限制。
《新中华》杂志曾有这样的评论，"然而负着文化使命的教育界领袖们，
不闻有何举动，负有报道真实新闻，指正舆论意向的领袖报纸们，多方避
免华北重大事件的正面记载和积极评论。他们向政府指定的'睦邻'范
围内，更往里缩"③。"就是拿笔杆的书生，到了明年今日，是否能继续发
表反日的文字，恐怕还有问题吧！"④ 即便如此，《新中华》杂志仍想尽办
法表达自己的抗日观点。一方面借题委婉表达自己的观点，如通过记录北
平的教授与学生的言论与行动表达抗日主张，"北平的教育界领袖四十余
人出面发了一个申斥破坏国家统一，坚决反对地方自治组织的宣言"⑤。
1935 年掀起抗日高潮的是"十二月九日北平学生为维护领土保障国权的
示威游行请愿。"《新中华》杂志不仅重点记载"一·二九"运动，还介
绍"北平学生示威以后，我们又看到武、汉、杭州各地学生，通电响应
北平的示威运动，同时南京中大教授也有类似北平教育界的表示。中国民
众已经再受不住帝国主义的压迫，要求以自己的力量来保障领土了。我们
希望这一运动，能扩展为全国民众普遍的运动，把中国民族从帝国主义的
胁下解放出来，把帝国主义从中国的领土内驱逐出去。"⑥ 另一方面《新

① 浪沫：《华北危机与黄郛北上》，《新中华》第 2 卷第 20 期，1934 年 10 月。
② 编者：《时代镜》，《新中华》第 3 卷第 17 期，1935 年 9 月。
③ 编者：《时代镜》，《新中华》第 3 卷第 23 期，1935 年 12 月。
④ 编者：《时代镜》，《新中华》第 3 卷第 2 期，1935 年 1 月。
⑤ 编者：《时代镜》，《新中华》第 3 卷第 23 期，1935 年 12 月。
⑥ 编者：《时代镜》，《新中华》第 3 卷第 24 期，1935 年 12 月。

中华》通过转载其他报刊的文章来表达抗日的意见，如通过转载《独立评论》的言论喊出："我们要回到北方来！"的口号，并强调："我们要继续努力，要鼓起勇气，要准备做大规模的，全国同时发动起来的抗战。"①

1937 年 7 月 7 日，卢沟桥事变爆发，日本发动全面的侵华战争。此刻中华民族真正到了生与死的关头，《新中华》杂志则向全国民众大声疾呼全面抗战：

> 卢沟桥的血钟响了，这不是地方事件，这不是局部冲突，这也不是用任何和平方式所能解决的争端；这是日本帝国主义侵吞整个华北阴谋的具体暴露，这是远东火山的开始爆裂，这问题将决定中华民国的生与死，中国四万万人的存与亡，甚至将决定世界的和平与战乱。
> ……
> 现在华北情势，已到非战即亡的严重关头，全国人民无不热烈的期待抗敌战争的到来，在中央领导之下，以一切贡献国家，我们希望立刻发动全面的抗战，并迅速采取有效的方式，停止地方谈判，力拒苟安延喘的和平运动，以打击还打击，驱逐日本帝国主义的侵略军队出境。同时更希望每一个中华民国的国民，在这个伟大的抗敌图存的程序中，各尽一分的力量，勿更作釜鱼幕燕的和平幻梦了！②

虽然二十九路军奋起抗击日军的疯狂进攻，但在日军强大的攻势下，1937 年 7 月底至 8 月初，北平与天津相继失陷。此时的《新中华》杂志仍然希望中国民众牺牲到底、抗战到底！"不错，平津是我们的坟墓，我们国家的险要，现在坟墓何在？险要何在？执笔至此，我欲号哭！但是我们仍以极大的信心，热诚信仰我们的政府，必能为保持民族的生命，展开全面的抗争，必能为国家领土主权的完整，牺牲到底而不辞！"③

二　增强"精神力"与"物质力"

从"九一八"事变"一·二八"事变到"七七"事变，日军按照其

---

①　编者：《时代镜》，《新中华》第 4 卷第 23 期，1936 年 12 月。

②　《从卢沟桥抗战到全面抗战》，《新中华》第 5 卷第 14 期，1937 年 7 月。

③　《卫国的责任后死的我们》，《新中华》第 5 卷第 15 期，1937 年 8 月。

制定的大陆政策，步步推进，力图吞并整个中国。中华民族处于亡国灭种的边缘，为什么中国会沦落到如此危险境地？学者陈高慵认为"精神力"丧失是很重要的原因，他说：中华民族"至刚至大"的精神到了近代已经减退了，"吾人要复兴中华民族，正宜本我民族'至大至刚'的精神以与环境搏斗，但是在事实所表现的民族精神正与此相反。对于帝国主义之侵略，我们本应用刚强的态度来抵抗，但是自从鸦片之战以至东三省的沦亡，我们完全没有一点刚的精神表现。对于自己内部，我们应当用伟大的态度来和衷共济，但是在事实上所表现的，完全是互相猜忌，彼此倾轧。由此，我们可说近代的中华民族，对外是大而不刚，对内则刚而不大。大而不刚即是弱，刚而不大即是傻，弱与傻，即使中华民族在世界上无立脚之地矣"①。

周怀昜也持有类似的观点，他说：中国国防之所以存在诸多缺陷，"其症结所在，一言以蔽之，曰人心不振，精神萎缩而已"。在现代战争中，尽管武器装备的优劣与资源的多寡对战争结果有重大影响，但官兵的精神力、民众的精神力也同样重要。特别是短时间内，武器装备与资源均已成既定事实，无法变更，唯一能够改变的是精神力。针对中日战争，中国"物质量较小之际，苟有极大之精神力，则亦可弥缝其缺，抑或过之。"他还以淞沪抗战为例，他说："淞沪战役，日陆海空三军同时并进。于海有海军大口径炮之轰击，于陆有重炮与坦克之横行，于空有飞机之掷弹，虽其作战地域，仅限于一隅，然其攻击之规模，实较欧战中任何战役为完整。其欲于一击之下，尘粉吾军，毫无疑义，乃十九路军，茹苦含辛，坚持月余，岂物质条件有逾于日军，亦曰恃有爱国心与精神力之焕发耳。"所以，他认为今后建设国防，打破中国现在有国无防的局面，"第一之要着，决不在物质条件之优良，而必须有一致对外之人心，与夫坚持到底之精神"②。亲历淞沪抗战的张治中将军也从舍生取义的爱国官兵身上观察到，"牺牲精神可以抗拒强敌……这次作战，不怕敌人是用怎样优势的兵力和武器来压迫我们，我们的官兵，没有一个是畏缩不前，都是奋勇争先，前仆后继，来和敌人决斗。……敌人终于狼狈溃走"③。因此，

---

① 陈高慵：《中华民族性的历史观》，《新中华》第 1 卷第 24 期，1933 年 12 月。

② 周怀昜：《未来世界大战与国防建设问题》，《新中华》第 1 卷第 7 期，1933 年 4 月。

③ 张治中：《淞沪抗日战争与今后抗日战的准备》，《新中华》第 1 卷第 2 期，1933 年 1 月。

他认为：中国要想抵御日本的侵略，复兴中华民族，必须学习淞沪抗战中官兵们的牺牲精神，振兴民族精神。

振兴民族精神，发扬民族精神，这正是《新中华》杂志的宗旨！《新中华》杂志目的是"用民族精神来救国"：

> 惟仅仅谋时代知识之获得，尚是消极的，平面的工作，要使中华民族屹立于今日严重的时代之中，必诉之于意志，诉之于行为，以坚强之决心，为积极的自强工作。我中华民族于四千年历史之过程中，历尽艰辛，以有今日，虽目前压迫横来，而生存竞争之力，未许便自菲薄。目前难关积时间空间远大之因，诚未可以历史往迹为比拟。列强挟其整个资本主义之压迫而来，组织极其复杂，阵线极其严密，形势极其险恶，令人目眩心悸，诚觉无从抵御，其实建章宫殿，看似千门万户，总各有途径可寻，但患无决心，不患无下手处！孔子曰："人一能之已百之，人十能之已千之"，曾子曰："虽千万人吾往矣"，列强得有今日之地位，岂真天生骄子，亦不过人民之意志坚强，肯作肯为；敢作敢为而已！四万万中华民众，有八万万双手，全体动员，又何战斗力，生产力缺乏之足虑！吾人应不忘自己过去之历史！应信赖自己生存竞争之能力，应本孙中山先生"用民族精神来救国"之旨，发为复兴中华民族之口号而挣扎，而抵抗！以延我四千年来民族之生命，战胜万忧业集之危机。然而以文字笔墨之力，为鼓励民族意志，民族行为之工作，虽云微末，亦复艰重，同人不敏，窃希与时贤共负此第二重之使命焉。[1]

如何振兴民族精神呢？陈高傭先生认为：首先必须从发展国民经济做起，通过经济的发展带动民族精神的复兴，"现在我们要作复兴民族的运动，当然要把我们民族昔日所有的'至大至刚'之精神复兴起来，但是人类的精神是由物质来决定，所以我们要复兴中华民族的精神，绝不是仅凭口号的鼓吹可能，必须要先把决定民族精神的国民经济发展起来然后可"[2]。《新中华》的部分编辑则认为提倡大众文学是振兴民族精神一个很

---

[1]　本社同人：《发刊词》，《新中华》创刊号，1933 年 1 月。
[2]　陈高傭：《中华民族性的历史观》，《新中华》第 1 卷第 24 期，1933 年 12 月。

好的方法，"大众文学中有真挚的人生，有优越的理想，有嬉笑的幽默，有警惕的讽刺，——在这种文学里，其最大的特色，还得要算它对于人生之抱乐观，对于前途之有希望。无论世界是怎样的阴暗险恶，这种文学大都常是以幽默、勇气和智慧去观察人生的。这种新的精神，无疑是给了目下消沉的民气一付兴奋剂，我们并不想作无谓的粉饰，我们也不想作悲观的哀鸣。现在是高唱民族复兴的时代，所以我们先得振刷起民族的精神来"①。在内忧外患的处境中，空谈精神不足以救国，不管从哪个方面去提振民族精神，最重要的是把想法落实到行动上，周宪文讲："我们以为中华民族的复兴也非'吾人民'充分具备'干'的精神与决心不可。……故在今日这存亡危急的时候，不论对外或对内而言，一般人民都须有'干'的决心与精神，有了这种决心与精神，民族始有复兴之望，否则，'坐谈误国'，可为殷鉴。"②

"国力为物质力与精神力之乘积"③，提振民族精神是增加"精神力"的有效办法，加强国内建设则是增强"物质力"的坚实基础。上文已提及不少学者主张从经济、文学等方面去提振民族精神，其实，这些内容也是国内建设的主要任务。蔡廷锴将军在总结淞沪抗战的经验与教训时，强调增强物质实力对抗战的重要性，"为着继续抗日精神，为着完成中国革命，解放中华民族及中国人民，一方面要整理国防，培植民众的力量，以为抗日的准备；其他方面尤须改良政治，发挥生产能力，以充实内部的抵抗持久力量"④。

如何增强"物质力"呢？首先是通过发展生产，加强经济建设。在即将与日本帝国主义进行决战的情况下，经济建设必须以增强国防实力为中心，周宪文讲："在国难万分严重的今日，我们主张一切都应以国防为前提；如就建设而言，则应以国防建设为主，生产建设为辅。"在现代社会，经济建设中与国防密切相关的是燃料工业、交通工业与机械工业，"机械之于现代的国防，是有绝对的重要性。有机械而少食粮，固可失败；无机械而多食粮，必败无疑"⑤。极力发展机械等重工业与交通工业

---

① 《编辑室谈话》，《新中华》第 2 卷第 7 期，1934 年 4 月。
② 周宪文：《干》，《新中华》第 2 卷第 24 期，1934 年 12 月。
③ 周怀勗：《未来世界大战与国防建设问题》，《新中华》第 1 卷第 7 期，1933 年 4 月。
④ 蔡廷锴：《淞沪抗日战后的十九路军》，《新中华》第 1 卷第 2 期，1933 年 1 月。
⑤ 周宪文：《中国国民经济与国防》，《新中华》第 5 卷第 1 期，1937 年 1 月。

是开展经济建设的重点。当然，这不是说粮食不重要，中华书局局长陆费逵就强调在备战中军粮与民食的重要性①。除了发展生产之外，生产出来的产品如何分配，如何保证供给也与国防实力密切相关，"将来战争利用的军需品的供给，和饷项的筹备，事先使应筹谋妥当，且须极力以谋'全国经济动员'之实现。我国一般经济组织，向来都很散漫，军需供给，交通配置，平时已感觉十分困难；将来战事发生，自然要有一个统制有效的办法"②。总之，在战争时期，物质生产与分配必须以国防为中心。

其次，改革现行的政治组织。中国政治自近代以来就腐朽不堪，此时的政治组织依旧败坏，如何改革败坏、落后的政治组织呢？部分学者提出了一些具体的设想：其一，引导民众参与政治，促进中国政治组织新生，"我们要直接扶助新的民众政治的发展，间接制裁官僚政治的再生。这样，我们的行为，绝不是如旧时军阀只为私图而干涉政治，其实我们不过是新政治的拥护者罢了！"③ 其二，实行专家政治，提高政治组织效率，"在行政上，一定要实行专家政治，以增进政治的效率，以发挥政治的作用，以树立行政的法则，以引导政治踏上轨道"④。总之，改革落后、无效的政治组织，使之成为进步、高效的政治组织，才有助于提高国力，抵抗日军。

最后，提倡科学的生产教育。近代中国落后挨打在一些学者看来根源在于传统教育的失败，"惟其是物质上的不足，所以敌人用坦克车和军舰，我们只是刀枪抵抗；敌人用飞机和铁甲车，我们只是肉搏冲锋……不过这种物质上的不足，还不是根本的；而教育上的失败，才是我们应该归罪的焦点。普鲁士胜法，归功于小学教师，固然有它的理由；而我们受日本的侮辱，归罪于从前教育，也有确实不移的道理。因为从前的教育，似乎都是咬文嚼字的教育，所谓洋八股的教育"。如何改造我们的教育呢？部分学者认为中国应围绕"救国"为中心实施"实用"教育。上海市教育局长潘公展主张：今后的教育应该提倡科学教育、生产教育、健康教育与人格教育。通过实施科学的、生产的、健康的与人格的教育，达到保家卫国、复兴中华民族的目的。第一，"锻炼强健体格，为抵御外侮，挽救

---

① 陆费逵：《备战》，《新中华》创刊号，1933 年 1 月。

② 武堉干：《第二次世界大战与中国之前途》，《新中华》第 3 卷第 15 期，1935 年 8 月。

③ 蔡廷锴：《淞沪抗日战后的十九路军》，《新中华》第 1 卷第 2 期，1933 年 1 月。

④ 程瑞霖：《中国政治的过去与今后》，《新中华》第 2 卷第 1 期，1934 年 1 月。

国难，长期斗争之切实的准备"；第二，"培养健全的专业的人才，增加社会生产力，救济农村经济，增加农民生计，为国家添富源，以作长期抵抗，打倒帝国主义者的基本的准备"；第三，"学习完全的科学的技能，为抵御外侮，打倒强权的实力的准备"；第四，"养成一般国民健全的人格，为复兴中华民族巩固世界和平的最后的准备。"① 另外，"九一八"事变之后，为了增强国力，为了抗击日寇，《新中华》杂志撰稿者们还从文化、社会与心态等方面提出一些很好的建议，此处就不一一赘述。

三　巩固国防，进行持久、全面的抗战

"我国果可以战胜日本乎?"② 这是 20 世纪 30 年代国人不得不回答且生死攸关的一个问题。《新中华》学人认为中国一定能战胜日本帝国主义！但中华民族要在战场上战胜日本帝国主义，首先必须整顿国防，改良我们的武器，加强我们军队的训练，保证我们军队的军需，其次在敌强我弱的基本态势下，只有扬长避短，使中国民众能团结一心，充分发挥我国地大物博与人口众多的优势，最后经过艰苦的长期斗争，才能战胜日本帝国主义。

如何加强军事力量，巩固我国国防呢?《新中华》学人认为必须做到以下几点：

首先，军令统一。自国民政府成立以来，大小军阀拥兵自重、割据一方一直是中国内政的一大顽疾，由此造成中国各地离心离德，日本帝国主义也能分化瓦解，各个击破，进而吞并东北，强占"满"蒙，屯兵华北，"是故欲言建设今后之国防，吾人实深望政府能先肃清军阀制度，统一全国之军权，继即对于国防机关，采取集权之组织。设立国防部于国民政府之下，以总国防之一切。其下分设参谋、训练各厅、海陆空军各局，及军实、军衡、军医、军法各司与海陆空会计、审查委员会，而听命于国防部长。俾平时得以全盘计划，战时得以敏捷运用"③。

其次，改良武器装备、优化兵种比例。"工欲善其事，必先利其器。"武器装备是士兵作战的工具，武器装备的好坏直接影响战争的胜负；中国

① 潘公展：《淞沪抗日战争与上海的教育》，《新中华》第 1 卷第 2 期，1933 年 1 月。
② 《御侮兴国之先例（一）》，《申报》1932 年 2 月 22 日。
③ 周怀晷：《未来世界大战与国防建设问题》，《新中华》第 1 卷第 7 期，1933 年 4 月。

绝大部分军队以步兵为主，其他作战兵种很少见，已经难以适应现代战争。上文介绍了张治中将军指出淞沪抗战时中日武器装备、兵种结构之间的差距。由于武器落后，没有装甲与飞机部队，十九路军与第五军在淞沪抗战时处于非常不利的局面，这也是后来他们撤退的重要原因。对于中国军种兵种的优化，周怀呈的建议是："宜注意师内各兵种之配合，次则及于新兵种之增设。"具体的办法有：第一，"炮兵与步兵之比例：至少须四与一之比，苟在可能，则愈增愈佳"。第二，"骑兵与步兵之比例：以三十六与一之比为准，北方师团，则酌量增加"。第三，"工兵与步兵之比例：各以十二与一之比为准"。对于武器装备的改造，他建议增添现代化武器装备，并新设坦克部队、汽车队、交通队、飞机队与化学战队等。相对陆军来说，中国海军、空军与日军的差距更大，但考虑到发展海军、空军的所需条件与中国的实际情况，周怀呈等人的建议是优先发展空军。[1] 中华书局局长陆费逵也说："海军一时无办法，索兴（性）不理。空军为目下最要之物，且费用不大，要积极进行。——我国非工业国，无工业都会，空军不必以保护都会为目的，要以抵抗敌机轰炸敌人为目的。"[2]

再次，加强官兵训练。官兵的作战能力也是决定战争胜负的重要因素之一。张治中将军认为："制胜须练精兵，古人说：'愚民百万，谓之无民。'我们也可以说：'愚兵百万，谓之无兵。'我们练兵，第一，是要使他懂得革命和爱国的道理，具有牺牲的精神；第二，是要使他锻炼强健的体魄，获得革命的技术；第三，是要使他保有精良的武器，发挥杀敌的威力。关于武器，我们要极力准备，自不待言；而我们官兵的学术程度也要极力提高。要提高学术程度，必定要由中央作整个的计划，按照预定的计划实施训练。决不能任少数军队，偏处一隅，故步自封，渐至落伍。"[3]陈铭枢将军也强调通过加强士兵的政治训练，鼓舞士兵的士气，增加抗日的勇气。[4]

---

① 周怀呈：《未来世界大战与国防建设问题》，《新中华》第 1 卷第 7 期，1933 年 4 月。

② 陆费逵：《备战》，《新中华》创刊号，1933 年 1 月。

③ 张治中：《淞沪抗日战争与今后抗日战的准备》，《新中华》第 1 卷第 2 期，1933 年 1 月。

④ 陈铭枢：《淞沪抗日战争的教训与中华民族的前途》，《新中华》第 1 卷第 2 期，1933 年 1 月。

最后，保证军需供给。军需物资的充足是战争胜利的重要保证。陆费逵强调："军需准备最重要者，第一为汽油：因为我国自己没有汽油，战事发生之后，产油国能否出售，能否运输，都有大问题。空军汽车等非油不能维持，这是人人知道的。我们应该赶快买许多油，存于稳固的地方，以备战时应用。第二是军粮……第三是军衣……"[1]

统一军令、改良武器装备、加强官兵训练与保证军需供给能够打造一支铁血能打硬战的军队，但短期内并不能完成，也就不能立即改变敌强我弱的局面，日军的实力仍远在我军之上。如何能打败敌人呢？这需要发挥中国的优势与攻击敌人的弱点，日军入侵中国，是远离本国进行侵略战争，而我国是在本土进行反侵略战争，虽然我国军事实力不如敌人，如能充分挖掘民众巨大潜能是有可能战胜残忍的日本帝国主义的。最可行的办法是中华民族精诚团结，对日进行举国战争。要达到此目标，《新中华》学人认为应该做到：

其一，在政治统一的前提下，各派政治势力应团结一致，为抗日精诚合作。民国时期各地军阀割据，为私利连年内斗，祸国殃民，陈铭枢先生讲："中国在政治上要为民族利益而谋统一。不统一则民族的力量薄弱，永远冲不出帝国主义的天罗地网。但不在民族的利益上谋统一，是缘木求鱼。不但必然求不到，即或求到也不是我们所需要的。为了全民族的利益我想无论什么主张上的成见或历史上的恩怨，都成了极脆薄的障碍。"[2]

其二，动员、组织民众。中国有四亿民众，这是中国最大的力量源泉，一直以来国人自我批评中华民族是一盘散沙，为抗击日寇，炎黄子孙必须紧密地团结在一起，聚沙成塔，形成坚固、强大的力量。陈铭枢将军从"淞沪抗战"中发现了中国民众拥有巨大的力量，且抗日斗争能激发民众的这种力量，"这悲壮的牺牲证明了中国的民众在反侵略战争中是能万众一心发生很大的力量的"。因此，抵御日本帝国主义的侵略，战胜敌人，必须动员、组织民众，"反帝国主义运动要得到胜利，就需要民众起来。这个胜利不是由英雄可以争得来的，而是要全部民众动员才能担负这

---

① 陆费逵：《备战》，《新中华》创刊号，1933 年 1 月。

② 陈铭枢：《淞沪抗日战争的教训与中华民族的前途》，《新中华》第 1 卷第 2 期，1933 年 1 月。

伟大的使命。所以要组织民众，武装民众"①。

　　其三，军民同心同德，团结合作。在淞沪战争中，十九路军与第五军之所以以弱抵强，一方面是由于官兵顽强拼搏，奋勇杀敌；另一方面则是由于军民的团结合作，"民众之精神上、物质上以及实力上之援助，更增加我军战斗之精神。民众之慰劳，经济上之援助，与义勇军之参战，全国民众敌忾同仇之精神，使吾人感奋欲涕。人民与军队之合作，实此战争中最可纪念之事实，倘能将此精神，发挥光大，全国军民，一致为保全领土而作反帝抗日之战争，当不难雪奇耻而还我河山"②。张治中将军也说："团结力量才能抵御外侮。在这次战争之中，充分表现出我们团结一致的精神。在战区附近以及各地的民众，对于国军，都能直接间接与以精神或物质的助力。军人接受了这些助力，更加奋勇，更加激励，实行他们捍卫国土的天赋。"③

　　动员民众积极抗日，并建立全民族的抗日统一战线，有助于我们充分挖掘潜力，发挥自身优势。中国是一个落后的农业国，日本是一个先进的工业国，敌强我弱的基本态势短期内是改变不了的，且日本已入侵中国，吞并东北，势力也已深入蒙古与华北。在这种情况下，《新中华》学人认为要想战胜日本帝国主义，还必须扬长避短，采取正确的对敌战略，也就是对日进行持久战。周怀晹说："欧战以还，世界军事学者，对于现代作战，咸以速战速决为原则。……良以长期作战之结果，不惟守者困疲；攻者受祸亦重。虽然，此为侵略者之论调耳，未能遽可采为建设吾国国防之根本原则也。盖吾国人民众多，地域广袤，矿藏富丰（丰富），资源充足，此天惠长期作战之国。吾人固亦知长期作战之必将益使吾民困疲也，然吾国既为被侵略国，国防暂时不能出于守御之方针，则惟有长期抵抗，始克致侵略者于自毙之道。……是故于吾国国情之下而言今后国防之建设，则不可不以长期作战为一原则焉！"④ 陆费逵则认为中日之战是第二次世界大战的重要组成部分，"各国各有其强大的海陆空军，各有其相当

　　① 陈铭枢：《淞沪抗日战争的教训与中华民族的前途》，《新中华》第 1 卷第 2 期，1933 年 1 月。

　　② 蒋光鼐：《淞沪抗日战争之意义》，《新中华》第 1 卷第 2 期，1933 年 1 月。

　　③ 张治中：《淞沪抗日战争与今后抗日战的准备》，《新中华》第 1 卷第 2 期，1933 年 1 月。

　　④ 周怀晹：《未来世界大战与国防建设问题》，《新中华》第 1 卷第 7 期，1933 年 4 月。

的预备，战端一开，恐非三五年不能完结。"作为世界大战的一部——中日之战也就是非短期能结束的，因此，他也提出了"长期抵抗"的口号。[1] 当然，部分将士、学者对全面长期地对日作战的结果是有信心的，认为最后的胜利终将属于中国！陈铭枢认为："以持久的反帝国主义侵略的精神，全国生产各部门，政治经济各组织，有计划有组织的抵抗。这样的抵抗，没有不得到胜利的。"[2] 总之，在日本不断入侵中国的情况下，中国如果不想沦为亡国奴，就必须举国作持久的抗战。

四　灵活运用外交手段

加强国内建设，增强国力，进行持久、全面的抗日斗争的主张是抵抗日本帝国主义的主流看法，但借助美、苏、英等国的力量来牵制日本的想法也是当时一种较有影响力的意见。周怀耇就强调外交在战争中的重要作用，"战争之为战争，固昭昭在人耳目，而外交之折冲樽俎，乃亦无形之战争，但常为一般所忽视。战局终结，胜者为胜，败者为败，亦彰彰在人耳目，而不知战争之胜败，亦每决定于无形之外交战。……在吾国国情下，而言建设国防，则亦必以外交与军事同进为原则，始可收最大之效果"[3]。但现实的情况是，国民政府非常不善于外交谈判，更没有什么完备外交战略与外交政策，陈之迈教授认为："中国以往之所以没有外交政策，欲有而不可能，大半是因为我们缺乏充足的世界智识与眼光。我们不明了什么是外国的政策，外国政策的出发点为何，所以只得在外国的政策应用到我们身上的时候，仓皇枝节应付。"[4] 以至于在20世纪30年代国民政府先后与日本签订了丧权辱国的《上海停战协定》《塘沽协定》《何梅协定》《秦土协定》。张熙若教授特别强调外交策略的重要性，"外交策略不但可以实现自己的外交政策，并且还可以抵制或破坏别人的外交策略，并非真如妄人所说没有用处的。此中范围甚广，运用无穷，只要政府有活的外交，自可得到极大的收获"。但是，"中国向来无政策无策略的

---

① 陆费逵：《备战》，《新中华》创刊号，1933年1月。

② 陈铭枢：《淞沪抗日战争的教训与中华民族的前途》，《新中华》第1卷第2期，1933年1月。

③ 周怀耇：《未来世界大战与国防建设问题》，《新中华》第1卷第7期，1933年4月。

④ 陈之迈：《论中国外交政策》，《新中华》第4卷第12期，1936年6月，转引自《独立评论》第201号，1936年5月。

外交，今日已到山穷水尽的时候。惟一的出路还是要有政策有策略"。他希望："现在中日交涉的严重关头里，正是树立此种政策发展此种策略的好机会，希望政府不要错过。"①

应该采取哪些外交政策与策略呢？钱亦石认为在日本即将全面入侵中国的时候，中国当然需用坚定的抗战来抵御日本帝国主义，但也需要在外交上采取包围的战略来孤立敌人，"依照欧洲的办法，建立太平洋集体安全制度，使几个侵略者孤立起来。胡适之主张中国加入英、美、法、苏的民主阵线，内容就是这样"②。钱俊瑞也认为世界之所以出现如此危局，中国之所以面临如此危境，一个重要原因是在于"爱好和平国家的不够团结"，因此，他也希望："一切求取和平的国家能够切实地合作起来，而关于我们中国，我们赞同胡适之先生的意见，赶速加入英美法苏的民治集团，以抵抗以日德意为首的侵略集团。"③

当时的国民政府也开展了一些联络欧美的外交活动，以牵制日本。1933年中国财政部部长宋子文远赴欧美，出席在美国华盛顿举行的经济谈话会与在伦敦举行的世界经济会议。在世界经济会议上，宋子文公开提出希望与欧美各国合作，以增加反对日本"亚洲门罗主义"的实力。这些外交活动在一些学者看来远远不够，还必须在外交上对一些重要国家加大接触力度。如对于外交政策摇摆不定的英国，特别是对英国想与日本妥协来换取英国在华利益不受侵害的举动，有人主张我国政府应在外交上积极与英国联络，"我国的政府似不应只采取消极的态度，仅仅宣言，英日谈判必须尊重中国的领土完整，必须尊重中国的意见，并取得中国的同意。我们应当提出具体的主张，并积极的在外交上有所活动。我国政府至少应当在英日的进行期中，与英政府取得密切的联络，探悉英日谈判关于中国问题的进展，随时表示我国对此问题的意见，以袪除不利于我国的谅解，反对未曾议决的方案"④。与对立场摇摆的英国采取联络的政策不同，学者们认为对一直与日本交恶的美国应

---

① 张熙若：《外交政策与策略》，《新中华》第4卷第22期，1936年11月，转引自《独立评论》第223期，1936年10月。

② 钱亦石：《世界进入一九三七年》，《新中华》第5卷第1期，1937年11月。

③ 钱俊瑞：《日德协定与世界政局》，《新中华》第4卷第24期，1936年12月。

④ 《英日谈判》，《新中华》第5卷第15期，1937年8月，转引自《申报》1937年7月11日。

积极争取，灵活地利用美国的远东政策来对抗日本，"中日关系到了最高点，也便是远东紧张的风云到了最高点。要消除这种紧张，奠定长期和平之基础，也只有根据传统的美国对华政策中四原则"①，"我们相信，在罗斯福再度当选后之美国，对于这个传统原则，将作更有效之势力与推进，有了复兴的中国做基础。加上英美的合作，与日渐加强的太平洋和平势力如苏联等等。要远东问题得一解决，危机得到避免，不是不可能的"②。

　　除英、美两国外，苏联也是当时在世界上具有举足轻重地位的国家，前面已介绍1932年12月中、苏两国正式恢复外交关系。中苏复交不仅导致国际社会侧目，更引起国内舆论界广泛讨论。《新中华》杂志总体上认可中苏复交，萧萧认为："就中国整个政策讲，这是中国收复东北四省，解除日本压迫，复兴民族，达到国家自由平等，千载一时的良机。在积极方面，中国应与苏俄实行攻守同盟，驱逐日本离开亚洲大陆，一雪数十年来中国的奇耻大辱。前年冬间中俄复交，世界震撼。惟至今并无进一步携手的办法，一部分国人深感失望。"③樊仲云也认为："就外交言，既认定日本帝国主义是我们关系生死存亡的敌人，则联美亦不失为一种策略，但美在太平洋彼岸，远水不救近火，我们如欲抗日，到底非别求与国不行。那末环顾四周，只有苏俄。因为中国对日本帝国主义的抗战，是一种弱小民族自求解放的独立战争、革命战争，与帝国主义者的侵略战争不同，苏俄为进行世界革命，推翻资本主义，亦正要求我们的援助。故如最近中俄的复交，无疑的在国际政局上是一桩震惊世界视听的事。"④《新中华》杂志还把当时中国主要报刊的言论收拢集成《中俄复交之面面观》一文，并

---

　　①　传统的美国对华政策四原则，即"第一，尊重中国之主权与独立暨领土及行政之完整（不承认侵略之结果）。第二，给予中国完全无碍之机会，以发展并维持一有力巩固之政府。第三，施用各国之权势，以期有效确立并维持各国在中国全境之商工业机会均等主义。第四，不得因中国状况，乘机营谋特别权利而减少友邦人民之权利，并不得奖许有害友邦安全之举动。"马星野：《远东危机与今后美国外交政策》，《新中华》第4卷第24期，1936年12月。

　　②　马星野：《远东危机与今后美国外交政策》，《新中华》第4卷第24期，1936年12月。

　　③　萧萧：《二次日俄战争的展望》，《新中华》第2卷第17期，1934年9月。

　　④　樊仲云：《未来之太平洋大战与吾国之地位》，《新中华》创刊号，1933年1月。

归纳国内的各方观点向大家加以介绍。根据此文，国内大部分学者与包括《申报》在内的主流报刊都认为中苏复交是必要的，"赞成对俄复交者，谓由目前之国际形势而言，乃有对俄复交之必要……苏俄为太平洋问题中应注目之一要角，自彼革命而后，且自动宣告放弃旧俄时代与我订立之一切不平等条约，并地理上天然为我之与国，盖无可疑，我对苏俄复交，在外交之局势上，可收互相依庇之效，德土交苏俄而得以打破外交上之艰局，即其例证。以地大物博民众之大，如一旦复交，则太平洋之局势，自为之大变，故我国今日如不甘坐待宰割，则新的外交方针，必以此为基础"。中苏复交后，国内舆论界对国民政府的决策也发表了大量的评论，主要是从积极的角度看待中苏复交，《新中华》杂志转载《申报》的评论就十分肯定国民政府的外交行为："际此千钧一发之秋，我国政府，竟能排除万难，竖立独特之外交路线，本自身之立场，毅然对苏联恢复国交，不可谓非能适应时会。虽不免遭敌方之忌，难保不造作妖言，以淆惑国际视听；然而为远东平和之确立，为民族生存之争斗，勇往直前，打破日本军国主义之卑劣行为，扶植人类'公理正义'，具献身牺牲精神，向前迈进。"① 由此看来，与苏联复交，并与苏联密切联络，也是对付日本帝国主义的有效办法。

20世纪30年代的《新中华》学人密切注视日本的一举一动，通过对日本仔细地观察，他们意识到日本军部势力越来越膨胀，日本日趋法西斯化；他们还指出在法西斯势力的推动下，日本经济逐步迈上了战争轨道，对华政策也更加急进、阴险。在观察日本的同时，《新中华》学人也不断地反观自己，认为中国军事实力羸弱，物质力量不强，总体国力难与日本相比。不过，不同于以丁文江为代表的"独立评论派"只看到中日双方实力的差距，《新中华》学人还注意到中国的巨大潜力。他们认为：尽管中国处于敌强我弱的不利局面，但面对日本帝国主义者的不断挑衅与武力进犯，中国必须坚决抵御日本侵略，只有坚决抗日才能"救亡图存"。为了战胜日本帝国主义，《新中华》学人还强调：应充分发挥我国地大物博与人口众多的优势，以军事为中心，做持久的全面的抗战准备，胜利最终必将属于中国。尽管丁文江等人与《新中华》学人观点不一，但他们提

---

① 《中俄复交之面面观》，《新中华》创刊号，1933年1月。

出的"国防问题是全国民近代化的问题"的观点却具有深刻意义。《新中华》学人虽然没有明确提出类似的主张，但他们也认为：实现"抗日救亡"目标的前提条件是完成国家统一，谋求中国经济的出路及救济农村。由此，《新中华》学人围绕"建设国家"这个主题又进行深入的思考。

第四章

谋求国家统一

在半殖民地半封建的近代中国，西方列强或鲸吞或蚕食中国的国土，我国领土完整遭到严重破坏。各帝国主义还对中国采取分而治之的政策，它们支持地方军阀武装割据，造成中国四分五裂。1927 年 4 月，南京国民政府成立；1928 年 12 月，张学良通电全国宣布：服从国民政府，改旗易帜；至此，全国实现统一。不过，这种统一只表现在形式上，新旧军阀仍盘踞并控制着全国大部分省份，中央政府仅控制浙、江、皖等东南数省。到 20 世纪 30 年代，局势更加危急。1931 年"九一八"事变后，日军占领东北、热河等地；与此同时，国民党新旧军阀内斗不息。地理学家张其昀认为 20 世纪 30 年代是中国"历史上最危险的时代"，其根源在于中国的不统一！"中国目前最高的问题，即在求中国之真正统一"①。胡适也说："中国当前唯一的大问题，就是：怎样建立一个统一的国家，怎样组织一个可以肩负救国大责任的统一政府？"② 谋求国家统一同样是《新中华》学人的政治愿望，他们认为：中国"统一的大业，只能在抗敌的旗帜下完成"；此外，中国的统一还必须通过政治、经济等各项建设来求得。

第一节 "统一的大业，只能在抗敌的旗帜下完成"

一 痛心领土完整被破坏

自 1842 年香港岛被英国侵占以后，中国大片领土陆续被西方列强分割。20 世纪 30 年代，形势日益加剧。1931 年 9 月 18 日，日本突然发动

---

① 张其昀：《国难与统一》，《独立评论》第 150 号，1935 年 5 月。
② 胡适：《统一的路》，《独立评论》第 28 号，1932 年 11 月。

对中国的侵略战争，由于国民政府和东北军采取不抵抗政策，日军短时间内占领东北；此后，它又费尽心机地煽动"蒙古自治运动"。1932 年日本帝国主义策划成立伪满洲国傀儡政权，试图通过溥仪登基来引诱蒙古王公、贵族脱离中国，"这些封建王公过去与清室都有很深的渊源……依附'满洲国'，倒可臭味相投；至少是不再听到'铲除封建制度'的口号"①。在日本帝国主义的操纵下，"蒙古自治运动"一时甚嚣尘上。任职于南京蒙藏委员会的冷亮先生揭露：此项运动"乃日本侵蒙之结果，当然为傀儡运动。"② 日本帝国主义在煽惑"蒙古自治运动"的同时，还在华北五省（河北、察哈尔、绥远、山东和山西）积极策划"自治"活动；其中最典型的行动是在通县扶植殷汝耕成立伪冀东防共自治委员会，在北平威逼利诱宋哲元等人实行"华北自治"。日本这些行动造成华北局势异常紧张。对于日本在华北制造的混乱及殷汝耕等人的叛国行动，《新中华》杂志深感危险，"殷汝耕叛变，不是冀东问题，也不是华北问题，而是整个中国民族生死存亡的最后问题"③。

日本帝国主义在侵略"满蒙"与华北的同时，还把侵略势力渗透到中国其他地区，譬如新疆。据贺灵扬介绍：由于距离遥远，且在新疆的势力比较弱小，日本一方面通过挑拨新疆的民族矛盾大做文章，"努力在意识方面做工作。所办《新日本通讯》，在南疆回民几于人手一编，内容多是破坏汉回民族感情的宣传"。另一方面，通过建立一些经过伪装的侵略组织，积极向新疆地方军阀内部渗透势力，煽动民族分裂活动，如在新疆东北部"以陈尔泰为活动中心，组织红十字会，意图诱惑回民，反抗汉人。年来马仲英所领导的回民叛变，就是日本人从中煽动的结果"④。对日本帝国主义在新疆的种种侵略行径，《新中华》学人认为其真正目的在于："蚕食中国边疆，进窥神州全土之实。"⑤

作为中国近代史上的侵略急先锋，20 世纪 30 年代英国以西藏为支点积极入侵我国广大的西南与西北地区。在西北，英国为了扩大商品倾销市场并与苏联对抗，积极染指新疆，"英国伸张势力于中国西部，是由印

---

① 巨涛：《溥仪称帝》，《新中华》第 2 卷第 2 期，1934 年 1 月。

② 冷亮：《内蒙现状及其自治问题》，《新中华》第 1 卷第 22 期，1933 年 11 月。

③ 编者：《时代镜》，《新中华》第 3 卷第 23 期，1935 年 12 月。

④ 贺扬灵：《破碎的新疆》，《新中华》第 2 卷第 8 期，1934 年 4 月。

⑤ 周宪文：《东北与西北》，《新中华》第 1 卷第 11 期，1933 年 6 月。

度、阿富汗、西藏而侵入于新疆的西南部。最近英国侵略新疆已比从前加倍的猛进……最近南疆独立，无疑的是英帝国主义的阴谋"[1]。在西南，英国主要利用达赖的西藏军进攻西康与青海，"英人经营西藏之不足，复肆其侵略于西康，自从民国二十年起以迄于今日还不曾解决的康藏纠纷，明眼人都知英国在后面捣鬼，想完成它那康藏合一的企图！"[2] 另外，英军还以殖民地缅甸为基地侵入中国的云南，方秋苇揭露英人的意图，"英帝国主义对于滇、缅疆界划分的目的，是在要夺取北纬二十五度三十五分以北的横断山脉，特别是夺取'通入西藏'的野人山"[3]，企图打通滇、缅与西藏的通道，形成由英国控制的连成一片的广阔区域。从英国在中国西北与西南的整个侵略行动上看，英国对中国的侵略显然是经过精心策划的，有明确的目的。学者景园认为：英帝国主义的目的就是建立一个所谓的"大西藏国"[4]。在英国咄咄逼人的侵略之下，《新中华》学人认为中国西南、西北形势岌岌可危。

英国对中国西南的入侵招来法国的强烈反应，后者一直视此地为自己势力范围，不容他国染指。为确保对中国西南的控制，法国亦加紧对这一地区的侵略。李亦琴简练总结了法国的侵略行动，"法人与我勘越南之界也，凡要隘险区，必予我以不利。如镇南关、陇邦、隘店等处则占我邻近高墩；水口平孟汎等地，则握其岸之对线；对于界线上，其制我之阴谋如此。已成铁道，一由河内直通昆明，一由海防直达镇南，有事之秋，调兵运粮，朝发夕至；且配置重军于谅山、劳闻，防桂防滇，可东可西；高平为其策应地，开汽车路，贯通东西；筑铁路以达西贡，贯通南北；交通既便，指挥灵动；且有炮舰二队，弋我北海，制我南疆，以为沿海之掩护……一方又租借广州湾，东峙港澳，西屏南越，北控南雷梧谬。其深谋远虑，一至于此！……凡此种种，皆法人向我侵略之手段。其欲并吞我西南也，盖已司马昭之心，路人皆知矣"[5]。

总之，20 世纪 30 年代，日、英、法等国种种的侵略与滋扰行为严重破坏了我国领土完整，学者张崟夫说："翻开中国地图一看，最使我们惊

---

①　贺扬灵：《破碎的新疆》，《新中华》第 2 卷第 8 期，1934 年 4 月。

②　景园：《危机遍伏的青海》，《新中华》第 1 卷第 11 期，1933 年 6 月。

③　方秋苇：《中英滇缅疆界问题》，《新中华》第 3 卷第 10 期，1935 年 5 月。

④　景园：《危机遍伏的青海》，《新中华》第 1 卷第 11 期，1933 年 6 月。

⑤　李亦琴：《不堪回首话西南》，《新中华》第 1 卷第 16 期，1933 年 8 月。

心骇目的，无过于边地失陷，其面积之大，竟和现在的版图相等。在清代割弃者无论矣，民国以来，仅就'九一八'事变而言，东北四省失地，已达二百四十万方英里（根据美国外交政策协会远东问题专家逊氏之报告）。然而这还不过是'国难'的开始哩！现在内蒙险象岌岌，谁也不能保证它不为日本夺去。新疆、青海、西藏亦在若存若亡之间；其中尤以西藏向为英国所独占，喧宾夺主，共见共闻。因此，毗连西藏的西康，也就成了英国嗾使西藏内犯的对象。康藏纠纷所以垂二十多年之久，迄未获得解决者以此。"①《新中华》学人切肤地感受到中国国土遭受列强的鲸吞蚕食，国家统一受到严重破坏。

二　激发民众的抗日热情

为了随心所欲地在中国东北、热河等地进行殖民统治，日本帝国主义想尽各种办法向当地民众进行反动宣传，灌输"东北独立"等思想。针对日本帝国主义与伪满洲国倒行逆施的行为，中华书局局长陆费逵在《新中华》杂志发表《东三省热河早为我国领土考》，以翔实的史实证明东北、热河是中国的故土。"辽宁南部在尧舜时（公历纪元前二千二三百年）已在我版图之内。热河在战国时已为燕国领土（公历纪元前二三百年），秦汉继之，列为郡县。""明代（公历 15 世纪）统一中国，东三省悉在我疆域之内。不过原有之小部落听其存在，如今之川桂黔滇之土司；然军事上交通上之设置，固已遍东三省全部而达黑龙江口矣。"陆氏还强调日本帝国主义建立伪满洲国具有强烈的虚伪性，"若曾有满洲国之存在者。实系满清之筹张为幻"②。他希望国人能分辨是非，拒绝承认伪满洲国，维护国家统一。

与陆费逵一样，史学大师谭其骧十分憎恶日本人的鬼蜮伎俩，担心国人被其蒙蔽，特在《国闻周报》发表《辽代"东蒙""南满"境内之民族杂处》一文，其称："迩来日人盛倡满蒙非中华旧有之说，以为侵略东北之借口。司马昭之心，路人皆知，初不庸置辨，然国人所习知者仅为秦汉隋唐历朝之抚有东北之土地而已；至于近百年以前此东北土地曾与吾中夏民族发生何种关系，则知之者甚少，为文以阐述之者更未之前闻也，禾

---

① 张畬夫：《西康建省问题的商榷》，《新中华》第 3 卷第 4 期，1935 年 2 月。
② 陆费逵：《东三省热河早为我国领土考》，《新中华》第 1 卷第 3 期，1933 年 2 月。

子不学，窃尝致意于满蒙民族史之研究。深知此东北土地，初不仅曾为吾中华朝廷所有，亦且曾为吾中华民众所有；不仅在华族统治下为属于吾中国之土地，即在异族统治之下，亦曾为吾中华人民生息繁衍之地也。全史完成，犹等时日，今先刺举辽史所载，草为此文，刊诸报端，俾国人咸知此义焉。"① 谭其骧先生先不仅用不可辩驳的史料论证了蒙古与东北是中国固有的领土，还通过报刊把这种定论广泛地传播给大众，使中国普通民众不被欺骗，从而加强他们的爱国观念，增强他们反对国家分裂的意识。

日军在占领热河后，不断勾结蒙古少数王公贵族暗中策划分裂内蒙古，内蒙"自治"运动舆论四起。《新中华》编辑部非常关注此事，明确表明态度："内蒙自治运动，近来甚嚣尘上，吾人对于国内各民族之真正的自治运动，固然极表同情，但对受人操纵之傀儡的自治运动，则所反对。"② 为此，特刊登一批揭露"蒙古自治运动"实质的文章。其中《内蒙现状及其自治问题》一文就是其中比较有代表性的一篇。在此文中，任职于南京蒙藏委员会的冷亮先生通过仔细考察日本侵略内蒙古的政策与行为，明确地讲："内蒙高度自治，乃日本侵蒙之结果，当然为傀儡运动。否则，日人用飞机将德王载往长春何为？日人松实孝良在多伦召集各盟旗会议又何为？且德王已明白示：'不幸或有意外，启衅者决非蒙人也。'故内蒙自治，非为自卫而自治，乃系分离运动，傀儡运动。"③ 《新中华》编辑部发表揭露"蒙古自治运动"实质的系列文章，旨在告诉国人：日本是制造中国分裂的敌人，维护国家的统一，必须坚决反抗日本帝国主义。

在帮助国人认识日本分裂中国真相，激发国人爱国热情的同时，《新中华》学人还激励中国民众鼓起勇气，下定决心实现中华民族的"救亡图存"与国家统一，"我们处在这多灾多难的年头，要想救亡图存，唯一的方法，只有趁早起来，作热诚的团结，下牺牲的决心"④。《新中华》学

---

① 谭禾子（其骧）：《辽代"东蒙""南满"境内之民族杂处——满蒙民族史之一页》，《国闻周报》第 11 卷第 6 期，1933 年 2 月。

② 《新中华》编辑部：《导言》，载冷亮《内蒙现状及其自治问题》，《新中华》第 1 卷第 22 期，1933 年 11 月。

③ 冷亮：《内蒙现状及其自治问题》，《新中华》第 1 卷第 22 期，1933 年 11 月。

④ 管世楷：《一九三五年的又一危机——南太平洋委任统治地问题》，《新中华》第 3 卷第 2 期，1935 年 1 月。

人认为中国民众的国家观念浓厚，只要爱国热情被激发，中国就能抵抗外国的侵略，维护国家的统一。

首先，中国民众蕴藏强大的向心力。胡适认为：在内忧外患的 20 世纪前 20 年，中国之所以还是一个民族国家，其原因是多方面的。一部分是"历史的维系"，主要指历史上遗留下来的历史、文化、语言与风俗等因素，这些因素是保持中华民族统一的重要基石。另一部分是"新兴的统一势力"，主要指中国新式教育、报刊与新兴的交通机关，它们在增强民众国家观念方面起着不小的作用，"从报纸与学校里传播出去的一点点民族观念，国家观念，爱国思想，虽然薄弱的可怜，也居然能使一个地方发生的对外事件震撼全国，使穷乡僻壤的小学生认为国耻国难"。"电报邮政轮船铁路公路等等，也究竟缩小了不少的距离，使全国各地的人增添了不少互相接触的机会。"[1] 历史与新兴的因素共同造就了中华民族强大的向心力，维系着国家的统一。忻启三先生也认为：中国各民族虽然具有一些自身独特的风俗，但在华夏这块土地上经过长期的交流已经培育出共同的心理和文化，凝聚形成了统一的中华民族。中华民族在这种共同纽带维系下难以被外力分裂，"我国民族的统一，同文同轨的盛迹，更是我国政治地理上的最大特点"，"我们远征历史上统一的事实，近考国家民族生存空间调和的新说，可知我国南北是整个的，南北是一家，南北是有不可分离性的啊！"[2]

其次，参照国内外历史，通过激发民众的信心与潜力，再经过不懈的斗争必然能促成国家的统一。倪文宙以美国为例，在美国建国初期，面对英军的压迫，美国领导人富兰克林强调美国独立十三州必须团结在一起，后来，美国战胜英军，逐步发展为世界上最强大的国家。他还举法国的例子，在普法战争后，受尽挫折、屈辱的法国在得到各方拥护后，终于享受胜利的果实。[3] 美、法给中国做了很好的榜样，中国只要精诚团结，一致对外就能收复国土。"中国有得走上法国第三共和的命运，以万众一心，来巩固民主政权，稳定国内政治以后，得有一日把在巴黎城下之盟所丧失

① 胡适：《政治统一的意义》，《独立评论》第 123 号，1934 年 10 月。

② 忻启三：《我国南北方之差异性与其政治地理学上的意义》，《新中华》第 4 卷第 1 期，1936 年 1 月。

③ 倪文宙：《今年的双十节》，《新中华》第 1 卷第 19 期，1933 年 10 月。

的亚尔萨斯洛兰收复了回来!"① 学者吴清友通过观察国人在中国近代史上反抗反帝、反封建斗争的英勇表现，认为在中国民众中蕴藏极大的潜力，如果这种潜力被释放出来，中国必将打败入侵的敌人。他说："我们不必讳言，在最近的数年中，中国有大片的土地丧失，有数千万的人民，在异族政权的压迫之下，这于中国民主政治的建立，是重大的打击。"但中华民族具有极大的潜力，如果"能够促醒大多数劳动者来参加反封建、反帝国主义的斗争，那末这种解放斗争就可以创造无敌的力量，而绝非帝国主义的任何武力所能消灭的"。事实上，中国民众在过去一直持续地进行反对外国侵略斗争，1919 年发生反对帝国主义的"五四"运动，1921 年广东掀起反对英帝国主义者的香港海员罢工，1927 年汉口、九江爆发收回英国租界等斗争。这些斗争不仅具有重大的意义，而且最终都取得胜利。20 世纪 30 年代，日本凶残地侵略中国，中华儿女自觉地投入反抗日本帝国主义侵略的洪流中，"一九三二年淞沪的血战，以及东北四省失陷后我国义勇军不断抗日之英勇行为，均足表示中国民族解放之自觉"②。在广大民众和衷共济、坚持不懈的努力下，中国反抗日本帝国主义的斗争必然以胜利告终，中华民族的统一也必将实现。

最后，暂时的失败只是中华民族在铸炼过程中的短暂痛苦，经过淬火锤炼过的中华民族会更加团结和更加具有生命力，也必然能实现国家的统一与复兴。张廷休先生认为中国的内乱与帝国主义的侵略只是中华民族发展过程中暂时的挫折，不要对中华民族失去信心，他深信："中华民族的天赋，并不比其他民族弱，中华民族所有的疾病，在其他民族中也不见得少，我们自信有生存的力量，就要将此力量发挥出来，争取生存的地位。"他十分赞同何铿教授的观点，"民族意识是积极的，正和毛铁一般需要炉火炼铸而成纯钢"。他说铁免不了生锈，但不能因为铁生锈而不炼钢，因为这样天下将无可炼之铁，亦无可用之钢；相反，正因为铁会生锈，所以应该尽快地把铁炼成不生锈的钢。同样的道理，中华民族也免不了遇到困难与挫折，只要经过淬火锤炼，中华民族的每个成员将重新振作起来，中华民族也将再次焕发强大的生命力，"孙中山先生言民族主义，

① 《时代镜》，《新中华》第 3 卷第 19 期，1935 年 10 月。
② 吴清友：《帝国主义与东方弱小民族——为五卅惨案十周年而作》，《新中华》第 3 卷第 10 期，1935 年 5 月。

须从发挥民族固有的美德着手，就是要使民族中之每一分子，认识其民族之伟大，及其自身责任之艰巨，振作起来，向前不断的奋斗，其结果是没有不光明的"①。

其实，在许多中国知识分子看来，锤炼中华民族的淬火就是伟大的抗日战争。经过抗日战争的锤炼，散漫、分裂的中国将由于人心思齐而凝聚成团结的、坚固的统一国家。王芸生说，民国以来，中国并没有真正统一过，内部纷争不断。1912 年，国民政府成立之后，孙中山与袁世凯就分裂了。1927 年，南京国民政府再次成立，原本属于同一战壕的国民党与共产党也分裂了，处于执政地位的国民党内部更分裂成大大小小不同的派系。由于中国的分裂，历史上中国反抗外来侵略都是局部的反抗斗争，结局均以失败而告终。不过，伟大的抗日战争引起国人心理的重大变化，"国难的羞耻，再无脸面自相残杀"，"大家感觉有团结御侮的必要"。中国的分裂、内斗的局面也由此改变，"国民党内部问题完全消释，国共两党结束了十年长期战争，政府的威信，领袖的号令，都达到前所未有的高度"。中国抗日战争的"战线由北方的晋察绥延长到江南的淞沪以至极南方的粤海；军队的动员，普遍到全国的每一个省份，即在失掉的东北的同胞们也已有了动作，这是一个真正的全国对外战争，这在中国的历史上尤其是空前的。这空前的统一及空前的抗战，都在今年出现了"②。

三　"统一的大业，只能在抗敌的旗帜下完成"

帝国主义是分裂中国的主要势力，不仅直接侵略我国，占领我国的国土，还通过代理人间接操纵中国的政局，制造中国内部的分裂。倪文宙说："帝国主义者玩弄殖民地政治把戏的，有一句恒言曰：'分而治之'，日人之在欧美为反华宣传者，必提出这分裂中国之一原则。所谓分者，分我地域，分我种族，分我政治之理论，分我社会之阶级，分之至小，抗力亦至小，于是而帝国主义者占领侵袭之愿可遂。"③ 因此，谋求中国的团结统一，必须与帝国主义作坚决斗争。

在诸国列强中，《新中华》学人认为日本对领土贪欲最大，是中国最

---

① 张廷休：《中华民族是落后的吗》，《新中华》第 3 卷第 9 期，1935 年 5 月。

② 王芸生：《由统一到抗战》，《国闻周报》第 14 卷第 46 期，1936 年 12 月。

③ 倪文宙：《今年的双十节》，《新中华》第 1 卷第 19 期，1933 年 10 月。

凶狠、最致命的敌人。张健甫把中国近代史上侵略中国最凶狠的两个国家——日本与英国——进行对比。英国发动鸦片战争，中国近代的苦难、国耻由此开端；在之后的英法联军侵华战争、八国联军侵华战争中，英国都是侵略中国的主力；民国成立后，英国仍然不改其对华炮舰政策，制造五卅惨案。不过，英国对华政策以获取经济利益为主要目的，虽然侵吞了香港岛等地，但在侵吞中国领土上，难与日、俄等国相比。日本在甲午战争后，割占了中国的台湾与澎湖；在"一战"时，趁欧美各国无暇东顾之时，提出旨在灭亡中国的"二十一条"；在 20 世纪 30 年代前期，日军先后发动"九一八"事变与"一·二八"事变，侵占东北四省。此后，日本仍不断向中国增兵扩大侵略。据此，张健甫认为日本是中国最主要的敌人，"中国民族在日本帝国主义不绝侵略之下，已经走到山穷水尽的死路一条，中国与其他帝国主义的矛盾，虽然不是不存在，可是到底已经降到第二位，而日本帝国主义则是中国民族生死的唯一敌人了"。为了求得民族的生存与国家的统一，中国唯有与日本拼死斗争。[1] 对于日本在 20 世纪 30 年代对中国野蛮的侵略行径与疯狂的鲸吞土地行为，国际问题专家钱亦石也认为中国已处于亡国的边缘，为了民族的生存与国家的统一，必须"以眼还眼，以齿对齿，以大炮抗大炮，以轰炸机御轰炸机。我们在痛定思痛的经验中，只相信以武装自卫，才可维持'民族生存'；只相信用自己的力量收回东北失地，才可走上'民族复兴'的大道！"[2]

　　胡适一贯不主张向日本宣战，力主通过政治外交手段解决中日之间的争端。但是，到了 1937 年，在日本即将发动全面侵华战争的情势下，其观点发生巨大转变。此时的他认为中国军队必须英勇抗敌，武力收复国土。在 1937 年的新年愿望中，胡适"期望中央政府用全国的力量，领导晋绥察冀四省的军队，在这一年之内，完全肃清察北察东冀东三方面的匪伪叛逆。这三省的匪伪叛逆肃清之后，国家才算做到了长城以南、热河以西的疆土的收复和主权的重建，才算洗刷了民国二十四年六月中河北察东的两次大耻辱。华北肃清之后，国家的统一可算是百分之八十完成了。我们然后可以培养国力，观察国际变化，徐图第二步的统一计划"[3]。

---

① 张健甫：《近六十年来的中日关系》，生活·读书·新知三联书店 2012 年版，第 13—14 页。

② 巨涛：《九一八三周年》，《新中华》第 2 卷第 17 期，1934 年 9 月。

③ 胡适：《新年的几个期望》，《新中华》第 5 卷第 2 期，1937 年 1 月，转引自上海《大公报》1937 年 1 月 5 日。

日本在侵华的过程中，屡屡利用中华民族的败类作为帮凶。因此，在武力反抗日本帝国主义的同时，还必须对背叛祖国，充当日本帝国主义走狗的汉奸势力予以有力的打击。1935 年 11 月殷汝耕等人成立卖国傀儡政权——伪冀东防共自治委员会。对此，全国舆论严词指责，"冀东二十二县，为我金瓯无缺之一部分，战区子民，为我中华整个民族之成员，今兹罪行，危害我民族之统一，分割我领土与行政之完整，以扰及东亚之和平，而搅乱华北之治安"。因此，有人提出应该把祸首殷汝耕等人按国法惩办，"殷汝耕盗窃名器，危害民国，叛逆之罪，国有明典，一旦执付有司，自将依法惩处"①。

英、法等国同样对中国的边疆地区垂涎已久，它们利用各种机会侵略中国。因此，对于所有侵略中国的帝国主义者，《新中华》杂志认为都必须做坚决的斗争，（中国各民族）"同苊于帝国主义者瓜分的危机！我中华各民族共同奋起，以民族自卫战争，求民族的出路，实为各民族共同的急务！"② 部分学者强调在一些重要的军事边地应该尽早做军事准备，调配军队，保卫中国边疆。如新疆"久为英俄所垂涎，今则日本又野心勃勃，……为巩固国防计，政府亟应于新疆为军事上之准备，现在退入新境的苏炳文、马占山、王德林等部，久经战阵，政府如加以整理，不难成为劲旅，平时可用为省防军，而在战时亦可用以应敌，不致仓皇无所措手足。"③ 总之，各帝国主义丝毫不放松对中国的侵略，"盖帝国主义者协以谋我……日本既在东北开其端绪，英、法则随之在华南、华西一带操刀直下；近来日本广田外相所发的谬论，又企图独霸中国，不许别国染指。中华民族的危机真是千钧一发！"④ 为维护统一，中国必须坚决地反对帝国主义，王亚南先生说："中国是需要统一的，一国统一的大业，只能在抗敌的旗帜下完成"⑤。

同实力强大的帝国主义进行坚决斗争，前提条件是尽可能地团结一切

<hr>

① 《安定华北扫除叛逆》，《新中华》第 3 卷第 23 期，1935 年 12 月，转引自《时事新报》1935 年 11 月 26 日。

② 赵勤：《东北失陷后的蒙古问题》，《新中华》第 1 卷第 11 期，1933 年 6 月。

③ 赵镜元：《新疆事变及其善后》，《新中华》第 1 卷第 10 期，1933 年 5 月。

④ 胡慕萱：《战争与革命》，《新中华》第 2 卷第 13 期，1934 年 7 月。

⑤ 王亚南：《投降日本与求助国联——为"九一八"二周年纪念而作》，《新中华》第 1 卷第 17 期，1933 年 9 月。

爱国者，"最大最急之事，为政府发动，求全国人心之团结。盖与其仰鼻息于强邻，何若求谅解于国内。诚能缓和言论思想之禁，请求全国，共赴国难，国事至此，吾想闻风兴起者，必不乏人。而国内人心果能一致团结，则要足增国家地位，而灭窥伺之祸也"①。在爱国者中最大的群体是普通民众，其是与帝国主义进行斗争的基本力量。因此，动员民众情况的好坏是对敌斗争能否取得胜利的关键，"应当立刻唤醒大众，组织大众，只有觉悟的、组织的力量，才是弱小民族的真正力量，才是弱小民族反抗帝国主义的基本力量"②。如何才能团结民众呢？陈铭枢将军的回答是凡事以民族利益为重，因为维护民族利益是团结民众、共赴国难、谋求统一的前提条件，他讲："中国在政治上要为民族利益而谋统一。不统一则民族的力量薄弱，永远冲不出帝国主义的天罗地网。但不在民族的利益上谋统一，是缘木求鱼。不但必然求不到，即或求到也不是我们所需要的。为了全民族的利益我想无论什么主张上的成见或历史上的恩怨，都成了极脆薄的障碍。"③认识到普通民众的重要性之后，还有一个问题没有解决，谁来组织动员民众？指挥淞沪抗战的张治中将军的答案是国民政府，他希望民众相信、信任国民政府，"在这个国难严重的时期，大家要信任政府，拥护中央，团结力量去对外；决不能稍有自私或疑贰之心，给敌人以可乘之隙。"④

另外，爱国的实权人物也是团结的重要对象。实权人物掌握着中国最重要的资源，他们与帝国主义进行斗争将极大增加反对帝国主义的力量。因此，团结爱国的实权人物与支持他们担负保卫祖国的重要职责，也是维护国家统一、反对帝国主义的要求。1935 年日本帝国主义在河北、绥远等地策划"自治"运动时，胡适就把希望寄托在华北地方大员身上，希望他们能担负起守土的责任，"国家把土地交给他们，他们责无旁贷，应该积极负责守卫他们的地方"。当然，由于一些实权人物与帝国主义在各

---

① 《中日问题之趋势》，《新中华》第 3 卷第 11 期，1935 年 6 月，转引自《大公报》1935 年 5 月 3 日。

② 吴清友：《火光迸发中的世界弱小民族问题》，《新中华》第 4 卷第 1 期，1936 年 1 月。

③ 陈铭枢：《淞沪抗日战争的教训与中华民族的前途》，《新中华》第 1 卷第 2 期，1933 年 1 月。

④ 张治中：《淞沪抗日战争与今后抗日战的准备》，《新中华》第 1 卷第 2 期，1933 年 1 月。

方面有千丝万缕的联系，他们与敌人斗争的思想并不坚定。为坚定他们的民族立场，胡适试图从破坏国家统一的严重后果及对个人的恶劣影响来说服华北的头面人物不要充当日本帝国主义的帮凶，"在这个全国统一的时候，若有任何破坏统一的事变出现，主持的人必定成为全国人痛恨的对象，必定成为历史上孝子慈孙永永（远）不能洗刷的大罪人"①。

在上述的讨论中，许多学者纷纷表达自己的观点。其中，张健甫与钱亦石是中国共产党人，思想激进，他们坚决主张反抗日本帝国主义的侵略，容易让人理解。胡适是中国著名的自由主义者，一直希望用改革的方法来解决问题；不过，胡适终究是一个民族主义者，面对日本的不断进兵，他逐渐意识到：向日本妥协、退让，改变不了日本吞并中国的既定政策！只有顽强地抵抗才能改变中华民族的命运！在日本发动全面侵华前，政治观念相异的张健甫、钱亦石、胡适等人在对待日本的态度上取得一致，说明包括《新中华》学人在内的绝大部分中国知识分子已经认识到：只有坚决地抗击日本等帝国主义的侵略，才能维护国家的统一！

第二节 "修明政治以奠定国家统一之基础"

一 抨击军阀政治导致国家分裂

中国外受列强侵犯而丧失国土，内由军阀纷争而陷入分裂。程瑞霖认为1912年清王朝虽然被推翻了，但辛亥革命并没有撼动中国的军阀政治。"辛亥革命的成绩太少了，不过推翻了一个衰颓的王室，换了一个国旗，改了一个国号。尾大不掉的督抚，改称了督军，便深植了军阀政治的根。"袁世凯上台之后，军阀政治在中国更加膨胀，"袁氏的势力，建筑在督军的集团，其倒也，亦由于另一督军集团之起，与其自己的督军集团之离异。所以袁氏虽倒，督军系统不倒，割据自王的局面愈演愈烈，平民势力绝少抬头的机会"。1926年以"打倒列强除军阀"为目标的国民大革命开始，北伐军节节胜利，1927年南京国民政府成立。但是，"以革命武力摧毁军阀武力甚易，以革命武力扶助政治上轨道则甚难"，执政后的国民党放弃了"使武力与民众相结合""使武力成为民众的武力"的原则，

---

① 胡适：《华北问题》，《新中华》第3卷第24期，1935年12月，转引自《独立评论》179号，1935年12月。

中国重新踏上政治昏暗、败坏的老路上了。[1] 1928 年张学良改旗易帜后，全国表面上实现统一，但国民党党内派系林立与内争不断，加上各地军阀势力依然强大，为各自私利冲突不息，国内统一进程阻碍重重。

国民政府在南京成立之后，蒋介石采取种种措施削弱国民党党内其他派系势力。这些举措引起冯玉祥、李宗仁与阎锡山等人的强烈不满，国民党新军阀之间矛盾加剧，先后爆发了蒋冯大战、蒋桂大战、中原大战。1933 年福建事变的爆发就是蒋介石势力与粤系势力矛盾激化的产物。蒋光鼐、蔡廷锴率领的十九路军是粤系军事领袖陈铭枢领导的军队，在1932 年的淞沪抗战中浴血奋战、立下卓著战功，影响很大，但由于不是蒋介石的嫡系部队，十九路军英勇抗击日军行为被蒋介石认为是不服从命令，而欲以整肃。1932 年 5 月，蒋介石命令十九路军赴福建"剿共"，设想通过十九路军与中国共产党领导的工农红军互相残杀达到两败俱伤的目的。蒋介石的险恶用心使十九路军的官兵反蒋情绪普遍高涨，1933 年 11月，陈铭枢等人在福州成立抗日反蒋的中华共和国人民革命政府（即福建人民政府），据《新中华》杂志记载，"福建政局转变，酝酿已非一日，溯陈铭枢自欧归来，即积极进行，至最近乃至揭晓之期。其参与政治之人物，除陈铭枢主粤时者外，类多'左倾'之青年，如第三党社会民主党等是也"[2]。福建事变的发生与福建人民政府的成立使蒋介石极为愤怒，随即采取各种措施来分化瓦解与镇压福建人民政府，"自闽变发生，中央方面，本拟先从政治手腕解决，嗣因闽省有窥浙行动，乃决以军事制裁，因此日来调集大军，集中仙霞、雁荡等处，整备下令讨伐，而闽省当局，亦陆续集中闽北，大有一触即发之势"[3]。在蒋介石的武力镇压与威逼利诱之下，福建人民政府仅存在 54 天就失败了。陈铭枢、蒋光鼐与蔡廷锴等人先后出逃，十九路军也最终被蒋介石改编。

福建事变发生后，国内舆论界纷纷发表看法，有支持与赞同的，有反对与谴责的，也有持中间立场的。蒋廷黻持反对意见，其基本看法是：包括福建事变在内的诸多标榜革命的反政府运动，不管目的是争权夺利，还是"为人民谋利益""为国家求富强"，在割据的环境下，它们不得不练

---

① 程瑞霖：《中国政治的过去与今后》，《新中华》第 2 卷第 1 期，1934 年 1 月。

② 《闽变中之人民政府》，《新中华》第 1 卷第 23 期，1933 年 12 月。

③ 《密云不雨之闽局》《新中华》第 1 卷第 24 期，1933 年 12 月。

军、筹饷与打仗，"久而久之，所谓革命军大半就不是革命军了，所谓革命党也不革命，只争地盘，抢官作了。等到事情过去以后，人民只出了代价，绝没有得着收获"。最终造成的结果是列强渔翁得利，中国愈加分裂。他还说："中国现代的所谓革命就是建国的一个大障碍。"① 《益世报》的观点则有所不同，虽然没有明确赞同陈铭枢等人的行为，但认为南京中央政府应该为福建事变负主要责任，"闽局发生的责任，中央政府一班当局应该自负"。"中国今日发生大革命大变乱的条件，哪一项没有具备？这几年来当局者哪一天不在努力制造此一切条件？"为免除内战，为国家的统一，民族的前途计，《益世报》提出解决闽局的合理方法，即中央政府"即应向国人引咎自责。此日即应毅然决然党治，还政于民。而后在政治公开的原则上，本人民的公意，产生超政党的政府"②。总体上看，尽管中国知识分子对福建事变观点不一，但都对国民党党内派系林立，并导致政局动荡持不满、批评的态度，批评的目的都是为了避免政局的恶化与国家的分裂。③

---

① 蒋廷黻：《革命与专制》，《独立评论》第 80 号，1933 年 12 月。

② 《解决闽局合理的途径》，《益世报》1933 年 11 月 23 日。

③ 《新中华》杂志有关福建事变的讨论很少，有关当局政策与当权人物的言论也不多。总体上，《新中华》在政治议题上言语不多。其原因可能主要是国民党严密的新闻控制。1928 年国民党定都南京，成立国民政府后，国民党与国民政府就从源头、流通等环节控制新闻舆论。其一，制定法律、法规，控制新闻舆论的源头。国民党中央和国民政府先后制定《指导普通刊物条例》《审查刊物条例》《出版条例原则》《出版法》《日报登记办法》《出版法施行细则》《宣传品审查标准》《新闻检查标准》《重要都市新闻检查办法》《图书杂志检查办法》等法律与法规，严格控制新闻的出版。除利用法律、法规之外，国民党还采用暴力方式破坏不同政见的报刊，从源头扼杀不利的新闻舆论。其二，通过邮局等途径控制新闻舆论的流通。国民党与国民政府控制邮局，颁布《全国重要都市邮件检查办法》《各县市邮电检查办法》等文件，通过新闻检查、禁邮等办法封锁不利于国民党与国民政府的言论。如"1932 年 7 月，国民党政府以'言论反动，诋谤党国'的罪名下令禁止《生活》周刊在河南、湖北、江西、安徽等省邮递。1932 年 10 月 14 日，国民党政府上海市公安局复市党部封禁《生活》周刊，'奉令依照出版法办理'。1933 年 7 月，《生活》周刊被禁止全国邮寄，而邹韬奋本人则在 1933 年 6 月被列入国民党的暗杀黑名单后，被迫流亡海外"。"1933 年 12 月 16 日，《生活》周刊最终被国民党政府以'言论反动、思想过激、毁谤党国'的罪名密令查封。"（参见赵文《〈生活〉周刊与城市平民文化》，上海三联书店 2010 年版，第 55、56 页）国民党不仅对待《生活》周刊等进步报刊如此，对国民党自己创办的报刊也严格限制其舆论，如由国民党党内知识分子创办的《时代公论》杂志最终被迫停刊。中华书局也在 1930 年遭到惩处。"曹亚伯《武昌革命真史》（全 3 册）由本局印制发行。当局以'记载失实，讥评总理'为由，10 月间遭行政院严禁发行，存书及纸型图版均予销毁。"（见中华

　　20 世纪 30 年代，不仅国民党新军阀内部矛盾尖锐，时常发生摩擦；割据一方的地方军阀也为争夺地盘和地方政权冲突不断，城头常常变幻大王旗。状况最严重的是四川，这里山头林立，大大小小军阀各占一块地盘，其中势力比较大的有刘湘、刘文辉、邓锡侯、田颂尧、杨森、李家钰等军阀。1932 年，刘湘与刘文辉之间发生了"民国以来四川各军阀进行的四百余次混战中最大的一次"①。据《新中华》杂志记载："去年（1932 年）二十五日发生大战。刘湘倾其所有飞机全部出动轰炸。二十四军各路畏渝军之飞机，不敢前进，致退回井研嘉定仁寿原有防线。二十六日刘文辉愤廿一军暴行，率精兵五千，向廿一军阵地，横冲直撞。刘湘李

（接上页）书局编辑部：《中华书局百年大事记（1912—2012）》，中华书局 2012 年版，第 64 页）1934 年 2 月 "国民党中央党部查禁书籍 149 种，列有本局版 4 种，即'少年中国学会丛书'中田汉的《咖啡店之一夜》《日本现代剧选》，'新文艺丛书'中丁玲的《一个女人》、胡也频的《一幕悲剧的写实》"。[参见中华书局编辑部《中华书局百年大事记（1912—2012）》，中华书局 2012 年版，第 77 页] 中华书局是一家商业性质的股份有限公司，赢利是其最终目的，如何在变幻莫测的政局和各种政治势力的夹缝中生存下来，其法则是不参与实际政治，力求避免国民政府的严厉惩治。陆费逵曾经讲："我是一个有政治思想而不喜政治生活的人。"（见陆费逵《我的青年时代》，载俞筱尧、刘彦捷《陆费逵与中华书局》，中华书局 2002 年版，第 485 页）有鉴于此，《新中华》为应付当时国民政府的新闻检查，编辑部不得不谨慎处理杂志的内容，如《新中华》编辑部曾设想对当时的社会现象与时事政治进行评论，从第二卷起特辟《论评》一栏，但又怕引火烧身，从第三卷开始用《时代镜》这个栏目取代《论评》，使本来在政治评论上声调不高的《新中华》杂志批评色彩更加薄弱。《新中华》杂志自己也说："刊物的执笔者，为避免直接评论的莽撞名词起见，则有以幽默的笔调为文，自比于滑稽列传人物，冀以讽喻之言，收谏诤之效的。即如本刊一年来所致力的《时代镜》，也是想避免直接评论的名词，以委婉的笔调，对社会现象，政治事情，经镜面屈折之光，稍稍呈露人间实相。如形投影，客观现示，主观妄议，则吾岂敢。我们以此自卑自检的态度，小心翼翼，经过了一年的尝试，总算没有惹出什么是非"，但过于小心谨慎，使得《时代镜》栏目达不到评论的效果，为此，《新中华》杂志编辑部自我批评，"然而正因为平静无风，是非不显，反省到我们这种鉴形呈影隔一层的工作，也是多余的了"。"至于含混其词，隐约其旨，以镜面之折光，呈间接之印象，在人未必能明白接受，在我仍不免落妄议之讥。何况我们自己也得承认，镜之呈影，未必正确，镜面有凹凸，影之大小，即异原形。镜面蒙微尘，影之明析，更大打其折扣。如果我们有勇气把镜面刮垢磨光，真个明如秦镜，照尽魑魅，则环境逼人，必也有击碎此镜之一日。而且看真影不如看真形，我们又何必有此一镜呢！"（编者：《时代镜》，《新中华》第 3 卷第 24 期，1935 年 12 月）由此，从第四卷开始《新中华》杂志又取消了《时代镜》栏目，甚至评论的栏目也没有了。总的来说，《新中华》杂志仍很少直接点评时政内容，更不会激烈抨击政府当局的政策与严词指责当权人物。

　　① 周天度、郑则民、齐福霖、李义彬等：《中华民国史》第 3 编第 2 卷上册，中华书局 2002 年版，第 204 页。

其相罗泽洲等，亦率敢死队抵御，直战至廿七日晨双方始行停止。此役廿一军死亡约四千余人，李罗两部约死二千人，廿四军之五千敢死队，生还者仅四五百人。"① 这场战争同时也是一次大混战，因为刘湘与刘文辉之间的争斗还引发了四川军阀内部一系列的混战，各派军阀蠢蠢欲动，田颂尧、杨森、李家钰等军阀想乘机获利相继卷入这场纷争。这场混战最终以刘文辉的惨败而告一段落，"刘湘之联军各路向刘文辉军开始进攻激战……刘文辉知大势已去……川战渐次结束"②。学者萧公权十分痛心四川军阀割据一隅，互相残杀，认为四川的军阀政治使社会经济遭受严重破坏，地方秩序荡然无存，更造成20世纪30年代四川灾情加剧，"'天府之国'经过如此破坏已成了空虚的准饿鬼地狱。谷仓固然早已荡然无存，农民交纳预征数十年赋税之后，更是朝不保夕。天灾一来，无怪要死亡枕藉了。"为了谋求地方的发展与复兴，为了政权的稳定与统一，他希望"川省当局能够明了割据梦想之有损于国，有害于民，而终久无利于己，翻然改图"③。

1927 年成立的国民政府是一个弱势政权，形式上保持着统一，但实质上却分崩离析，全国大部分地区控制在大小军阀手中，仍然实行着军阀政治。在军阀政治下，中国的军队并不是国家的军队，而是政党或是私人的武装，"自从民国成立以来，我国的军队中就没有什么国家军队和地方军队的区别。各地的驻军都是独立的，向不受中央的指挥。而最痛心的，就是各地军队之间，都有敌视的态度"。为争夺私利，军阀间冲突不断，中国内战频仍。以至于《东方杂志》沉痛地讲："国民政府成立以后，这种的情形（军队私有）还没完全消灭。实情是如此，真正的统一当然谈不到了。"④

二　有关修明政治的言论

军阀政治造成中国分崩离析，《新中华》学人则希望通过修明政治，根除军阀统治，奠定国家统一的基础。《新中华》学人有关修明政治的言

---

① 《内战可望解决》，《新中华》第 1 卷第 2 期，1933 年 1 月。

② 《川战告一段落》，《新中华》第 1 卷第 17 期，1933 年 9 月。

③ 君衡（萧公权）：《从川灾谈到中国的统一》，《独立评论》第 233 号，1937 年 5 月。

④ 国纲（史国纲）：《统一与军队管辖问题》，《东方杂志》第 31 卷第 24 号，1934 年 12 月。

论主要集中于三点：

首先，遵守《革命方略》，建立完备的现代政治制度。《革命方略》是 1906 年孙中山等人为将来中国建立民主共和国而制定的纲领性文件。在《革命方略》中，孙中山重申了驱除鞑虏、恢复中华、建立民国与平均地权四项基本纲领，为实现这四项基本纲领，他还设计了三个步骤，第一步是军政时期，第二步是训政时期，第三步是宪政时期。可以说，孙中山先生为中华民国的未来描绘了美好的蓝图且制定了整套的实施步骤，继任者们应该遵守孙中山先生的《革命方略》，认真制定各项政治制度，妥协处理各种突发事件，打造现代政治为国家统一奠定坚实的基础。1928年东北易帜，全国统一。按孙中山先生的设想，此时全国除少数地方由于不靖实行军政外，大部分区域应该实施训政，但是蒋介石控制的国民政府却没有遵循孙中山的建国主张，实行训政。学者程瑞霖指责国民政府把《革命方略》放在一旁，使得在应行军政的地方不行军政，应行训政的地方不行训政，只想"敷敷衍衍过日子"，但结果却是："地方割据，政客活跃，选以贿成。"他建议国民政府立即奉行《革命方略》，"就后方军事底定之几省实行训政，对前方仍为军阀把持之省，毫不妥协的继续军政。在后方发展政治，在前方发展军事，拿政治的成绩，去促进军事的发展"，只有这样，国民政府的权威才能寄托于政治而不是军事，其统治才能得到民众的支持，"政府才是立于不败之地，可以'稳步当车'的去完成统一和宪政的工作"①。

笃信民主政治的胡适坚定主张通过建立现代政治制度维系国家统一。他说："'政治统一'，只是指那些维系全国，把中央与地方连贯成一个分解不开的全体的制度和关系。"当然，胡适认为政治制度只是维系国家统一诸多因素的一种，其他诸如：历史、经济、文化、武力等因素也能拉近中央与地方的关系，但是，"这种种的相互关系，若没有统一的政治制度的表现与统制，明明相互的关系也可以松懈到不相关，甚至于相冲突的地位"。胡适之所以持这种主张部分来源于他对中国历史的解读，他发现清前期各地驻兵很少，但秩序井然，国家安定，很重要的原因是因为当时存在一些诸如科举制等好的制度，它们维系着社会稳定、国家统一。但科举制度在太平天国之后慢慢衰败了，清末被正式废除，中国也陷入混乱分裂

①　程瑞霖：《中国政治的过去与今后》，《新中华》第 2 卷第 1 期，1934 年 1 月。

的局面。当然，时代已经变化，维系中国的统一，并不是恢复传统的政治制度，而是要求建立新的现代政治制度。留学欧美的胡适十分赞赏西方的选举制度，认为国会制度是现代政治制度的基石，能有效地维系国家的统一，"国会制度不过是一个最扼要又最能象征一个全国大连锁的政治统一的制度"。"国会的功用是要建立一个中央与各省交通联贯的中枢。它是统一国家的一个最明显的象征，是全国向心力的起点。旧日的统一全靠中央任命官吏去统治各省。如今此事既然做不到了，统一的方式应是反其道而行之，要各省选出人来统治中央，要各省的人来参加中央的政治，来监督中央，帮助中央统治全国。"①

1937 年胡适最大的新年期待就是速开国民大会，他说："如果国家的统一必须全靠中央的武力来维持，那种统一是靠不住的，是假的统一。今日的政治领袖，应该明白一个国家的向心力和统一性，都是需要长期培养的政治习惯。"而政治习惯的形成是需要良好的政治制度来支撑的，而这正是中国政治的最大缺陷所在。因此，胡适希望国民大会能够尽早召开，"今日最缺乏的是一个维系全国的政治制度。国民大会的组织，虽然有许多缺陷可以受政治学者的指摘，然而这个机关究竟是全国国民推举代表来参与国家统治的起点。……这是今日必不可少的维系全国向心力，培养统一习惯的新政制的起点。所以我们期望国民大会必须在今年召集"②。胡适设想通过召开国民大会，建立最基本的现代政治制度，为国家的统一奠定最重要的基石。

除了以国民大会为代表的选举立法制度外，现代行政制度的确立与完备也非常重要。在现代行政制度中最重要的是文官体制，徐镇南认为确立文官制必须做到"凡事务官员，非犯法时，不得撤换，惩罚奖励，全视经验成绩而定，倘有违法行为，被侵害者，得诉于行政法院，要求恢复权利，以为文官制的保障"。有了这些保障，各级官员才不会苟且钻营，坚持原则，不以长官意志而行事，文官体制才能真正确立。文官体制确立后，"则奔竞钻营，贪污贿买的风气，也可随之泯灭，因为进退有准则，无须乎钻谋，服务有保障，不必仰承长官的私意，仅为组织上的下属，不

---

① 胡适：《政治统一的意义》，《独立评论》第 123 号，1934 年 10 月；《政治统一的途径》，《独立评论》第 86 号，1934 年 1 月。

② 胡适：《新年的几个期望》，《新中华》第 5 卷第 2 期，1937 年 1 月，转引自上海《大公报》1937 年 1 月 5 日。

是长官的私人，便难于上下其手，玩法舞弊，那末，向来以做官为营利的投机事业，发财的终南捷径，这种腾笑中外的恶观念，不能再在青天白日之下继续存留"①。除了给予文官一个安稳的环境之外，如何选拔优秀的人才进入文官系统也非常重要，薛伯康特撰写《国家考试制之比较研究》发表于《新中华》杂志第4卷第4期，他提出：为选拔与任用合适的人才必须严格审察备考人员的年龄、资格、党籍等条件，及认真做好考试科目、主考官，及格标准与任用权力等各项准备工作。② 总之，文官选拔与任用制度在现代政治中占有十分重要的地位。

另外，在司法方面，《新中华》借用《时事新报》的论点，希望改造现行司法体制，使"一切的司法制度与法规，均应与总的民族利益相适合，不应忽视大多数人民的利益，而使它变成了代表特殊阶级的司法"③。改造现行司法体制最重要的事情就是摆脱行政机关的控制，实现司法独立。中国的司法权，特别是地方司法权，"向来操自县长之手，承审人员，直为刑幕变相，而地方监狱之黑暗，更为历史仅存的遗迹"。这种状况必须加以改变。不过，受人才、经费、场地等条件所限，地方司法机构还不能完全从行政机关中剥离出来，现如今比较可行的办法是："在县府内附设审检处，由高等法院遴选推事一人至三人负民事及刑事案件审判之全责，不受县长干涉……"④ 尽力推动司法独立。

由此可知，《新中华》学人主张在立法、行政与司法方面三管齐下，在中国建立一个完备的现代政治制度，为祖国的统一奠定一个良好的制度基础。

其次，组织强力政府。辛亥革命虽然推翻了丧权辱国的清王朝，但建立起来的却是一个软弱无力的国民政府。临时国民政府为争取西方列强的支持，宣布承认清政府与列强签订的不平等条约，西方帝国主义在中国各方面的特权都予以保留。此后，西方列强依靠强大的势力，通过这些特权牢牢控制着中国的命脉，国民政府在内政外交上不得不向西方帝国主义妥

① 徐镇南：《论即将成立之行政法院》，《新中华》第1卷第12期，1933年6月。
② 薛伯康：《国家考试制度之比较研究》，《新中华》第4卷第4期，1936年2月。
③ 《全国司法会议闭幕》，《新中华》第3卷第19期，1935年10月，转引自《时事新报》1935年9月20日。
④ 《所望于全国司法会议者》，《新中华》第3卷第19期，1935年10月，转引自《大公报》1935年9月5日。

协，因此，国民政府是一个没有完全主权的政府。正如经济学家章乃器在谈及中国是否具备统制经济的能力与手段时所说："就大体而论，一个准殖民地的中国，连政治都在被统制状态之下，那里还能谈得到经济统制？一个没有国防的国家，而要实行经济统制，恐怕是徒然招致帝国主义武装的侵袭，而以'城下之盟'作那趣剧的下场。""像中国，国境之内有国家治权所不及的租界，在国内经济界占有雄伟的势力的有国家法令所不及的外侨。倘使经济统制或者金融统制要施及于租界和挟其治外法权的外侨，那就非引起战争不可。倘使把租界和挟有治外法权的外侨除外，那就等于'为渊殴鱼'，结果是自杀！"① 对外，国民政府没有完全的主权，对内，中央政府也没有完全控制的能力。地方军阀并不完全听命于中央政府。就连在核心统治区域，南京国民政府建立的各种规章制度也没有得到认真实行，纪律松弛使中国的知识分子非常失望。有人说："南京政界之风纪，年来实有每况愈下之感，至于江苏浙江，密迩畿辅，其省政之欠缺清明，吏治之有待整顿，亦为江南人士所公认。"② 学者程瑞霖也讲："赏与罚，是政治的纪律……假使政治上赏罚俱不得当，或竟而无罚，则做好者无激劝，作恶者更猖狂；天天滔滔，狂澜将不可挽。国民政府的运用赏罚，刚刚落了这一套……政治上重交情，重私惠，市恩畏势，结果，便把纪律弄成废物，所以监察院的先生们，只好拿着杀牛的刀去割鸡，以慰情'聊胜于无'。"③ 为应对内忧外困的局面与维护国家的统一，《新中华》杂志编辑周宪文认为："在现状之下，我们只能尽可能的造成强有力的中央政府。"④

在当时知识分子看来，"造成强有力的中央政府"最有可能的途径就是实行"新式独裁"或"统制政治"。程瑞霖认为："所谓统制政治，便是绝对集权政治；一党政治；非民主政治；非多党政治。某一党取得政治权后，实行专政，更有实力、有主义以为统治的基础；这种基础是很坚固的，不畏反对的，它才有充分的时间，和不妥协的精神，来展开国家化的经济计划，改变国民的经济企业，限制国民的经济活动，节制国民的经济

---

①　章乃器：《中国金融统制论》，《新中华》第 1 卷第 15 期，1933 年 8 月。

②　《"以建设求统一"》，《国闻周报》第 10 卷第 15 期，1932 年 4 月。

③　程瑞霖：《中国政治的过去与今后》，《新中华》第 2 卷第 1 期，1934 年 1 月。

④　周宪文：《中国统制经济论》，《新中华》第 1 卷第 15 期，1933 年 8 月。

生活。"① 他强调这种"新式独裁"从根本上是不同于以往帝王、军阀的"个人独裁","它有主义以为灵魂,有党徒以为后盾,有组织以为动力。它有理想,有计划,有行动,有威力。它具备了统治的条件,它显露了谋国的精神,它可鼓起疲弱的人心,它可推动麻木的社会。它以事实示人,以行动胜人,它不顾暂时的毁誉,它能负特殊的责任,它是为人而不是为己,它并不是如一般误认的狰狞的魔王"。"现在的独裁,表面上仍然尊重国会,仍可以解释其独裁是为一种委任权,仍与宪政不极端冲突,而可以保持与宪政相妥协的方式。"② 通过"集权政权"或"统制政治"等方式使中枢组织严密化、强力化,从而对外"由国际帝国主义者的手中,夺回工业权、航行权"③;对内"遇大事小事能'裁',而且还要很快的'裁'"。总之,通过实行"统制政治","让其负责者,遇难避不开,遇祸躲不脱。这无论如何,总比七嘴八舌,七手八脚,推诿误事为有利……这样做,才是表现着刻苦图强的精神。中国的前途,始有一线的光明"④。《新中华》学人设想通过组织强力政府,对内打破地方各自为政及各级官员消极怠政局面,对外增强应付空前外患的实力,最终实现中国团结统一的局面。

最后,实行专家政治,刷新吏治。国民政府纪律松弛,组织涣散,随之而来的便是吏治败坏。徐镇南介绍道:"在过去的状况,可以说无所谓文官制,往往一长官的更动,则等而下之,可达于差役的变换,进退全凭私意,奖罚绝无准则,勤忠职守,可以裁撤,迎逢拍马者,可以倖进,以致在职人员,个个存五日京兆的心念,对于职务,敷衍了事"⑤,中央部委如此,地方的情况更加严重,"地方之于中央,或则动起猜嫌,无形独立,或则意存敷衍,阳奉阴违。习惯相沿,恬不为怪。坐是中央虽日日言解除民众痛苦,而痛苦程度则如水益深,虽日日言严厉惩治贪污,而贪污为患实变本加厉。推而至于言造林则犹是童山,言育才则依然失学,言禁烟则别立名止,言减税则花样翻新"⑥。

---

① 程瑞霖:《统制经济与统制政治》,《新中华》第 1 卷第 15 期,1933 年 8 月。
② 程瑞霖:《宪政与独裁》,《新中华》第 1 卷第 7 期,1933 年 4 月。
③ 周宪文:《中国统制经济论》,《新中华》第 1 卷第 15 期,1933 年 8 月。
④ 程瑞霖:《中国政治的过去与今后》,《新中华》第 2 卷第 1 期,1934 年 1 月。
⑤ 徐镇南:《论即将成立之行政法院》,《新中华》第 1 卷第 12 期,1933 年 6 月。
⑥ 柳克述:《英国地方政府之研究》,《新中华》第 2 卷第 14 期,1934 年 7 月。

　　如何治理如此涣散的组织与败坏的吏治呢？学者给出的意见之一是实行"专家政治"。其实在 20 世纪 30 年代著名的"民主与独裁"争论中，辩论双方都提到不管是英、美、法民主国家还得德、意法西斯国家都是建立在大量专业人才基础之上的，专业人才是现代国家的基础，因此，在培养大量专业人才的基础上实行"专家政治"是建立现代政治的必要条件。程瑞霖等人提出在中国实行"专家政治"，即"学甚么的，我们用他去管理甚么，长于甚么的，我们用他去干甚么。"如果中国政府按照这样的用人规则，官员才能更容易更有效地处理分内的事情，所以，"在行政上，一定要实行专家政治，以增进政治的效率，以发挥政治的作用，以树立行政的法则，以引导政治踏上轨道"[1]。

　　主张实行"专家政治"的同时，程瑞霖还强调政治纪律的作用，通过严格的政治纪律以达到治理吏治的目的，"政治纪律，是一件用人的机器；应当严密精细的运用，以肃清官吏贪污之风气，养成廉洁之道德，间接的消灭人民所受的压迫与损害"[2]。实行有纪律的"专家政治"虽然可以减少官吏贪污，但让贪官污吏真正担心害怕的是公正与严厉的司法，徐镇南就认为新成立的行政法院不仅有利于"专家政治"与文官制度的实施，对贪官污吏的犯罪行为也存在一种威慑。[3]

　　此外，有一种观点认为中国如果设想通过实行"专家政治"来达到刷新吏治的目的，还必须树立法治的精神。学者程方说："夫立法贵行，法治之效乃见，法而不行，直等于无法耳。"法贵在行，如何让法律落到实处呢？他的看法是树立法治精神，"法何能行？待人而行，所以政府与人民皆当守法奉法，具有'我喜可抑，我忿可窒，我法不可离也'之法治精神！法治确立，人治乃能无弊而见功"[4]。

　　20 世纪 30 年代的中国，战乱频仍，国家四分五裂。为谋求国家的统一，具有新知识、新思想的《新中华》学人希望通过修明政治，也即：建立完备的现代政治制度，组织强力政府，厉行"专家政治"，来为国家奠定统一的基础。

---

① 　程瑞霖：《中国政治的过去与今后》，《新中华》第 2 卷第 1 期，1934 年 1 月。

② 　同上。

③ 　徐镇南：《论即将成立之行政法院》，《新中华》第 1 卷第 12 期，1933 年 6 月。

④ 　程方：《中国法治与反法治之争》，《新中华》第 1 卷第 20 期，1933 年 10 月。

第三节　加强边疆建设谋求国家统一

一　呼吁国人关注边疆危机

前文提及《新中华》学人介绍日、英、法等国侵扰东北、西北、西南等边疆地区，但由于地理、经济与文化等方面的原因，一般内地人士不太了解边疆地区，对当地的国防地位及经济开发也并非十分重视。学者方秋苇以中国海疆为例："站在中国海疆重要地带的南海，自台湾海峡福建省思明县之南起至东京湾止一带滨海，像一条曲径的防线，围绕着中国的南部。……从来就被中国人自己蔑视为荒僻恶土，没有去利用地势的冲要来建筑要塞，也没有去开发地下蕴藏丰富的资源，以致到了今天，除沿海一些捕鱼者，把它当作'宝藏'不断地打捞而外，实在没有人重视这些地方为中国南部重要的沿海防线。"特别是对孤悬海外的海南岛十分轻视，"孤悬在南海的海南岛，也是被人蔑视的"[1]。

尽管国民政府及国人不太重视海南岛，但它的国防作用十分重要，"海南岛之于香港、安南及中国海、西太平洋都有很大的军事关系"。法国于19世纪末就把魔手伸向海南。20世纪30年代，日本帝国主义开始窥视着中国最南端的海南岛与西沙群岛等岛屿，企图控制南海，从海上对中国进行封锁。日本在中国南海的蠢蠢欲动引起《新中华》杂志格外注意，"去年（1936年）北海事件[2]日本国内竟有人主张乘机占领海南岛，往后日本对海南岛的侵略，势必愈益急进"[3]，"近年以来，（东沙群岛与西沙群岛）又遭日人的觊觎……去冬日舰到儋崖巡弋之举，乃与此一计划有重大关系。因日方闻英国有借用该两岛作飞机场及贮油库的消息，故

---

① 方秋苇：《从国防上观察海南岛》，《新中华》第5卷第9期，1937年5月。

② 北海事件："1936年9月3日广东省合浦县北海埠之日商丸一药房店主中野顺三，殴打顾客，激起公愤，被殴致死。日本政府遂调集军舰开赴北海。9月9日广东当局派员与日本驻广州总领事馆官员同赴北海调查。9月14日驻北海的国民党第十九路军翁照垣部拒绝日员登岸调查。9月16日，国民政府强令翁部撤离北海。9月22日，中日双方调查员在北海进行调查。9月25日，日舰撤退。12月30日，中日双方以换文方式宣布该案正式解决。中国政府答应了日方提出的处分地方当局、惩凶及抚恤的要求。"（参见张宪文、方庆秋、黄美真《中华民国史大辞典》，江苏古籍出版社2001年版，第542页）

③ 方秋苇：《从国防上观察海南岛》，《新中华》第5卷第9期，1937年5月。

先行示威，以打击英国政策的实现"①。《新中华》学人十分警觉日本对海南的行动，主张国民政府与国人重视海南的经济与国防建设。

边疆地区是各国列强侵略中国的重点地区，也是中国内乱最严重的区域。尤其是新疆，不仅英、苏、日等国虎视眈眈，内部各派军阀乱战不断。据学者贺灵扬介绍，在新疆北部有多种武装势力，主要有省军（盛世才控制）、旧东北军、张培元部、马仲英部与缠回部等，他们之间为夺取政权不断地爆发军事冲突，"一九二八年有交涉员樊耀南勾结民政厅长金树仁暗杀杨增新（主政新疆），次日金复杀樊，取得省府政权"。"一九三三年四月十二日盛世才以枪练为名，将军队配备省城各要道，午后一时开始攻取各军政机关，金树仁乔装逃出。十三日金复率省防军杨正中部反攻，巷战最烈，杨败退，金即逃塔城。各界当推刘文龙为临时省主席，盛世才为临时省督办。"为缓和各派争端，中央政府派黄慕松赴新疆调解各派矛盾，局势不仅毫无改善，黄慕松本人也被软禁。"最近张培元被狙击身死，当然因张附马（马仲英）欲倒盛以分割新省政权，所认盛不得不出此狙击手段。以上各种政变，大都发生在迪化城里，他们所争夺的，只是省府政权而已。"新疆动荡给国家统一带来严重的隐患。因为新疆等边疆地区情况较为复杂，少数民族聚集，经济相对贫瘠，交通非常不便，国民政府势力薄弱，帝国主义就利用甚至制造当地军阀派系的斗争而渔翁得利。贺扬灵说新疆的动乱"完全是替帝国主义造机会。帝国主义不需要新疆治，而需要新疆乱，新疆乱，各军事集团，就不得不要求外力的接济，马仲英之与日勾结，盛世才之与俄联络，都是事实的关系。……盛马几年的混战，只做了日俄帝国主义的牺牲工具而已"②。

各派军阀乱战导致新疆动荡不安，并使各国列强有机可乘，威胁中华民族的团结与统一。学者赵镜元说"新疆僻处边隅，在在足以引起国际间的纠纷，新疆问题之重大性，即在于此"。但由于地处边陲，与内地交通不便，"加以新省当局对事变讳莫如深，中央亦有鞭长莫及之势"，新疆事变及其他各种情况不易被内地人士知晓。因此，《新中华》学人呼吁国人关注新疆等边疆地区的危机，"注意新疆的政治问题、经济问题及民

---

① 余焕庭：《海南岛开发之各方面》，《新中华》第 5 卷第 9 期，1937 年 5 月。

② 贺扬灵：《破碎的新疆》，《新中华》第 2 卷第 8 期，1934 年 4 月。

族问题"①。

二　边疆建设的重心

学者张其昀总结处于国难的中国欲达到真正的统一，必须做到三点：地形（交通）的统一，物质的统一和民族的统一。② 他的主张尤其关切交通不便、经济落后与民族众多的中国边疆地区。努力解决好中国边疆地区的民族、经济与交通问题，有助于拉近各民族间的距离，有助于国家的团结统一。

其一，民族建设。在中国边疆地区主要分布着汉族、藏族、回族、蒙古族、壮族、满族、维吾尔族与苗族等民族，各民族在风俗、语言、文字与宗教等方面存在着诸多不同，因此，如何处理好民族问题，促进民族团结就显得尤为重要。

首先，平等地对待各民族。在边远地区出现民族冲突一个重要原因是由于当政者对部分民族实施高压政策所致，典型的如新疆事变，金树仁在统治时期对回民采取严酷的高压手段，由此造成回民的激烈反抗。虽然中央政府屡派大员赴新宣慰并积极处理新疆事变。但效果不佳。真正要消弭新疆的民族冲突，赵镜元认为政府当局必须做到平等地对待各民族。"对各族待遇，当绝对以平等为原则，对于新省各项政治的推进，要绝对的公平处理，不能用高压手段，这不但是对回族为然，对其他民族也是如此。"③ 青海也是一个多民族共存的省份，想要调和民族关系，学者景园也认为最好的办法是平等地对待各民族，"政府施政方针，首当遵照孙中山先生国内各族一律平等的真谛，凡关于青省一切政教设施，应以尽量为该省各族谋共同幸福为原则，不能偏颇于某一方，以失共存共荣之义"④。还有在蒙古、西藏等地，为阻止民族分裂，维护祖国统一，冷亮先生提出了按照孙中山先生的五族平等原则对待蒙古等少数民族。⑤ 各民族实现平等，不满与隔阂就会少得多，才会共同融和进整个统一的中华民族大家庭中。

---

① 赵镜元：《新疆事变及其善后》，《新中华》第 1 卷第 10 期，1933 年 5 月。
② 张其昀：《国难与统一》，《独立评论》第 150 号，1935 年 5 月。
③ 赵镜元：《新疆事变及其善后》，《新中华》第 1 卷第 10 期，1933 年 5 月。
④ 景园：《危机遍伏的青海》，《新中华》第 1 卷第 11 期，1933 年 6 月。
⑤ 冷亮：《内蒙现状及其自治问题》，《新中华》第 1 卷第 22 期，1933 年 11 月。

　　其次，尊重各民族的宗教信仰。中国各民族都在自己长期历史发展过程中形成了独特的宗教信仰，成为自身文化中的重要组成部分。在西藏与蒙古，佛教是最重要的宗教，其维系着广大藏民与蒙古同胞的情感，对此，各级政府与其他民族民众对于他们的信仰要予以尊重。王履康先生十分强调尊重西藏民众信教的重要性，"西藏人民对喇嘛教，非常信仰，同样也信仰他们的宗教领袖达赖和班禅……我们应该崇重他们的宗教信仰。从一方面说，我们尊重宗教，可以普遍地得西藏人民的好感……从另一方面说，我们尊重他们的宗教，假使从而能引起三大寺或其他有力分子的迎回班禅，则于西藏前途，当然有好影响"①。冷亮先生也说："信教自由，汉人不得鄙视蒙民之信奉喇嘛教，对蒙人之不良风俗习惯，用文化力量改善之。"②

　　最后，尽力发展边远地区的教育文化来增加各民族的交流，消除民族间的隔阂。边远地区的文化教育普遍落后，"新疆的教育是极幼稚的，在金树仁的愚民政策之下，报纸是不许入境的，全新的学校，没有多少，新知识是半点都还没有光临，而对于回民教育方面，尤其不注意，回民子弟有百分之九十以上没有入学的机会。同时，回民子弟中也有不少以认识回族文字为已足，不愿进入教授汉文汉语的学校中读书，因而回民受教育的机会更少，汉回二族间文化合作是很不容易"③。青海也是如此，"全省的中等教育、初等教育，都不能不说是落后，在这几个中学当中，学生数最多不过220名，少则仅25人，城市及乡村小学学生的总数，也不过28710人。说起社会教育来，民众阅报处及图书馆等，既已不多，规模又小，全省民众学校，仅有24处，学生936人。"④ 大力发展教育，通过提高民众文化水平，互相了解彼此间的文化习惯是消除民族间隔阂的良好办法。"在内蒙各地设立学校，普及教育，提高蒙族文化，使蒙民知道汉蒙历史之关系，认识谁是敌人。""蒙民得自由学习汉文汉语，汉人亦得自由学习蒙文蒙语，增进人民接触之机会，而减少彼此之隔膜。"⑤ 景园关于推进青海省文化教育的具体建议是：第一，宣传提倡各族子弟入学读书；第

---

① 王履康：《西藏问题之检讨》，《新中华》第2卷第18期，1934年9月。
② 冷亮：《内蒙现状及其自治问题》，《新中华》第1卷第22期，1933年11月。
③ 赵镜元：《新疆事变及其善后》，《新中华》第1卷第10期，1933年5月。
④ 景园：《危机遍伏的青海》，《新中华》第1卷第11期，1933年6月。
⑤ 冷亮：《内蒙现状及其自治问题》，《新中华》第1卷第22期，1933年11月。

二，各级学校积极平等地接收各族子弟入学；第三，奖励各族首领捐资兴学。[①] 除了在本地多设学校教育边远地区子女外，有人还建议选拔边疆一些聪慧儿童到内地求学，使他们在内地增长见识，毕业后回原籍服务，设想通过这种潜移默化的方式达到发展边远地区教育文化与沟通汉族与少数民族的感情，消除私见的目的。[②]

其二，经济建设。经济贫瘠是边疆地区的普遍情况，如何加快当地经济的发展是进行边疆建设所需思考的重要问题之一。边远地区经济尽管落后，但非常具有特色，有待开发。如畜牧业与部分矿产就是中国其他地区不多见的，在物产方面可补内地的不足。蒙古就是中国最大的天然牧场，新疆、青海与西藏等地畜牧业也很可观，赵镜元介绍说："新省土旷人稀，牧场广大，伊犁、塔尔巴哈台、喀什喀尔、蒲犁等处，都是最有名的牧场，牛马羊三者，为畜产的大宗，新省府如能提倡新法牧畜，改良品种，则新省畜产，决不仅供给本省之用，并可输至内地，以代军用及其他用途。"除了牧业，新疆的矿业也在中国有一席之地，"新疆是一个多矿之区，金、银、铜、铁、煤油、铅、盐、玉石等，应有尽有，其中尤其引人注意的，则为阿尔泰山的金矿，阿尔泰山就是金山的意思，金矿蕴藏量的丰多，足与黑龙江、外蒙鼎足而立"[③]。不过，中国边远地区牧业与矿业生产方式十分落后，"可惜蒙人牧畜，但知墨守旧法，一任其自然，而不知改进"[④]。矿山"开采方法，又是纯用土法，以致产额不多"。对此，学者景园对发展当地牧业与采取矿山的建议是："第一，在推广农垦区之中，仍不忘保障游牧区……凡不适宜于农垦之地，仍留为牧场，由政府奖励居民牲畜。第二，当改良品种及牲畜的方法……第三，当改良运输及减低皮毛税收……提倡皮毛工业。""集资开采，方法上尤应大加改良，兼用新法"。[⑤]

其三，交通建设。交通不便一直是边远省份面临的难题，而且作为弱点被帝国主义加以利用，借此侵略中国边疆。学者王履康说："西藏之于中国，在民族上是一家，在政治上是一体，只因为地处西陲，交通不便，

---

① 景园：《危机遍伏的青海》，《新中华》第 1 卷第 11 期，1933 年 6 月。
② 赵镜元：《新疆事变及其善后》，《新中华》第 1 卷第 10 期，1933 年 5 月。
③ 同上。
④ 赵勤：《东北失陷后的蒙古问题》，《新中华》第 1 卷第 11 期，1933 年 6 月。
⑤ 景园：《危机遍伏的青海》，《新中华》第 1 卷第 11 期，1933 年 6 月。

致英国利用弱点，造成了西藏问题，西陲国土，有分裂的危险。"① 发展边远地区经济也受制于当地交通的不便，赵镜元认为新疆的建设面临最要紧的问题就是"交通问题，这个根本问题不解决，其他问题就不免受障碍的。现在新疆的经济没有发展，其最大原因，就是交通不便"②。在青海、西藏，甚至海南也存在同样的问题，"青海的水陆交通，既都不方便，所以青海的富源不易开发，经济上不免受很大的打击了……其他如文化之不易灌输，民族之不易调和，新政之不易实施，在都受交通不便的影响。而关系最为重大者，厥为边防"③。"过去儋崖开发难于实现，基于交通不便者实大。儋崖沿海既没有完备的港湾建设，而内地又缺少铁路运输"④。如何改变边远地区落后的交通现状？修筑铁路与公路是必然的选择，但各地必须因地制宜，根据自身的实际情况慎重选择修筑铁路还是公路，如景园等人就认为青海等地负担不起修铁路的财力，中央也难以大力支持，因此只能重点修公路，"发展青海交通最重要的工作，厥为建筑铁路……不易办到，那末以西宁为中心的青省汽车路之兴筑，就是刻不容缓之举，现在青省汽车路的兴筑，仅限于东南一带，而于青藏边防所系的西南方面，则交通之不方便依然，在青藏问题吃紧的今日，西宁至结古间的汽车路，为青海的骨干，首先应使完成，其他干线支线，也应通盘计划，分期完成"⑤。在西藏修铁路不仅财力无法解决，其地形、地质也非常复杂，难以克服，在开辟青藏康藏交通线时，修公路是比较好的选择，"西藏问题中，交通之重要，当然不言而喻。西藏毗连青康新疆，照中山先生之高原铁路系统计划，与西藏有直接关系的有八线，但为迁就事实计，只好先从西康青海与西藏间的交通着手。铁路价贵，只好暂用公路和汽车。青藏间与康藏间的公路，和绥新公路，甘新公路，同样重要，政府宜以全力经营的"⑥。在铁路与公路之外，为发展边远地区的交通与巩固边防，还有人提出疏浚水道，发展邮政，架设电台，开辟飞机航线等建议。⑦ 通

①　王履康：《西藏问题之检讨》，《新中华》第 2 卷第 18 期，1934 年 9 月。

②　赵镜元：《新疆事变及其善后》，《新中华》第 1 卷第 10 期，1933 年 5 月。

③　景园：《危机遍伏的青海》，《新中华》第 1 卷第 11 期，1933 年 6 月。

④　余焕庭：《海南岛开发之各方面》，《新中华》第 5 卷第 9 期，1937 年 5 月。

⑤　景园：《危机遍伏的青海》，《新中华》第 1 卷第 11 期，1933 年 6 月。

⑥　王履康：《西藏问题之检讨》，《新中华》第 2 卷第 18 期，1934 年 9 月。

⑦　景园：《危机遍伏的青海》，《新中华》第 1 卷第 11 期，1933 年 6 月。

过这些便捷的交通加深边疆与内地的联系，有助于形成统一的国内市场，也助于各民族文化的融合，更有助于政治的统一。

国内战乱与帝国主义横行中国的局面使中国知识分子认识到国家团结统一的重要性，张其昀教授在《独立评论》上说："中国的病源在于不曾统一，因为国家不曾统一，所以各省未密切联合，人才未尽量利用，国力不能充分集中"。[①] 针对此种现状，《新中华》学人主张通过团结一切爱国者，与各国列强作坚决的斗争，打造现代政治，尽力解决边疆地区的民族、经济与交通问题来维护祖国的团结统一。

---

① 张其昀：《国难与统一》，《独立评论》第 150 号，1935 年 5 月。

第五章

打开经济出路

　　《新中华》杂志十分注重对经济问题①的研究，其编辑部曾说："我们要真正了解现代一切政治、文化的症结所在，自非彻底明了其经济的背景不可。"② 除了一些学术、文学等专号外，几乎每一期《新中华》杂志都有关于经济问题的文章。《新中华》杂志刊载的专题论文关注的范围覆盖了中国经济的方方面面，但在 20 世纪 30 年代中国经济陷入严重危机的情况下，其最关心的问题是如何才能打开经济的出路，迅速发展民族工商业，增强反抗日本帝国主义的实力。在思考如何才能打开中国经济出路这个核心问题时，《新中华》学人认为改造自救，"排除国际帝国主义之压迫"与实施统制经济是打开中国经济出路的三项重要措施。

第一节　改造自救

　　晚清以降，内忧外患使中国经济一直处于风雨飘摇之中。20 世纪 30 年代（主要指 1931 年以后），中国内外交困的局面更加严重，世界经济危机已波及中国，东北被日本占领，天灾人祸频发，国内经济已处于严重危机之中。虽然 1936 年中国经济开始复苏好转，可惜这种良好的势头在

　　① 本章的内容主要是讨论非农业经济部分，这是因为《新中华》杂志编辑部也是把经济问题与农村问题分开（编者：《新中华的过去与今后》，《新中华》第 2 卷第 1 期，1934 年 1 月）；而且本书下一章的主要问题就是围绕中国农业农民农村问题展开论述。另外著名经济史家费维恺也把中国经济精略地分成非农业与农业两大部分，他说："粗略地看，1949 年之前的中国经济可以看作由两部分组成：一个很大农业（或农村）部分，包括大约 75% 的人口，和一个很小的非农业（或城市）部分，以半现代的通商口岸城市为主要基地。"（费正清：《剑桥中华民国史：1912—1949 年》上卷，中国社会科学出版社 1993 年版，第 36 页）总之，本章这里所讲的经济问题主要指非农业经济。

　　② 编者：《新中华的过去与今后》，《新中华》第 2 卷第 1 期，1934 年 1 月。

1937年因日本发动全面侵华战争而被迫中断了。

棉纺织业是中国最重要的产业之一，民初时期曾发展迅速，但进入20世纪30年代，情况急转直下。据郭辉南讲："中国纱业之衰落，至近年而益显著。减工停工之讯，时有所闻。"[1] 当时，存货滞销以至纱厂不得不减工与停产，有些纱厂甚至被兼并。申新七厂被拍卖可视为一个典型反映民族棉纺织业衰落的案例。申新七厂隶属于著名的荣家资本集团，20世纪30年代初，随着经济危机波及中国与东北沦陷，纱业一直不振，申新七厂不得不向英国汇丰银行抵押贷款200万元，到1935年贷款逾期未还，汇丰银行把价值500万元的申新七厂以225万元的低价拍卖给日本商人，消息一出，引起中国舆论界一片哗然。资本雄厚、规模宏大的申新七厂都逃脱不了被外商兼并的命运，更多的中小民族企业在走投无路时不得不关门停业，或被收购兼并。中国棉纺织业积弱不振，在中国轻工业中同样占有重要地位的丝业、食品、火柴、烟草、橡胶与造纸等行业也是普遍的衰落。

在轻工业日渐衰落的同时，中国重工业的情况也岌岌可危。如在中国重工业中，分量最重的煤矿开采业就面临严重困难，一部分煤矿生产被外资控制，另一部分自营煤矿的成本居高不下。学者胡博渊说中国自营煤矿规模普遍较小，很少采用新式机器大规模采矿，"设备不周，效率低微，成本自高。难与日煤或国内之外资煤竞争明矣"。另外，交通运输系统的落后也增加了煤矿成本，中国所产之煤，"就目前销用状况而论，尽可自给；乃何以本能自给者，反须仰给于外煤？盖从前因铁路运费太昂贵，车辆缺乏，近则深受外煤倾销影响"。抵制外煤倾销，实现煤矿自给的有效办法之一就是降低铁路运费。[2] 成本过高的自营煤矿，在与外煤的激烈竞争中处于非常不利的地位。除了煤矿工业外，中国重工业中的钢铁、机械工业情况同样不容乐观，主要表现在技术落后、生产不足。但中国的经济建设和国防建设又需要大量钢铁与机械，只能从国外大量进口。

中国轻、重工业皆呈现衰颓景象，以至于《新中华》杂志说："在严重的经济国难之中，中国的工业也遇到了最严重的危机。"[3]

---

[1] 郭辉南：《中国纺织业之难关》，《新中华》第3卷第9期，1935年5月。

[2] 胡博渊：《中国燃料工业之现状及其自给计划》，《新中华》第2卷第2期，1934年1月。

[3] 顾毓琇：《中国工业的危机及其统制政策》，《新中华》第1卷第24期，1933年12月。

　　严重的经济危机还表现为商业的不景气。1932 年淞沪抗战沉重打击了上海商业，由于上海是中国工业、商业与金融中心，因此这场战争冲击了全国商业。据何炳贤介绍，由于沪战爆发，与上海往来密切的天津、济南、武汉、南京、杭州、无锡、苏州、南通、镇江、广州和香港等城市的商业受到很大影响，造成这些城镇存货堆积，资金周转不灵，商业陷入衰败。① 战争对中国商业产生了重大影响，衰败的工农业则决定了商业的不景气，"农村经济，日趋下游，农民消费力，亦日益薄弱。影响所及，全国工商业亦几于一蹶不振"②。连主管工商业的实业部长陈公博也说："趸卖商业与零卖商业都袭着陈旧的方法与习惯，所以若干年来并无进展，而经济衰落的怒潮来冲荡的时候，满街的'大减价'，实是不景气的象征。"③ 可见，20 世纪 30 年代的商业日趋萧条。

　　金融业对一个国家来说就如同动脉血管一样，非常重要，其通畅情况直接影响国民经济的正常运转。20 世纪 30 年代，尽管国民政府努力统一币制，实施废两改元和法币政策，试图稳定金融秩序，但却被日、美等国加以多方阻挠。以美国为例，1933 年美国实施"白银法案"，在全球范围内大量高价收购白银，白银价格猛涨，中国白银大量外流，银根紧缩，引起严重的金融恐慌。在国内外资金出现不正常流动的同时，国内资金流通出现失调。20 世纪 30 年代初，中国金融机构实行紧缩政策，不仅不愿对农村放款，也不向工业投资，认为衰弱不振的工、农业难保资金安全。银行家陈光甫说："工厂因为资本薄弱，缺少流动现金，拿机器来做押款，多半是长期。这不是商业银行所宜做的。"④ 资金不敢投入工农业，只能在都市从事各类投机寻求利润。当时上海的资金主要投放于银行、地产与公债上，导致这些行业畸形膨胀。

　　在《新中华》学人看来，工业衰败、商业惨淡与金融业失调是 20 世纪 30 年代（主要指 1931 年后）中国经济的基本状况。如何才能改变这种不利局面，克服经济危机，壮大我国经济实力来对付日本帝国主义的侵略呢？《新中华》学人主张从资金、技术与管理等方面进行改造自救。

---

　　① 何炳贤：《淞沪抗日战后之中国工商业》，《新中华》第 1 卷第 2 期，1933 年 1 月。

　　② 杨荫溥：《中国都市金融与农村金融》，《新中华》第 1 卷第 8 期，1933 年 4 月。

　　③ 陈公博：《中国实业之过去与今后》，《新中华》第 2 卷第 2 期，1934 年 1 月。

　　④ 陈光甫：《怎样打开中国经济的出路——由上海的金融现状讲到中国的经济出路》，《新中华》创刊号，1933 年 1 月。

一　融通资金

中国工商业由于缺少金融业的投资而资金短缺，造成经营困难。中国金融业把大量资金投入债券、地产进行投机，资金安全难以保证。如何融通资金，改变资金偏集于投机市场的不良局面，使资金流入工商业，加速工商业的发展呢？《新中华》学人提出种种建议：

首先，呼吁中国金融界向工商业投资。《新中华》学人提醒中国金融界，金融业与工商业休戚相关，相依为命，工商业的衰落必将导致中国金融业基础动摇。尤保耕仔细分析了历年中国各银行放款的情况，发现政府机关的贷款占 1/2，工商贷款不到 1/3。由于金融业较少投资国内工商业，不少企业家巧妇难为无米之炊。特别是近年来各帝国主义列强加大对中国的经济侵略，资金短缺的民族工商业难以与之竞争。尤保耕说："以短少的资本与帝国主义争，无异以卵击石。加以国内政局不安定，天灾人祸，相继迭乘，工商更益衰落，其信用当然无法维持；稳健持重的银行家，当然不敢冒这样大的风险，去向工商投资了。"滞留在上海等大城市的资金疯狂炒作地产与债券，中国大城市的地产业与债券业畸形膨胀。尤保耕觉得中国金融界此种投资不仅风险太大，而且目光短浅，贪图眼前的蝇头小利，"工商业之发达，固有赖于金融业之投资，而金融业之繁荣，亦必以工商为基础，始能巩固而持久！"所以，他呼吁中国的金融家应该放长眼光，"中国金融业应向工商投资，而以扶植工商为职志！"[①]

其次，政府应采取措施阻止金融界投机行为，奖励资金投入工商业。中国金融界把相当大的一部分资金投入地产与债券市场，使这部分资金安全风险加大，一有风吹草动，容易演变成金融风潮，对社会产生很大的破坏力。因此，《新中华》学人认为有必要抑制金融界的投机之风。魏友棐主张通过完善交易制度来阻止投机，他建议："严厉地制限（限制）业外人在交易所内买卖，可以减少类似赌博性投机的发生。如果发现有此种情形时，则把经纪人处罚。"此外，还可以实行证据金制度，通过政府的力量完善现有制度来引导资金流入工商业。[②] 除了完善制度建设外，为了让资金留在工商业，一些《新中华》学人认为国民政府还必须改变一贯苛

---

① 尤保耕：《中国金融业之危机及其救济方案》，《新中华》第 2 卷第 16 期，1934 年 8 月。
② 魏友棐：《上海纱市投机风潮的评剖》，《新中华》第 5 卷第 12 期，1937 年 6 月。

捐杂税的财政政策。彭士彤在仔细分析国民政府 1932 年度与 1933 年度的财政报告书后，指出：由于"九一八"事变与空前水旱灾荒，"二十一年度（1932）的税项收入总额虽不免稍受打击，但是到了二十二年度（1933）却迅速的超过了二十年度（1931）的高峰。据此以观，二十三年度（1934）的中央收入必无疑的更有'引人入胜'的收成了。关于收入增加如此迅速的原因，编者在报告书里面指示得非常明了。大致地说，中央收入的增加主要靠着货物税的加重"[①]。如此高额的税费负担，工商界难有余力恢复与发展生产。因此，周宪文讲："着重生产建设，尚须注意培植建设的财源。像'现在全国各机关，仅有维持费，并无建设经费'，当然不能希望其有惊人的建设；但若政府不顾人民的负担能力，借建设之名，苛捐杂税，竭泽而渔，也非办法；即政府今后对于财政，应于培植建设财源的目标之下，从事开源与节流。务必如此，生产建设始有实现的可能。"[②] 在防止资金流出工商业的同时，还须奖励更多的资金投入工商业，主管经济的官员陈公博公开表示："在充实生产的需要下，我绝对赞成奖励私人资本，来完成立国的基本条件，来完成民族经济单位的独立。"[③]

再次，利用原有金融渠道，使资金能顺利地流入工商业。20 世纪 30 年代中国金融组织十分庞杂，既有典当行、票号与钱庄等旧式金融组织，又有银行、信托公司、储蓄会等新式金融机构。典当行、钱庄与票号是在银行出现之前中国最重要的金融机构，特别是钱庄，"当新式金融机关尚未创设之前，全国金融之周转，全以钱庄为枢纽"[④]。钱庄与典当行遍及全国城乡，与各地工商业主关系最为密切。当然，旧式金融机构盘剥程度相当惊人，不过其组织十分简陋，方法陈旧。以银行为主体的新式金融机构资本雄厚，组织完善，但其营业点一般只会设在城市，难以通过它，使资金流入广大乡镇的工商业主手中。两害相较取其轻，利息重的资金总比没资金好，因此，尽管存在诸多不足，银行家陈光甫认为中国应该借助钱庄等传统金融机构通融资金，他说："现在的银行，势力达不到内地的小城市，分行也只在交通便利、人烟稠密的地方，所以救济事业，还得仰仗

---

① 彭士彤：《财政部廿一及廿二两会计年度报告书之研究》，《新中华》第 3 卷第 11 期，1935 年 6 月。

② 宪文：《生产建设》，《新中华》第 2 卷第 5 期，1934 年 3 月。

③ 陈公博：《中国实业之过去与今后》，《新中华》第 2 卷第 2 期，1934 年 1 月。

④ 张素民：《中国之金融制度》，《新中华》第 5 卷第 13 期，1937 年 7 月。

旧式钱庄。这个年头，钱业已经赔累不堪。信用不好的，自然随它倒闭；信用不差的，定要同它合作。按照往年办法，充分接济。由对人的信用而渐次到对物的信用，那末内地也可得着些实惠。"① 通过钱庄等旧式金融机构，资金才能到达广大的工商业者手中。

20 世纪 30 年代，中国国穷民贫，特别是 1934 年白银大量外流后，国内资金严重短缺，难以满足中国工商业的需求。因此，要不要利用外资，如何利用外资成为经济学人讨论的重要问题。经济学者黄卓认为：当前中国民穷财尽，经济破产，在国民所得剩余很少的情况下，十分有必要借用外资。他说：外资是民族工商业资金缺口的重要补充。与此同时，他还强调借用外资必须给予外资一定的报酬，"如果借用外资的目的在发展工业或其他生产事业，那么，纵然我们要给它以报酬，这种报酬也是应当给予的，不能算为一种损失"。因为借用外资发展了本国经济，也就是利用外资扩大了国民所得，所以 "本国国民所得既因外资而扩大，外资当然应得报酬，这种报酬，只是外资对于本国国民所得的贡献的一部分"。另外，他指出利用外资扩大国民所得之后，中国资金得以增多而丰盈，能够自给，便可以不借外资。②

与黄卓大胆鼓励借用外资不同，大部分学者虽然也承认中国民穷财尽，不得不利用外资，但十分恐惧由于外资的引进而加深帝国主义对中国的控制。文慧就是由于这样的理由坚决反对利用外资开发西北，"处在民穷财尽的今日，当然不能不用外资。然过去的经验告诉我们，凡外资所投之处，即是帝国主义势力所到之处。用外资来开发西北，无异于开门揖盗，等到西北建设完成，恐怕帝国主义势力已深入我国堂奥了"③。确实，外资进入中国之后，由于其享有不平等条约赋予的特权，可能给中国工商业乃至整个中华民族带来严重危害，1935 年申新七厂拍卖案就是一个极好的案例。此案引起社会广泛关注，对工商界与学界触动很大，不少人十分忧虑外国资本的不当使用，会对民族工商界产生严重的不良影响，"吾人深感国际资本运用之不慎，辄与我国民族工业之存在相冲突，设不即时谋合理之救济与整顿，则此风一长行见与外商有经济往来之华厂，皆将有

① 陈光甫：《怎样打开中国经济的出路——由上海的金融现状讲到中国的经济出路》，《新中华》创刊号，1933 年 1 月。
② 黄卓：《经济计划的问题》，《新中华》第 2 卷第 12 期，1934 年 6 月。
③ 文慧：《开发西北》，《新中华》第 2 卷第 10 期，1934 年 5 月。

与申新遭受同样命运之可能也"①。正由于存在丧权辱国的担忧，章乃器等人对利用外资持十分谨慎的态度，他们虽然欢迎外资开发中国，但对引进外资是有条件的，"我们应该欢迎外国资本，然而是有计划，有条件的，而不能是被动、放任的"。他们认为：引进外资前，应该事先充分思考哪几种事业可以特许外人经营，哪几种事业可以允许外人合资经营，哪些事业只准民族资本经营，最终形成一个有效力的规章制度。章乃器等人还指出：借款方式的间接投资多多益善，"以外国军事势力保护外人投资的状态"是"顶顶要不得的"，"这种投资的增加，必然要转变成为列强对于我们国土军事的占领——东北事件，就是一个显例"②。总之，他们强调引进外资的目的是发展中国经济，壮大中国实力，而不是纵容列强侵略、控制中国经济，所以，必须在对中国有利的条件下引进外资，而"不可喧宾夺主，大权旁落；同样，输入外资，亦不可授人以政治上的侵略之机会"③。

《新中华》学人苦苦思索如何让更多的资金流入中国工商业，打开中国经济的出路。但是20世纪30年代的中国确实国穷民贫，1933年之后白银还大量外流，国内银根紧缩，包括工商业在内的各行各业都普遍缺乏资金，连金融业也不例外。另外，金融界也有自己的利益，不可能为了发展工商业而自我牺牲，再说自我牺牲也不是长久之策。所以，尽管他们呼吁金融界向工商业投资，结果却不理想。在此局面之下，《新中华》学人主张政府采取措施鼓励资金流入工商业，甚至要求政府直接投资工商业，兴办大型企业。虽然《新中华》学人出于发展工商业的目的主张政府投资工商业，但是国民政府并不遵循经济发展规律，直接运用行政力量干预经济运行，最终导致国家垄断资本的形成，这是《新中华》学人所始料未及的。

二　改进技术

传统的中国工商业主普遍因循守旧，不思创新，生产技术迟迟得不到改进与提高，造成中国工商业发展缓慢。顾毓琇以钢铁工业为例，认为技

---

① 《国际资本与民族工业》，《新中华》第3卷第6期，1935年3月，《时事新报》1935年2月27日。

② 章乃器：《改造中国经济的正路与歧路》，《新中华》第3卷第13期，1935年7月。

③ 培悌：《中国建设银公司》，《新中华》第2卷第12期，1934年6月。

术进步是中国钢铁工业发展的先决条件，"机器制造工业所需的技术，实非普通生产事业之技术可比。何况其技术的进展又日新而月异"。但中国实际的情况却是："机器制造厂除少数外，大都皆设备简陋，出品欠佳，离健全的标准太远。在这种情形之下，非但出品较良之各厂蒙其不利，即整个机器制造之标准将始终无进步之望。"①

不仅机器制造等重工业需要先进技术，传统工业的发展也离不开生产技术的提高。李雪纯以丝绸业为例，说："近年以来，虽亦有少数从事丝绸业之企业家，采用了新式的生产方法，然而大部分的丝绸生产，还依旧是因袭了过去的老法子，不知改良。以致生产的成本太高，不能与外国丝绸，竞取销路；同时，又因生产出来的东西，质量太坏，色彩不鲜，断头太多，简直不能和外国产品，相提并论。"② 陆锡章则介绍了生产技术落后的食品工业在洋货的冲击下一落千丈，"吾国茶业，向为出口大宗，自外国利用科学栽培，机器制造以来，茶之输出，一落千丈。酿造品罐头食品，向在自足状态中，自外国机制品输入以来，欧化之士，每舍国货而他就。即主要食品之米麦二者，亦以耕种技术，不加改良，产品因以日减。夫吾国之食品工业，向为农村之事业，农村副业所产之食品，产量品质，当不能与机制者比拟。故自外国机制食品输入以来，国内农业经济内所含之工业部分，完全被夺。若不改用科学方法，行见生产日减，销路日绌矣"③。生产技术的落后造成了货物品质的不良与生产成本的居高不下，因此，国货在与洋货的竞争中败下阵来，失去大片市场，日渐衰落。

由此可见，除了资金外，技术进步也是民族工商业发展的基本条件。侯厚吉说："关税政策和通货政策，都不过是保护商品本国销场及推广商品海外商场的辅助工具。可是如果商品的本身生产或推销不良，则其结果，在本国市场方面，自然的不免外货的涌入。在海外市场方面，国货亦无法推销。"④ 所以，发展民族工商业还必须从加强和改进生产技术着手。

生产技术一方面可以通过研究加以提高，顾毓璟说："我们自己承认

---

① 顾毓璟：《中国机械工业之现状及其自给计划》，《新中华》第 2 卷第 2 期，1934 年 1 月。

② 李雪纯：《焦头烂额之中国丝绸业》，《新中华》第 2 卷第 8 期，1934 年 4 月。

③ 陆锡章：《中国食品工业之现状及其自给计划》，《新中华》第 2 卷第 3 期，1934 年 2 月。

④ 侯厚吉：《平衡国际贸易问题》，《新中华》第 4 卷第 8 期，1936 年 4 月。

技术落后，就应格外努力于技术的研究，以求生产的改革。老实说，在华日本纱厂出品成本之较低及其效率之较高，亦无非研究的结果。"① 胡博渊也以燃料产业为例，介绍研究工作对燃料生产的重要性，"我国燃料研究机关，已有实业部地质调查所之沁园研究室。近代试验研究各种燃料，所出刊物，多有价值，实为一有系统而切于实用之研究机关。将来裨益于燃料工业者，当无限量"②。另一方面，引进国外先进技术也是提高本国技术的一个重要途径。陆锡章认为国外制茶技术比较先进，"印度红茶制法，均在室内发酵，温度高低，调节适度，干燥方法，则利用机械，火力均匀，香味郁厚……日本绿茶制法，系利用蒸汽，使鲜叶通过高温之蒸汽，酵素可于最短期内杀死，颜色绝为鲜艳"③。这种先进的制茶工艺非常有必要引入中国，提高中国的制茶技术，提升中国茶业在国际市场的竞争力。

值得注意的是，《新中华》学人强调在引进国外先进技术时，不能附带其他政治条件。当时世界经济危机，各帝国主义国家想尽一切办法向中国渗透殖民势力，中国是一个落后的主权不完整的半殖民地国家，如果操作不当，就可能被它们所利用。钱亦石指出："利用外国技术，发展本国经济，各国不乏先例；就是新兴的苏联在实行五年计划的时候，也重视外籍专家，'楚材晋用'，本不自今日始，更不仅我国为然。不过，像苏联这一类的国家，主权完整，他们有力量制止外籍专家之逾越范围，试问目前环境能让我们这样干吗？"也正是基于这样的原因，他反对中国与国联进行技术合作，他说："吸收个别的外籍专家是一事，与整个的国联技术机关合作又是一事。前者主权操之于我，是保证中国经济事业独立发展的基本条件；后者主权操之于人，喧宾夺主，流弊所至，将使中国经济事业成为国联的附庸。"④ 当时日本帝国主义在武装侵略中国的同时，还想以中日经济合作的方式控制中国，提出以技术与资金"帮助"中国发展经

---

① 顾毓璟：《中国棉织业之危机及其自救（续完）》，《新中华》第 1 卷第 15 期，1933 年 8 月。

② 胡博渊：《中国燃料工业之现状及其自给计划》，《新中华》第 2 卷第 2 期，1934 年 1 月。

③ 陆锡章：《中国食品工业之现状及其自给计划》，《新中华》第 2 卷第 3 期，1934 年 2 月。

④ 钱亦石：《拉西曼报告书之研究》，《新中华》第 2 卷第 11 期，1934 年 6 月。

济。对于日本帝国主义的邪恶企图，吴学义等人认为应该严词拒绝，"至于技术，日本人本来就不很高明，且日本人狼子野心，万不可引狼入室，致鹊巢鸠占，后悔莫及，重工业等机器材料，则其自给尚且不足，只有价廉而物不美的劣货，压迫、摧残中国轻工业的发展而有余"①。总之，引进技术是提高生产技术的有效手段，但必须注意防止帝国主义通过技术输入达到不可告人的目的。

提高生产技术还需要注意一个问题，就是培养技术人才。一方面人才是研究技术、提高技术的主体；另一方面技术需要适宜的人来操作，产品质量才能有保证。聂光堉与朱仙舫以纺织业为例，"制造织物者机械也；运用机械者人也；技术优良，能曲尽机械之用者，成品质美而本轻。机械固宜择构造精良者购之，运用机械之人，安可不予以素养而培成之"。他特别强调我国纺织业人才已不够用，将来纺织业大发展，相关人才必将严重短缺，"吾国现有之纺织技术人才，应付当前业务，已有不充之感；今再增加机械，尤以有赖于养成"②。因此，从现在开始，必须大力培养技术人才。

解决资金与技术问题就能够扩大生产，但最终获得效益的前提是把商品运销出去，因此，提高销售技术与方法也相当重要。侯厚吉认为提高销售技术与方法是一个复杂的事情。在组织产品生产之前，为了产品有更好的销售，应当重视产品的市场调查，特别是对于出口产品，"海外市场地理气候风俗习惯法律既与本国大不相同，各国竞争又至为剧烈，更不可不详细调查其产品需要的数量等级包装价格以及各国供给的情形。否则盲人骑瞎马，没有不失败的"。在货物生产出来之后，应该讲求推销方法。他说："所谓推销方法，也就是造成需要的方法。在一地方对于这种商品的需要造成以后，然后才可以推广其销路。欧美近代工业品最初侵入我国内地市场，都是经过很大的推销力量的。所以有人说我国内地的新工业品的需要，最初都是洋货造成的。当它的需要一经树立，于是国货产品才跟着进去。这种自甘被动的态度，如果不力谋改变，国货无论在国内及国外市

---

① 吴学义：《异哉所谓中日经济合作》，《新中华》第5卷第10期，1937年5月，转引自《政问周刊》第68号。

② 聂光堉、朱仙舫：《中国纺织工业之现状及其自给计划》，《新中华》第2卷第3期，1934年2月。

场，都无法推广。"① 对于如何提高销售方法，把商品快速推销出去，《新中华》其他学人提出了各种建议。褚葆一认为可注意研究与学习洋行的推销手段②，陆易章认为应注意商业信用，"欲使剩余产品之推销，必自恢复吾国商品之信用始"③。顾毓琇认为整个产业合作销售是唯一的办法，"在中国市场上我们有共同的商敌，非采取合作的方式不足以抗外来的竞争。"④

由于认识到技术落后是造成中国工商业衰退的重要原因，《新中华》学人认为改造、振兴中国工商业，必须通过深入研究、学习、引进等种种办法提高我们的生产、销售的技术与方法。

三　完善管理

除了资金、技术之外，《新中华》学人普遍认为组织松懈、管理不善一直是中国工商业的顽疾，也影响民族工商业的发展。在《新中华》学人中，顾毓琇是一位关注科学管理比较多的学者。根据 1948 年《新中华》复刊第 6 卷第 21 期的个人简介，顾毓琇，出生于 1902 年，中国工业机械制造专家。早年毕业于国立交通大学（上海交通大学），1931 年获美国康奈尔大学机械工程博士学位。回国后相继担任中央大学教授、中央工业实验所所长等职，一生致力于研究中国工业现代化问题。

西方世界早在 19 世纪末就开始重视管理的作用，1903 年泰勒已提出了科学管理理论，"一战"之后，西方各国纷纷开展科学管理运动。对比之下，中国不仅管理不科学，组织也不合理。顾毓琇说中国"各个工厂，各个工业，以至全体工业，都缺乏合理的组织"。"我们工厂的管理，事事听命于个人之感情和直觉……我们的管理是墨守成规……我们的管理之下常是劳资互相疑忌的。"在中国这个农业国中，中国人常以经营手工业的观念与办法来管理现代工业，中国工业根本就谈不上科学管理。他以中国棉纺工业为例，说中国一些棉纺企业虽然也有经理、协理、厂长、稽核

---

① 侯厚吉：《平衡国际贸易问题》，《新中华》第 4 卷第 8 期，1936 年 4 月。

② 褚葆一：《国际贸易中的中国陶瓷业》，《新中华》第 2 卷第 22 期，1934 年 11 月。

③ 陆锡章：《中国食品工业之现状及其自给计划》，《新中华》第 2 卷第 3 期，1934 年 2 月。

④ 顾毓琇：《中国棉织业之危机及其自救》（续完），《新中华》第 1 卷第 15 期，1933 年 8 月。

与总管等不同岗位，但是职责不分，权限不明。而且，主管企业的人员大多没有相应的资质，而是凭借着与出资人的亲密关系而得到相应的职位。"只要是大股东或是与大股东有关系的人，即不懂得什么是'现代实业管理'亦可当经理协理。只要从前当过账房先生，便可当厂长。"一些本来十分重要的岗位由于认识不足而被忽视，"稽核在现代工业组织中是何等专门，何等重要，而在我们的工厂中大都是虚设，或是挂名的。总管应该是专门人才，而在我们的工厂中也是不甚重要的"。在如此不合理组织的糟糕管理之下，中国产品的生产、运输与销售成本可想而知。顾毓瑔以中国纱厂为例，"因为管理的不当，所以效率低而成本高，品质劣而销路少。同样在上海的纱厂，日本人经营的和中国人经营的相比较，日厂之效率每要较高百分之三十至四十，成本也要低百分之三十至四十"①。这样中国产品就很难与洋货竞争了。

如何加强科学管理，提高中国工业的竞争力呢？顾毓瑔在《中国棉织业之危机及其自救（续完）》《中国工业的危机及其统制政策——中国工业危机中一个最低限度的统制政策》《科学管理方法之原则与应用》②等文章中提出了四点意见：

第一，加强管理的研究。顾毓瑔说我国工业技术不如人，管理也不如人，"所谓科学管理，在人家已是当然的途径，而在我们还是特别的例外。不加研究，不采科学管理，中国的工业是永远无望的"。在研究工业管理时，首先应注重试验。他说："试验为成功之要素，故任何细微之事，均须经精密之考察，详细之研究，并抱一种怀疑的态度，以得确切之办法。"通过试验考察获得正确的管理方法。其次，注重会计制度的研究。收支核算是工厂企业最核心、最重要的工作，会计制度完善与否关系中国工业的兴衰成败。他把中国会计制度与西方进行对比，"会计制度之改良与统一，是欧美各国同业公会最普通亦是最重要的任务，在中国工业'流水账'的会计情形下，更有研究及改良的必要"。再次，注重人事问

① 顾毓瑔：《中国棉织业之危机及其自救（续完）》，《新中华》第 1 卷第 15 期，1933 年 8 月；《中国工业的危机及其统制政策——中国工业危机中一个最低限度的统制政策》，《新中华》第 1 卷第 24 期，1933 年 12 月。

② 顾毓瑔：《中国棉织业之危机及其自救》（续完），《新中华》第 1 卷第 15 期，1933 年 8 月；《中国工业的危机及其统制政策——中国工业危机中一个最低限度的统制政策》，《新中华》第 1 卷第 24 期，1933 年 12 月；《科学管理方法之原则与应用》，《纺织周刊》第 1 卷第 35 期。

题的研究。中国企业中不仅不同岗位间职责不清的问题普遍存在，而且还存在严重的劳资纠纷，这些问题阻碍了中国工业的发展与进步，必须加以研究与改进。

第二，实行专家管理。现代工业十分复杂，传统管理手工业的方法也不能应付庞大、复杂的现代工业，只有具备专门知识、技术的专家才能有效处理现代工厂繁复的事务。因此，顾毓琇认为中国必须实行专家管理，他说："投资的股东有钱，而不一定有管理现代实业的技能。股东有权决定营业方针，有权雇用负责经理企业的人，但实际经理企业，须有技术的专家负责才行，要'权''能'分开，方谈得上'专家管理'，有'专家管理'才能应付一天天复杂的工业问题。"

第三，标准化管理。顾毓琇说："'标准'的范围很广，就物品言，则有种类、式样、品质的标准，就方法言，则有制造、销售、管理等的标准。"标准确定之后，成为各工厂共同遵守的准则。他强调这个准则只有被各工厂切实奉行，才能维持标准化管理，才能使各工种各司其事、各负其责，提高生产效率，才能提高中国产品的品质。

第四，产业合理化。顾毓琇说："科学管理，由一部以行之到全部，即所谓合理化。"中国各工厂力量薄弱，而且互相恶性竞争，导致整个产业前途黯淡。因此，中国不仅每个工厂需要管理科学化，每个行业也需要产业合理化。为了实现产业合理化，他认为中国工业应该实施统制经济，"有计划的各个工厂，在平时固然能在平衡的状态下前进，在经济衰落的时期所受的影响也较其他工厂来得轻松"。此外，顾毓琇还强调行业内的各工厂必须组织产销合作委员会之类的机构，整个行业内各工厂在其组织下，实施产销的合作。只有这样，才能节约成本，避免内部恶性竞争，才能抵制洋货的倾销。

《新中华》杂志在第2卷第2、3期推出一系列有关各类工业自给计划的文章。尽管这些文章的作者看到了外部环境对中国工业的不利影响，但是，他们依然认为中国工业自身不足是造成中国工业衰败的主要原因；因此，挽救中国工业与实现中国工业的自给，必须从资金、技术与管理方面对中国工业进行改造。不过，《新中华》另一部分作者认为中国工商业落后的根本原因在于帝国主义的经济侵略与封建势力的摧残，中国经济出路在于肃清帝国主义与封建主义的势力。

第二节　"排除国际帝国主义之压迫"

1840 年鸦片战争以后，西方列强不仅从中国勒索巨额的赔款，掠夺大量的原材料，还以商品倾销、资本输出等方式侵略中国，致使中国沦为半殖民地国家。1929 年世界经济危机最先在美国爆发，随即波及全世界，各国列强为摆脱危机，更加急切地侵略中国，中国由此陷入了严重的经济危机。

在对外贸易方面，表现为进出口总额逐年减少。学者祝伯英、邹升恺与培悌等人根据海关的统计，清晰地描述了 20 世纪 30 年代前期中国对外贸易的衰落过程。由于国际市场的萎缩，中国土产品的出口遭受重大打击；反过来，中国购买力的锐减，也部分阻挡了洋货在中国的倾销。1932 年与 1931 年相比，中国国际"贸易的总额，减少了 1/3 以上"。到了 1933 年，中国对外贸易的情况更坏，《新中华》杂志记载，"民国二十二年（1933 年），我国对外贸易状况，较前年减少"。1934 年与 1935 年的进出口总额分别为 1564879503 元、1495020382 元，1935 年比 1934 年又减少79859121 元，降幅在 5% 以上。如果把 1935 年与 1930 年进行对比，1935 年的对外贸易总额是只有 1930 年的 40% 左右。可见，中国对外贸易逐年大幅度地减少，形势非常严峻。[①]

单就中国的出口来说，由于列强纷纷实行关税壁垒，尽力独占本国及其附属殖民地的市场，中国商品在世界市场上的需求日渐萎缩，对外出口一落千丈。国际贸易专家武堉干讲："世界市场的衰落，影响于中国的出口货物绝巨。"他特别指出一些严重依赖海外市场的中国手工产品，受到的冲击最猛烈，譬如中国的茶叶，"近年世界经济衰落，海外茶市亦无销场可言"[②]。此外，丝绸、瓷器等中国传统大宗出口产品也在洋货的激烈竞争下遭遇滞销。

在列强对华投资方面，表现为西方各国在华经济势力迅速增长，中国

---

① 祝伯英：《从对外贸易上透视中国的经济》，《新中华》第 1 卷第 10 期，1933 年 5 月；《参考资料》，《新中华》第 2 卷第 3 期，1934 年 2 月；邹升恺：《一九三五年我国对外贸易的分析》，《新中华》第 4 卷第 6 期，1936 年 3 月；培悌：《市面恐慌及其救济问题》，《新中华》第 3 卷第 8 期，1935 年 4 月。

② 武堉干：《中国商业的过去与今后》，《新中华》第 2 卷第 1 期，1934 年 1 月。

各个产业受到严重打压。首先来看工业。棉纺织业是中国最重要的产业之一，但英、日等国也在中国大量投资设厂，特别是日本，在20世纪30年代用经济与超经济的双重力量，打击中国棉纺织业，造成中国绝大部分棉纺厂减工停工。情况最严重的是1933年之后的华北棉织业，民族资本控制的棉织工厂大都被日资收购兼并，"现在天津有名的六大华厂，除恒源北洋在银行组织的诚孚公司管理之下，得尚苟存外，余皆落入'友邦'手中"。华北民族棉纺织业已处于"奄奄一息的悲惨境地。"可以想象，日本在棉纺织业的势力大涨。[1] 除了棉纺织业外，中国的采矿、钢铁、食品、造纸、烟草与橡胶工业大都衰落不振，其市场份额逐渐被外资工厂产品侵占。

其次来看交通业。晚清以降，列强通过借贷或直接投资等方式，经营控制粤汉、川汉铁路。"九一八"事变后，为发展经济与备战，国民政府向英、美等国借款筑路。据陈天则统计，国民政府与相关公司向美国筑路借债主要有："航空公司三千万美元。公路建设借款千五百万美元。"向英国借债主要有："粤、汉铁路四百万镑。沪、杭、甬铁路二十五万镑。招商局借款三十五万镑。钱塘江铁桥借款二百万元。"另外，还有向德国与法国的相关借款。各国借给中国这些款项，不仅出于经济收益的考虑，还有政治目的，陈天则揭露道："粤、汉铁路未成工程之兴筑，广九、粤汉两路之接轨，这显然是英国巩固华南势力范围的计划。粤汉、广九两路连接成功，则衰败的香港市场将趋于繁荣，广州将完全受香港的统治。英国的商品与金融势力既可从沿路区域蔓延粤、湘、鄂各省的穷乡僻县，会集于武汉、长沙等地的中国原料品，又将为英国所独占。至将来英国在华有武力行动时，这条铁路更有莫大的作用。可是，这还不过是最近英国对华铁路投资之一部，其全部计划的范围远过于此。"[2]

再看金融业。上述借款主要是通过各国在华银行经手操办的，各国在华银行不仅办理借款，还通过垄断中国国际贸易，保管巨额海关关税与向中国各行业投资等手段控制中国经济。学者李紫翔说："帝国主义在华银行势力最大的为英、日、美三国。一九二五年二十四个主要外商银行的统计，共计已缴资本六四七百万元，公积金四七一百万元，存款四、九四七

---

① 昉如：《华北棉植业与棉纺业的透视》，《新中华》第4卷第22期，1936年11月。
② 陈天则：《帝国主义在中国的经济战》，《新中华》第3卷第13期，1935年7月。

百万元，钞票八一二百万元，资产六、八七八百万元。外商银行既据有如此巨大的资力，复攫取保管中国关盐税收，支配中国交通事业，垄断中国国际贸易，决定外汇价格，发行钞票吸收存款等特权……这一切不但指示帝国主义者在华金融机关是中国实际上的中央银行，并且是帝国主义者'合法'的武器，使中国完全殖民地化的原动机。"①

由此可见，日、英、美等列强通过商品倾销与资本输出等方式，牢牢掌握了中国的经济命脉，成为中国经济发展的主要障碍。中国想要打开经济的出路，必须排除国际帝国主义之压迫！② 周宪文认为中国要开展经济建设首要的关键是铲除阻碍生产建设的外部不利因素，"我们若不挣脱各种不平等条约的束缚，生产建设，事倍功半……中国目前的建设，在手段上，必须借以增强反抗列强对华侵略的力量"③。如何在经济上排除国际帝国主义的压迫呢？《新中华》学人认为可从实行保护关税政策，建立独立的稳定的货币制度，反对"中日经济提携"等方面着手。

一　关税自主与实施保护关税政策

第一次鸦片战争后，清政府与英国签订《南京条约》，条约中有英商"应纳进口出口货税、饷费，均宜秉公议定则例"的片面条款；此后，由于片面最惠国待遇的普遍推行，"协定关税"被确定下来，中国关税自主权不再完整。1927 年国民政府在南京成立后，即争取关税自主权，且取得较大成效。到 1928 年年底，除了日本，其他国家相继与国民政府重新签订了"关税条约"，且承认中国有完全的关税自主权。此后，国民政府全力与日本政府商谈新约，最终，在中方采取重大让步的情况下，1930年 5 月中日双方签订了《中日关税协定》。至此，中国基本上收回了关税自主权。

虽然在条约上列强承认了中国的关税自主权，但实际上中国的关税自主权还是受到诸多方面的限制。一方面，日、英、美等国可以通过其在中国政治、经济与军事等领域的强大影响力，影响中国的关税税率。彭士彤先生在仔细考察国民政府与各国签订的《关税条约》具体内容后，认为

---

① 李紫翔：《中国金融的过去与今后》，《新中华》第 2 卷第 1 期，1934 年 1 月。

② 在第二、第三、第四章已从军事、政治与外交等方面论述如何抵御帝国主义，特别是日本帝国主义，这里主要是从经济的角度来讨论如何反抗帝国主义的侵略。

③ 周宪文：《生产建设》，《新中华》第 2 卷第 5 期，1934 年 3 月。

中国的关税权还不能够完全自由运用，"在最近我国和各国新订各种关税条约里面，我国在表面上似乎可以'适用国家关税完全自主的原则'，因为各国都已承认了这一点。但在事实上，则各国却都要求我国'不得有何借口向对方人民所运输进口货物征收高于或异于本国人民所完纳之关税。'这样，所谓税权的收回，便是一桩绝不彻底的事情"①。另一方面，中国政府出于外交目的，1930年5月中日双方签订的《中日关税协定》，对日本采取诸多让步，日本商品因此获得较多的优惠。此后，在《中日关税协定》的多次修订中，迫于日本的强大压力，中国在关税税率上仍优待输入的日本商品。经济学家武堉干以棉纺业为例，认为作为民族产业中最重要的棉纺业本来需要受到保护，但《中日关税协定》给予日本棉纱优惠，不利于中国棉纺业的发展。此外，日本向中国施加种种压力，要求降低砂糖、人造丝等货物的进口税。武堉干说："在现在外力的压迫下面，根本无法实施保护关税。"②

面对中国关税仍不能自主，顾毓琇主张继续修改商约，以进一步扩大中国关税的自主权，为中国工商业发展创造更好的条件。他认为中国在修改商约的时候，须注意解决"最惠国待遇问题"。顾毓琇知道日、英、美等国肯定不会轻易放弃这项特权，但他说纵使不能完全废除片面最惠国待遇，"我们最低限度亦应采双方互惠的，及有条件的方式，同时应有若干保留，使国家经济利益不受此款之累"。另外，他提出修约时还应注意工业品输入之限额，防止不合理之竞争，国际贸易信用担保等问题。不过，顾毓琇承认商约只是中国不平等条件中的一小部分，"修改商约是很难达到有利的目的"。但他仍然强调商约必须被修改，只有这样中国才能或多或少地收回失去的权益，"商约到了修改的时期，我们决不能因循放过，能得尺寸之进，于垂危的工商业终是有补的"③。正因为修改商约并不能从根本上改变中国关税不自主的现状，因此，一些学者认为只有废除或改订不平等条约，才能真正实现中国的关税自主。④

---

　　①　彭士彤：《海关进口新税则与民族工业之前途》，《新中华》第2卷第15期，1934年8月。

　　②　武堉干：《中国的关税制度》，《新中华》第5卷第13期，1937年7月。

　　③　顾毓琇：《修改商约与中国的工商业》，《东方杂志》第31卷第12号，1934年6月。

　　④　任哲明：《中国工业的发展与国内市场的开拓》，《新中华》第1卷第20期，1933年10月；彭士彤：《海关进口新税则与民族工业之前途》，《新中华》第2卷第15期，1934年8月。

　　另外，国民政府由于财政上入不敷出，出于增加税收的考虑，实行财政关税政策，而不是实施有利于民族工商业的保护关税政策。孙怀仁严厉批评国民政府以增加财政收入为目的制定关税政策的行径。他以1934年修订的税则为例，"所减低税率的几件货品，大部在国内有同种生产品者，而加高税率的几件货品中，反而有些都是国内所不能生产者，这次改革，虽然里面包含着有多少外交上的意义，但这样改革对于关税的增收上，确是有帮助的。因为对于国内有同种商品的输入物减低税率，是可以使其在国内市场上增强一点竞争力，而使外货可以多进口，这样使关税收入可以增多，反之，那些国内没有同种商品的货物增税，并不足以消减其在华之销路，因之进口也并不会减少，关税也就不会减收，而反能增收了"。因此，孙怀仁认为：中国关税是典型的财政关税，增加财政收入是国民政府制定关税政策的唯一前提。这种关税政策极其不利于中国产业的发展。[①]

　　如何改变这种关税政策呢？答案仍然在国民政府身上，《新中华》学人认为国民政府必须改变其财政关税政策及对帝国主义的妥协政策，采取保护关税政策，扶持民族工商业发展。经济学者培悌说："保护关税是关税政策之一，保护关税在关税政策中，犹不过为消极的一种自卫政策，他只是想消极的保护本国幼稚的产业罢了。"但我国修订的关税税则，使我国关税政策退步到财政关税，在西方列强纷纷展开关税战争，向外倾销商品的环境下，培悌认为中国民族工业的前途不堪设想。他极力主张中国采取保护关税政策。[②]

　　在进口方面，为防止列强对中国进行商品倾销，《新中华》学人认为国民政府必须采取严厉措施杜绝奢侈品的进口，减少消费品的进口，引进机器等有利于发展生产的商品。侯厚吉强调奢侈品绝不应该进口，他说："一九三四年我国入口奢侈品不下五千余万元，占入超额10%。这些奢侈品如果都不输入的话，那末我国的入超即已解决了10%。"[③] 此外，还必须对本国已有大量生产的洋货提高关税，防止民族工商业因洋货的大量倾销而衰退。胡博渊以国煤为例，当时日煤大量向中国倾销，"近年日煤在

①　孙怀仁：《中国关税与华北走私》，《新中华》第4卷第11期，1936年6月。
②　培悌：《劝用国货与保护关税》，《新中华》第2卷第17期，1934年9月。
③　侯厚吉：《平衡国际贸易问题》，《新中华》第4卷第8期，1936年4月。

上海码头交货……成本最大者，仅二两七钱上下，小者仅九钱七分，其真正成本，决不止此"。他说中国欲抵制日煤的倾销，实现国煤自给，必须对日煤征收倾销税与增加进口税，"应实行外煤倾销税，以加重其售价，使国煤可与之竞争"。"原订之中日、中法各商约，均有互惠条件，故从前对日本煤、安南煤之进口税，受有限制，每吨约银在一两三钱余。现在该两商约均已满期，故上项煤斤进口，应增加关税。"①

为保护民族工商业，国民政府还应对不同类型的商品采取不同的关税政策。侯厚吉说："政府应当确定关税政策。凡有害的奢侈品、不必需品，虽必需品与我国本身基本产业和幼稚产业处于竞争地位的商品，应当采重税主义。"通过海关重税来限制有害于我国工商业的商品进口。当然，"对于生产品必需的而本国又无生产或生产缺乏的商品，应酌量采取轻税主义"，特别是机器等对中国工商业及军事发展所急需的产品则鼓励多多进口。对不同类别的产品征收不同的税率，这要求政府在确定关税政策前必须完成大量的调查工作，侯厚吉提出："政府应饬专门机关详细研究我国入口商品的税目，研究每种商品国内的生产量，国内的需要量，国内供给不足量或有余量，并研究每种商品的用途，各国的供给情形"等等。②

在出口方面，国民政府应出台鼓励中国商品输出的关税政策，以激励中国产品的出口，缩小国际贸易逆差，促进民族工商业发展。各国为扩大海外市场，鼓励出口，一般对出口货物不征税或少量征税，而中国长期以来实行值百抽五的税率，在列强极力对外倾销货物的时候，中国商品在国际市场上日渐被排挤，生存空间日益狭窄。学者寄公指责国民政府对出口商品进行征税对中国工商业发展极其不利，"政府不能以雷霆万钧的力量对于本国厂家施行退税办法，我国产业更是根本没有出路。因此，我们要保证民族资本的发展，便只有从税则方面对于各项产业加以保护，才是根本的办法！"③当时，民族工商界强烈呼吁减免与取消商品出口税，"出口税本来是阻碍出口贸易的一障碍，在世界各国中，除我国及一二小国以外，现在已无出口税的存在。一九三一年七月以前我国出口货物几全部都

---

① 胡博渊：《中国燃料工业之现状及其自给计划》，《新中华》第 2 卷第 2 期，1934 年 1 月。

② 侯厚吉：《平衡国际贸易问题》，《新中华》第 4 卷第 8 期，1936 年 4 月。

③ 寄公：《海关进口新税则》，《新中华》第 2 卷第 14 期，1934 年 7 月。

是纳税的。出口免税货物不过占 5.2%。一九三一年七月以后出口免税货物增至 12.3%，一九三五年底我国出口免税货物所占比率又增至 33%。是年我国出口税与出口纳税货物之比为 5.5%。换言之，即我国出口税率平均为 5%。税率虽然还不很高，可是与他国比较，已为独有制度。所以今后如果要促进出口贸易，出口税实应当取消"①。国民政府于 1930 年关税自主权基本收回之后，顺应民意，1931 年颁布了《国定出口税则》，虽然对出口货物仍征收 5% 的出口税，但为鼓励出口与促进国内经济的发展，对一些商品的出口税进行降低或减免，"财政部将自六月一日起减免出口税，裁撤转口税。这在奖励输出，不失为有效的办法。盖减免输出税，即所以减低输出品的成本，使商品容易输出罢了"。但当时中国的工业落后，出口产品以农产品等原料为主，这在与帝国主义的国际贸易中处于相当不利的地位，因此，《新中华》杂志认为国民政府不仅需要减免输出税鼓励货物出口，还应根据货物的性质出台更详尽的政策，奖励附加值较高的货物更多地出口，"输出诚宜奖励，当斟酌输出品的性质，而定减免率的大小"②。

20 世纪 30 年代国民政府虽然拥有完全关税自主权（1931 年以后），但由于受到各列强的掣肘，真正的关税自主难以彻底实现，国民政府的财政关税政策也不能有效地抵制列强的商品倾销。为了打开中国经济的出路，《新中华》学人希望国民政府调整政策，通过修约或废约实现关税的真正自主，并实施保护关税政策。但是，这时的国民政府陷入内外交困的环境，无力修改或废除不平等条约，也不想放弃财政关税政策，因此，这种把希望寄托在国民政府的主张自然成为泡影。

二　建立独立的稳定的货币制度

民国初年，由于各地军阀私铸钱币，及外国银行在中国擅自发行货币，中国货币体系混乱异常。经济学家章乃器先生指责帝国主义是造成中国货币体系紊乱的重要因素，"代表帝国主义势力的外商银行纸币，曾经在沿海、沿江一带伸展它们的势力。朝鲜银行的'老头票'在东三省、汇丰银行的'港纸'在两广，可说是特别显著的。在华北和长江一带，

①　侯厚吉：《平衡国际贸易问题》，《新中华》第 4 卷第 8 期，1936 年 4 月。
②　编者：《时代镜》，《新中华》第 3 卷第 8 期，1935 年 4 月。

外商银行纸币也曾经风行一时"①。外商银行在中国发行货币侵犯了中国货币自主权，影响了中国金融货币的安定。除此之外，银本位制也是中国金融货币秩序不稳的重要原因。在1935年法币政策之前，银是中国最重要的流通货币，但它不是世界各国的主要货币，只是国际市场上一个重要的金属商品，其价格易受供求关系的影响。随着金银比价的变动，世界银价上下波动而不稳，进而导致中国货币汇价的震荡；银价的涨落，其购买力也随之增减，中国的物价也随之上下波动。杨荫溥讲："在各国均采金本位，而吾国独行银本位之情况下，吾国对内则物价，对外则汇价，胥受世界银价之控制之羁绊。世界银价之变动，无论其为涨为落，吾国货币对内及对外之购买力，受其压迫，即须随为增减，而无术以自解。是不啻举吾国货币价值——亦即不啻举吾国全国人民之购买力，俯首听命于吾国所无力过问之世界银币，而任其操纵，听其指挥。"② 20世纪30年代国民政府为了发展经济，稳定金融，试图改变紊乱的货币体系，进行币制改革。在实施币制改革的过程中，英、日、美等国围绕中国货币的控制权进行着激烈斗争，英国想把中国拉入英镑集团，日本想把中国拉入"东亚货币集团"；美国为把中国拉入美元集团，1934年实施《购银法案》，抬高世界银价，中国白银大量外流，造成通货紧缩，经济衰败。在各列强极力争夺下，中国货币的前途会怎样？经济学家章乃器先生认为："这多半要视国际形势的推移而定，日本的态度，在目下更是一个决定的因素。假如日、英妥洽成功了，中国就可以取得英国财政的援助，而加入英镑集团。倘使日本坚持独占中国的要求，而中国也不予反抗，中国或者可能变成东亚货币集团之一员。美国改变了白银政策之后，也许可以使中国暂缓改革币制。但是，我们不能认为美国可以放弃白银政策，而应该认为不过是暂时停止白银政策。有一天它在太平洋方面的军事准备充分了，白银政策就要卷土重来；而它的军事力量，就要帮同白银政策夺取中国的货币权。"③列强在货币金融领域的种种恶劣行径造成了中国货币持续的动荡不安，也引起中国金融的紊乱与经济的衰退。

如何使中国币制摆脱帝国主义的控制，促进中国金融、货币的稳定与

---

① 章乃器：《中国货币的前途》，《新中华》第3卷第17期，1935年9月。
② 杨荫溥：《中国货币之过去与今后》，《新中华》第2卷第1期，1934年1月。
③ 章乃器：《中国货币的前途》，《新中华》第3卷第17期，1935年9月。

工商业的发展呢?《新中华》学人认为, 最好的办法是建立一个独立的统一且稳定的货币制度。

第一, 自主管理本国货币。20 世纪 30 年代初, 由于银价的波动造成中国对外贸易的震荡与国民经济的起伏, 货币问题成为中国社会经济中的一个焦点问题。当时的金融界提出了不同的货币本位的主张, 有以货物为货币本位的观点①, 有以金为本位的主张, 还有仍以银为本位, 但必须对银进行妥善管理的意见。正如杨荫溥所说, 这些主张基本上都设想中国的货币摆脱帝国主义的控制, 建立独立的货币制度, "综合最近吾国货币改革之各种主张, 其最有力者, 似不出两途。其主张迎合世界潮流, 免受国外银价影响者, 则造成逐渐采用金本位。其主张维持现状, 续用银币, 惟为脱离世界银市羁绊起见, 谋对于现行银本位, 加以统治者, 则造成采用管理银本位。两者之主张虽异, 而其用意则同; 不外欲超拔吾国货币, 使不受世界银市之控制"②。但上述以金银为本位币制的建议不符合货币发展的方向, 以货物为本位币制的主张更有开历史倒车之嫌。《新中华》学人认为: 1935 年国民政府顺应历史发展的潮流, 准备币制改革, 放弃银本位, 实行管理纸币本位制度是一个合理的选择, 但为了保证中国管理纸币本位制度的独立性和稳定性, 摆脱列强的控制与影响, 必须切实保证中国政府拥有足额与安全的准备金。经济学家章乃器说: "不要忽视了很重要的准备金问题", 特别是面对日本帝国主义的军事侵略, 尤其要注意准备金的安全。③

第二, 服从法币政策, 维持中国货币的统一。1935 年 11 月, 国民政府进行法币改革, 规定货币必须统一发行, 并采取管理纸币制度, 放弃银本位。这些措施十分有利于改变此前中国货币紊乱的状况, 也十分有利于中国金融市场的稳定, 促进国际贸易的恢复与国内工商业的发展。侯厚吉说世界经济危机之后, 各国纷纷放弃金本位制, 利用本国货币对外贬值的机会, 对外实行商品倾销政策。在此种情形之下, 以银为主要货币的中国货币汇价升高而造成商品物价在国际市场上快速上升, 进而导致中国对外贸易急跌。另外, 当时白银大量外流, 全国通货紧缩, 物价惨落, 经济一

---

① 代表性的主张有以米麦等粮食为本位的 "虚粮本位", 以私有土地财产或劳动收益为担保的 "能力本位", 以各种劳动产品为本位的 "物产证券本位" 等。

② 杨荫溥:《中国货币之过去与今后》,《新中华》第 2 卷第 1 期, 1934 年 1 月。

③ 章乃器:《中国货币的前途》,《新中华》第 3 卷第 17 期, 1935 年 9 月。

片萧条，这说明我国的货币政策已不能适应世界的环境，必须加以改革。1935 年 11 月中国政府实施法币政策，放弃银本位之后改变了此前贸易不利的局面，"自去年十一月政府实行新货币政策贬低我国货币对外价值以后，于是我国货币，在国外市场中购买力降低，而他国购买力则增高。因之我国出口商品有推广的可能，我国入口商品则趋于被限制。自此我国的通货政策乃渐能适应世界的货币制度"①。由此可知，不良的货币制度给中国的经济带来非常恶劣的影响，因此，建立一个健全统一的货币制度是抵御帝国主义经济侵略，发展民族工商业的一个重要前提。另外，《新中华》杂志第 3 卷第 23 期转载了《大公报》肯定国民政府币制改革的社评，"实行管理货币制度，几为今日世界金融一致之趋势。中国政府此次毅然决然，采此重大措置，实经过长时期之考虑与较精密之研究，认为非采取此种办法，不足以挽救经济的困难，不能以树立革新币制之基础。吾人希望国人对于中国金融走入正轨之决定，勿存疑念，希望政府对于实行细则，再作审慎之筹维。在目前各方赞助之下，中国金融币制，定然日趋光明，此吾人所愿掬诚为当轴勖勉者也"②。而《新中华》杂志转载的《申报》时评在高度肯定法币政策之后，提出从防止现银死藏、杜绝现银偷运、安定汇率问题、调整贸易问题、外商银行之态度、国际对立之展开、货币独立之保守与国民生活之安定八个方面解决法币实施过程的难题，确保法币政策的顺利实施。③ 虽然国民政府推行的法币仍受帝国主义的影响，但总体来看，法币改革，"不仅挽救经济危机，有利民生产业，而且对国家存亡与抗战成败，均具有重要意义。中国币制，由混乱分歧到统一健全，由传统过渡时期的毫无制度，到现代倾向制度的建立，确实是货币史上重大事件"④。为维护统一健全的货币制度，《新中华》学人主张服从法币政策。

　　第三，中国金融界必须切实努力，增强实力，并且做到团结合作，在

---

　　① 侯厚吉：《平衡国际贸易问题》，《新中华》第 4 卷第 8 期，1936 年 4 月。

　　② 《管理货币之世界的趋势》，《新中华》第 3 卷第 23 期，1935 年 12 月，转引自《大公报》1935 年 11 月 6 日。

　　③ 《新货币政策之前瞻》，《新中华》第 3 卷第 23 期，1935 年 12 月，转引自《申报》1935 年 11 月 12 日。

　　④ 周天度、郑则民、齐福霖、李义彬：《中华民国史》第 3 编第 2 卷，中华书局 2002 年版，第 893—894 页。

中国货币金融体制摆脱帝国主义束缚的过程中，发挥重要作用。建立一个独立的统一的货币制度最直接的责任主体是中国金融界，中国金融界必须奋发向上，采取切实措施壮大自身，摆脱帝国主义的羁绊，并与帝国主义金融势力相竞争。根据学者尤保耕的观点，中国要摆脱帝国主义金融势力的束缚，中国金融业必须做好四点：其一，"中国各银行应联合一致，以与帝国主义的金融势力相抗衡"，可喜的是中国大陆、金城、中南、盐业四大银行创办了储蓄会及准备库，上海也成立了银行业联合准备委员会和钱业联合准备库，上海金融界的此种行为十分有利于中国金融势力的联合，也只有如此，才能与帝国主义的金融势力相抗衡。其二，已被指定为国际汇兑银行的中国银行应努力从外商手中夺回中国对外贸易的国际汇兑决定权。其三，提高中央银行的地位，使其正常履行中国中央银行的职责。其四，中国金融界应注重维护信用，努力发展业务，以巩固其地位，取信国人。①

三　反对"中日经济提携"

在英、美、日、法等列强中，日本是侵略中国最急进的一个国家。日本用武力占领中国东北之后，又策划"华北自治运动"，与此同时，日本还从经济上侵略中国。1935 年，日本当局向国民政府提出经济合作的要求，推出了"中日经济提携"方案。这个方案主要内容有六点："（1）奖励经济团体实业家组织经济考察团；（2）实行对华经济技术商务及金融的援助，确立东亚经济集团；（3）由日本供给工业品，中国供给原料品，实行物物交换制度；（4）在沪设立 2 亿元的借款，救济中国金融；（5）减低对日关税；（6）整理旧债。"② 由于国民政府执行"攘外必先安内"的国策，汪精卫、蒋介石力主对日妥协，因此，有关"中日经济提携"的活动异常频繁。当时中国社会各界大量赴日考察，时人用"雨后春笋，新芽怒放"来形容这种场景。③ 此外，在近代中国历史上经手臭名昭著的"西原借款"的中华汇业银行也在"中日经济提携"口号下准备复业。

---

① 尤保耕：《中国金融业之危机及其救济方案》，《新中华》第 2 卷第 16 期，1934 年 8 月。

② 高书全、孙继武、顾民：《中日关系史》第 2 卷，社会科学文献出版社 2006 年版，第 300 页。

③ 编者：《时代镜》，《新中华》第 3 卷第 19 期，1935 年 10 月。

"中日经济提携"的方案及其相关活动，引起中国知识分子的热议，大多数学人在报刊上撰文予以批评。章乃器在《新中华》第 3 卷第 5 期发表《中日经济可能提携吗》的专文，表示中日经济不可能提携，他的观点代表了当时学人普遍的看法。首先，章乃器通过对"中日经济提携"方案的具体内容进行分析，认为日本之所以提出中日经济提携，其目标旨在镇压中国的反日运动，并"使中国和日本以农业国和工业国的分野，实现国际分工。此外所谓政治、金融借款底（的）通融，在目下可说是一种诱惑，而在将来却必然要控制中国底（的）货币权和金融权"。其次，章乃器更进一步地论证"由日本供给工业品，中国供给原料品"，中国、日本实现农业国与工业国的分野对中国极其不利。他说中国虽然地广，但人也多，尤其江南地区人口非常稠密，必须发展工业；东北地区人口稀少，土地肥沃，适宜发展农业，但已被日本强占。"日本帝国主义一面强占了东北四省，而一面教中国人去开发农业，这是指给中国人一条死路。"而且，以费时费力出产的农业品交换规模化生产的工业品，是极不公平的交易。日本"要中国放弃了工业化的初步基础，退回去做一个单纯的原料生产者——要使中国更固定的、更严重的受这种不公平交换的损失"。最后，章乃器通过分析中、日两国的经济结构，认为"中、日间的利害是无可调和的"。他说 20 世纪 30 年代的日本在经济发展上还是比较落后的，依旧停留在农业、手工业和轻工业层面。中国所急需的机器等产品，日本不仅不能提供，而且不能自给，需要从欧美进口；棉纱等轻工业品是中国主要出口产品，也是日本的主要输出品，双方竞争激烈。由此可见，日本"和半殖民地的中国，利害是无可调和的"。总之，他认为日本"提出这样的一个方案，所谓'援助中国复兴'和'援助中国自主的建设'，只是'早点送中国到坟墓里去'底（的）饰辞!"[1]

钱亦石则对"中日经济提携"方案的内容逐条进行剖析，他说第一条关于彻底取缔排日运动的条款，日本"是要中国人驯伏在日本帝国主义的屠刀之下，听其宰割"。第二条关于建立东亚经济集团的内容，即要求中国"放弃依赖外国的经济政策，即是排斥英美在中国市场上的势力，使中国从各帝国主义共同支配的半殖民地变成日本独占的殖民地。"第三条关于促进中国农业发展的主张，"无非想使中国放弃现有的工业基础，

① 章乃器：《中日经济可能提携吗》，《新中华》第 3 卷第 5 期，1935 年 3 月。

大量替日本培植原料"。第四条有关日本供给中国工业品的建议，"更把
日本毁灭中国民族工业的阴谋和盘托出，其目的在使中国四万万五千万人
都靠日本货过活"。第五条日本向中国提供 2 亿元的借款，"表面上似乎
是日本拿二万万元的信用借款来救济中国财界与产业界的困难，实则企图
运用资本输出的铁鞭，打倒中国的金融业"。可见，不论从哪一点来说，
"中日经济提携"方案，"是对中国有百害而无一利的"。当然，当时也有
极少数民族败类撰文为"中日经济提携"方案唱赞歌，曾获美国哥伦比
亚大学博士的李权时就是其中的主将。他在 1935 年第 19 卷第 7 期的《银
行周报》上发表《中日经济提携运动我见》一文，对中日经济合作的方
案持欢迎的态度。对此，钱亦石严词批评李权时在为中国敌人发言，"字
里行间酷肖日本人的口吻，甚至日本当局在目前还只主张中日经济提携，
他却进一步指出中日经济集团的可能性，便像无所忌惮的日本人"。他说
日本提出的"中日经济提携"方案，"是日本帝国主义吞并全中国的设
计，想把中国金融家、工业家、商业家以及广大的工农群众，不分贫富
的，不分贵贱的，一律压在日本经济势力的金字塔下，永远翻不过身
来。"因此，中国人必须坚决反对"中日经济提携"方案。[1]

　　武育宣通过对中日贸易的实证研究，认为中日两国对外贸易存在竞争
关系，日本的"提携"对中国没有任何好处，中国不需要日本的"提
携"。他说在中日贸易中，中国出口到日本的杂粮、棉花等原材料，"本
不应该大量输出的，但在日本的原料取给政策上造成了巨大数额的出
口"。棉纱和化学产品等本应鼓励大量出口的工业品，"不仅是不能扩大
在日的销售市场，反而大大地减少了出口的数量"。在中日贸易中，中国
处于极其不利的地位，"日本以主动地位来支配中日贸易，中国则以殖民
地的状态从事国外商业的经营"。中国已变成了日本的原料供应地和工业
品的专卖市场。武育宣反对"中日经济提携"方案，主张扭转这种对中
国不利的中日贸易局面。[2]

　　学者昉如通过对华北棉植业与棉纺业的深入考察，指出在"农业中
国"和"经济提携"的口号之下，华北棉植、棉纺业"透露出衰疲与没
落的险象"。他说日本以农业、轻工业著称于世，尤其是棉纺织业引以为

①　钱亦石：《紧急时期的世界与中国》，生活书店 1937 年版，第 199—203 页。
②　武育宣：《中日贸易之现状》，《新中华》第 4 卷第 6 期，1936 年 3 月。

豪，但日本国内产棉很少，依赖国外进口。在日、美关系逐渐恶化的局势下，中国华北棉花是日本棉纺工业急需的原料。为获得足够且质量上乘的棉花，日本当局一再要求中日在棉业上合作，并提出给予华北棉花种植以技术上的指导。对于这些举措，昉如称日本"用意不外在：克服（压迫）我们底（的）民族经济，并为他们自己创立起独占殖民地的根基"。日本积极扶植华北棉花种植业，但凶恶地摧残华北的民族棉纺织业，"一方面是浪人走私，以摇动（动摇）市场；一方面是要求中国减低关税，予以优遇；更有一方面乃是他们的商人在中国境内，实行吞并华商纱厂，别创新厂，以漏脱关税"。华北民族棉纺业在日本的进攻之下，纷纷减工、停工、倒闭，已陷于"奄奄一息的悲惨境地"。相反，日本却在华北"不断地在收买、加绽、增工，新厂似雨后春笋一般开办起来，且获有惊人的成绩"。昉如高呼若不再采取有效的挽救措施，不仅华北的棉植业、棉纺业将一蹶不振，中国整个的民族经济也将殖民地化。[1]

"中日经济提携"方案包括"整理旧债"的内容，"西原借款"遗留下来的部分旧债就是日本欲以整理对象之一，由此，经手"西原借款"的汇业银行[2]复业问题也屡被提及。《新中华》部分学人对汇业银行复业一事十分关切，认为日本复活汇业银行的目的，不仅在于整理旧债，而在于从金融上控制中国。方秋苇指出假如中华汇业银行复活，将对华北乃至全中国产生恶劣的影响。第一，日本将借汇业银行的名义，重提整理中日间的旧债。第二，汇业银行在中国具有货币发行权，日本可以通过它在华北吸收巨额存款，自由发行货币，"完成'日满华北货币统一'，这是何等严重的问题！"第三，日本还可以通过汇业银行对华发放政治借款，及商业投资，而达到"钳制华北的经济生命"的目标。总之，方秋苇认为："中华汇业银行的复业问题，为日本对华经济侵略政策乔装之一种，其积极复业的使命，除整理旧债外，则为对抗英美之投资。而终极目的，在于排击甚设法打倒欧美财团在华资本势力之建树，而企图确立东亚经济独占

---

① 昉如：《华北棉植业与棉纺业的透视》，《新中华》第 4 卷第 22 期，1936 年 11 月。

② 中华汇业银行："中日合办，1917 年 8 月成立，原定资本 1000 万元，先收半数，后增加到 750 万日元。总行设在北京，在上海、天津、奉天三地设分行，通汇地点遍于全国，管理权操在日本人手中，专向北京政府放款，并发行兑换券。到 1927 年年底放款总额达 1400 万日元。1928 年 12 月，京、津两行发生挤兑与提存，资金周转不灵，被迫清理停业。"（参见张宪文、方庆秋、黄美真《中华民国史大辞典》，江苏古籍出版社 2001 年版，第 265 页。）

政策。"①

《新中华》学人激烈反对"中日经济提携"方案，认为它是日本"吞灭中国的毒计"。②其实，《新中华》学人不仅激烈反对"中日经济提携"方案，他们还强烈谴责日本对东北公开的掠夺，指责日本"开发华北"及"华北走私"等侵略活动。他们认为日本的侵略是中国经济陷入危机的主要外部因素，中国要打开经济的出路，必须反对日本侵略势力。

综观上述言论，可知《新中华》学人认为各国列强是中国经济发展的主要障碍，"排除国际帝国主义之压迫"能为中国经济解除沉重的枷锁。为了"排除国际帝国主义之压迫"，《新中华》学人提出关税自主与实施保护关税政策，及建立独立的统一的货币制度，并反对"中日经济提携"方案。确实，这些主张是"打倒帝国主义"，发展中国经济所必须且一定要完成的最低要求。不过，在20世纪30年代内忧外患的局面下，中国国穷民贫，完成这样的任务是非常艰难的。《新中华》学人普遍主张国人与政府团结一致，共度时艰。如尤保耕在谈论到中国金融界团结一致与外国银行势力相竞争时，他认为一方面中国金融界势力弱小，另一方面外国银行享有太多的特权，"金融界的努力，必辅以政府的助力，始有成功之望！"③尤保耕希望中国政府能奋发有为，采取诸如：禁止现银出口等举措，帮助金融界一起谋求救济之道。这种政府干预经济的思想即是20世纪30年代风行一时的统制经济思想，《新中华》学人对此也有诸多论述。

第三节　统制经济

在讨论统制经济之前，有必要先了解什么是统制经济。《新中华》大部分学人将统制经济与计划经济相提并论，如周宪文认为："今日一般的所谓统制经济，是在国家指导之下的经济计划。"④程瑞霖说："统制经济与计划经济，差不多是两个并行的名词，很易含混。有人说两个就是一个，有人说两个各有不同。……落叶归根，这两个名词应该是一个东西。

① 方秋苇：《中华汇业银行复业与经济提携》，《新中华》第4卷第23期，1936年12月。
② 编者：《时代镜》，《新中华》第3卷第5期，1935年3月。
③ 尤保耕：《中国金融业之危机及其救济方案》，《新中华》第2卷第16期，1934年8月。
④ 周宪文：《中国统制经济论》，《新中华》第1卷第15期，1933年8月。

计划经济，是就计划的本身性质而言，统制经济，则系就计划在执行时的形态而言。换言之，'计划'一词，是就静的状态而言，'统制'一词，是就动的状态而言。假使把计划和统制，硬分成两个名词，则未免因割裂而起混淆。""约而言之，统制经济便是对于一个民族单位之整个经济生活之有计划的统制。"① 在他们看来，"统制经济"与"计划经济"是属于同一语义范围的概念，都主张利用国家力量对经济运行进行干预。②

　　这种利用国家行政力量对经济进行干预的办法其实在世界各国早就存在，但直到第一次世界大战，此种办法因为极端残酷的战争才被较多地运用。后来，1929 年美国经济危机爆发及蔓延全世界，各国经济陷入严重衰退之中，为了寻找解除危机的办法，意大利、德国等国先后违背传统的市场自由主义原则，大规模利用政府的力量来组织产品生产与分配，美国在罗斯福总统上台之后也实施"新政"，加大政府干预经济的力度。此时的国内学者敏锐地关注着欧美各国的经济动态。《新中华》杂志编辑周宪文在它的创刊号上就撰写专文介绍欧美各国的统制经济运动，他说："这种运动现已成了世界各国产业政策的基础，……就吾国的经济政策而论，目前确须有一整个的统制经济计划。"③

　　最让国人动心的是苏联的计划经济，在资本主义各国纷纷陷入经济危机而不能自拔的情况下，苏联实施计划经济，顺利并提前完成了第一个、第二个五年计划，取得举世瞩目的成绩。国内学者的目光被苏联的成就深深吸引着，甚至一部分学者对苏联心向往之。白沙介绍苏联胜利完成第一个五年计划后，从 1933 年开始进行第二个五年计划，"一九三三年计划，不过是第一次五年计划之延长而已，第一次五年计划既已得到胜利，即是第二次五年计划未来胜利的保证，自然也就是第二次五年计划之第一年——一九三三年——计划实现的保证"④。林多克列举了苏联在农业建设方面的巨大成就，"苏联农业，自从实行五年计划以来，一切农产物与农业机械化的统计与数字昭示于世，现已成为最先进的农业国，大农业生

---

① 程瑞霖：《统制经济与统制政治》，《新中华》第 1 卷第 15 期，1933 年 8 月。

② 当时学界对"统制经济"有不同的看法，详见郑会欣《战前"统制经济"学说的讨论及其实践》，《南京大学学报》2006 年第 1 期。

③ 周宪文：《晚近欧美各国之统制经济运动》，《新中华》创刊号，1933 年 1 月。

④ 白沙：《苏联第二次五年计划之第一年——苏联一九三三年的经济建设计划》，《新中华》第 1 卷第 6 期，1933 年 3 月。

产的新形式，更为从来所未见"①。

当然，统制经济理论之所以吸引国内学界，最重要原因在于国内经济局势的严重恶化。20 世纪 30 年代初，世界经济危机波及中国，中国工业衰败、商业惨淡与金融业失调，日本帝国主义侵占中国东北进一步加剧了中国的经济危机。如何快速地发展民族工商业，壮大经济实力，抵御日本帝国主义侵略成为中国知识分子关注的焦点。在此种心态作用之下，国内学界普遍对利用政府力量干预经济运行持赞成态度，正如达生所说："统制经济不但风行于各个资本主义的国家；亦且侵入这个半殖民地的中国领土。学者名流、政府当局以及实业界的领袖，大家都是提倡这种制度的；有的地方也从理论表现为事实了。"②

一　对中国能否实行统制经济的思考

20 世纪 30 年代中国知识界热议统制经济，《新中华》学人也不例外。不过，《新中华》大部分学人对中国能否实行统制经济持有不同的看法。

其一，部分学者在心底不认同统制经济，对帝国主义国家实施统制经济政策心存芥蒂，对中国采取统制政策发展经济持悲观的看法。

钱亦石说：生产与消费的不平衡是资本主义制度的固有矛盾，根本无法消除；资本主义国家实施统制经济，"只能走上限制生产或毁灭生产的道路"，因此，这种办法对于整个社会没有丝毫益处。20 世纪 30 年代，国民政府建立全国经济委员会，分设棉业、丝业、食粮等统制委员会。当时纱价暴跌，棉业统制委员会对棉业采取了一些统制措施，如设法把上海交易所的存纱分运各地推销，并拒收新纱，以稳定纱价。不过，国民政府的政策只对华商有效，外商在国民政府稳定纱价的过程中，乘机大量抛售，获利丰厚。对此，钱亦石说："像这样的统制，无异为外商打开销路，更露骨一点说，无异为帝国主义统制市场。""棉业统制如是，棉业以外的统制亦未尝不如是。"当时，国民政府为实施统制经济，还推出"四年计划"，广东、山西等省也准备实施"三年计划""十年计划"。钱亦石对广东、山西等地的"省本位的统制经济"十分不满，"统制计划以省为单位，无论在资源上能否自给自足还是问题，假定资源上勉强可以对

①　林多克：《苏联农业的政策与现状》，《新中华》第 1 卷第 9 期，1933 年 5 月。
②　达生：《中国统制经济之检讨》，《新中华》第 2 卷第 22 期，1934 年 11 月。

付，而把整个的国家造成若干独立的区域，甚至可说是造成若干独立的小国家，于政治割据之外，向经济割据的窄路上走，即是说，向封建时代的旧轨道上走"。

此外，钱亦石也不看好中国实施贸易统制与金融统制。他说：如果中国实施贸易统制，一方面必须限制，乃至禁止奢侈品等不必要商品的输入；另一方面还需组织本国过剩产品的出口，这不仅要求中国有完全的经济主权，而且还需中国有完备的统一的经济组织，处于内忧外患的中国根本不具备这样的条件。"就贸易统制说，如果想晓得一年之内，要进出多少货？要买卖什么货？那就必须使全国经济各部门具备组织性与计划性。这一个条件，在支离破碎的中国决谈不到。至于禁止什么奢侈品等入口的话，亦是外交部档案中那些通商条约所不许可。大家总还记得：在《中日互惠协定》满期的时候，我国曾把海关进口税则修改过一次，据说修改的结果是对中国有利的，一九三三年七月三日公布的新税则，又把某些进口货的税率减轻了。"金融统制也是一样，为防止国内白银外流，维持我国金融市场的稳定，1933 年国民政府相继推出限制外汇办法与征收白银出口税等金融统制政策。但是，中国白银仍然不断地外流，"转口偷运固然是公开的秘密，而现金从外国银行金库逃到外国军舰，大摇大摆的出口，也是外商不可侵犯的'自由'。此外，如贸易上的入超以及赔款与外债的本息，仍然要大批白银去支付，这是我们对于'友邦'经常的'孝敬'，更不是汇兑管理所能阻止的"。总之，钱亦石认为统制经济不适合20 世纪 30 年代的中国，达生等人也持类似的观点。①

其二，一些学者虽然也认识到：统制经济难以解决资本主义的内在矛盾，内忧外患的中国在一些方面不具备实施统制经济的条件，但他们认为：处于亡国边缘的中国只有实行统制经济，才能死里逃生。因此，他们主张创造一切条件在中国实施统制经济。

周宪文认为，为了渡过经济危机的难关，20 世纪二三十年代欧美各国纷纷开展统制经济运动，但就整个世界而论，"统制经济"运动是无补于"时艰"的，"这种运动，一旦普遍，结果必然的反因各国竞争力的充实而加强了国际间的冲突；所以这种以打开目前经济难关为目的的统制经

---

① 钱亦石：《紧急时期的世界与中国》，生活书店 1937 年版，第 254—259 页；达生：《中国统制经济之检讨》，《新中华》第 2 卷第 22 期，1934 年 11 月。

济运动，事实上乃是未来世界大战的警钟！在此种意义上，不妨称为战争经济"。尽管周宪文与钱亦石、达生等人对资本主义国家实施统制经济持一致的看法，认为它们不能借此摆脱经济危机，"无补于'时艰'，反而使'时局'更趋于严重"。但在中国需不需要实施"统制经济"上，他们的意见完全相反。周宪文认为在国际帝国主义凶猛地侵略中国之时，中国只有全力实行"统制经济"，充实自身力量才有可能挽救中国的悲惨命运。"自从鸦片战争以后，国际帝国主义者的势力，侵入到中国，使中国旧的社会组织日趋于崩溃，新的社会组织又无由成立，手工业者次第没落，农村逐渐破产；现在国际帝国主义，又挟其统治经济政策，更凶猛的向中国作有计划的侵略，我们如果不愿'坐以待毙'，只有奋起图存，图存之道，首在反抗国际帝国主义者的侵略；要反抗国际帝国主义者的有计划的侵略，我们当然须得集中所有的力量，即实行统制经济，以求死里逃生。"在各帝国主义国家通过统制经济充实力量，加紧侵略中国之时，周宪文等人认为中国也有必要实行统制经济，壮大自身，反抗国际帝国主义的侵略，以图自存。

当然，周宪文也认识到中国实施统制经济的条件不足，中国没有完备的国家体制，也没有强有力的国家机构，各地布满中央政府难以控制的地方势力，"现在的中国，'打开天窗说亮话'，全国四分五裂，几乎'政令不出都门'。这是中国实行统制经济的主体，无力实行统制经济的一点"。另外，中国政府对外主权还不完整，经济实力不强，不具备实行统治的手段。周宪文说："中国的关税，在表面上虽然已经自主，我们也许勉强可以藉关税障壁的力量，来推行统制经济；但是国际帝国主义者的势力，早已升堂入室，纵有完全自主的关税，亦已无能为力。试观我国的内河，已有国际帝国主义者的巨舶疾驶；我国的商埠，已有国际帝国主义者的工厂林立；再论煤铁等基本工业……何一不在国际帝国主义的铁掌之下，我们如欲实行统制经济，非有巨额的资金不可；这在民穷财尽的今日，将何所出？……试问我们靠什么来实行统制经济。"处于内忧外患之中的国民政府软弱无力，中国究竟能不能实施"统制经济"呢？虽然许多学者表示怀疑，但周宪文坚定地认为中国可以实施"统制经济"！只是，"在现状之下，我们只能尽可能地造成强有力的中央政府，尽可能地向国际帝国主义夺回为实行统制经济所必需的手段；同时并尽目前所有的手段，实行统制经济：如国营贸易、汇兑管理、金融统制以及产业统制等"①。

可见，不同学者对中国能否实行统制经济有不同的看法。但总体来看，主张在中国实行统制经济的意见占多数。正如顾毓琇所说，"虽然大家还在怀疑中国在现今环境之下，是否已经具备施行统制政策的基本条件，但是大家的主张显已在同一方向了"②。这个方向就是要求中国从统制产业、统制对外贸易与统制金融等方面来实施统制经济，推动民族工商业的发展。

二　统制工业

由于国民政府软弱无力与财政窘迫，中国对工业的统制办法，不仅不能同苏联政府一样运用行政手段安排工业生产，执行完全的"计划经济"；也不可能与美国政府一样投入巨额的资金实施"新政"。再者，中国工业危机也与列强的危机不同，中国是一个半殖民地国家，在本身工业基础不牢固的前提下，面临强大的外力挤压，由此产生严重的经济危机。因此，救济中国工业的统制政策如王亚南先生所说："就不能不采行异乎他国的特殊方法与步骤了。"他的主张是："努力集中能够集中的统制力，以实行中国全民族工业的有效统制。"具体办法就是成立"全国工业统制委员会，由此委员会制定种种法案，并分设各种委员会。"除此之外，他还认为国民政府必须做到："撤免一切附加于本国工业上之种种特税和特殊义务"，"予本国制品以运输上、推销上的种种便利"。王亚南虽然担忧国民政府是否具备统制工业的能力，但仍认为中国政府如果"有决心去做，也许不难收到一部分的暂时的效果"③。

《新中华》学人主张对中国工业的薄弱环节——重工业实行统制。黄金涛认为钢铁业是一切工业的基础，尤其对交通与军事影响至深。但我国钢铁工业十分衰落，钢铁需要大量进口，因此，"钢铁事业须由国家统制"，"我国欲言钢铁自给非由政府规定整个计划，努力进行不能底于成功"。黄金涛为中国钢铁自给制定了整个计划，其计划在中国现有钢铁工厂的基础上，在中国北部、中部与南部建立三个新式钢铁厂，年均出产

---

① 周宪文：《中国统制经济论》，《新中华》第 1 卷第 15 期，1933 年 8 月。

② 顾毓琇：《中国工业的危机及其统制政策——中国工业危机中一个最低限度的统制政策》，《新中华》第 1 卷第 24 期，1933 年 12 月。

③ 王亚南：《中国产业统制论》，《新中华》第 1 卷第 15 期，1933 年 8 月。

60 万吨钢材；这三个新式钢铁厂应由国家经营或官商合办。在建厂时，"建筑三部大钢铁厂，可与欧美各国著名厂家订立合同，供给机械材料，由其包建；中国政府则交付一种有担保之国库券，以为代价，逐年对于承包厂家，付利还本，规定若干年内将一切建筑费用悉数偿清。将来中部、南部两大钢铁厂可定为国营，北部大钢铁厂则由官商合办，惟北部之厂在建筑时期，仍归政府发行国库券由商方出一半股本以为担保"。钢铁行业竞争激烈，为避免列强降价倾销钢材，摧残初建的我国钢铁事业，政府须在钢铁厂经营过程中采取扶植、保护政策，"保护方法，即在增加钢铁进口税率。查现在钢铁进口税为按价百分之十以下，嗣后应增加至百分之三十；其增加程序可合作四次，在一定时期内每次增加百分之五，逐渐加至百分之三十。盖在最初增加时，我国尚须购用外洋钢材，故不妨略轻其税率；至能以自给时，即须加至相当额数，以资保护。此外则铁路运费，亦须定一最低标准，以推进中国钢铁事业之成功。"为确保钢铁自给计划能够实施，"政府对于钢铁事业，宜指定或组织一统制机关，俾其预定政策可以按年实行，久而自见成效，不致因外界纷扰，举棋无定而终难有成也"①。

除了钢铁工业外，顾毓瑔、顾毓琇与胡博渊等人认为中国的机械、动力与燃料工业也须实行统制。以机械工业为例，中国机器制造工业，除少数工厂外，大多资本短少，设备简陋，因此，出品欠佳，无力与欧美各国相竞争。如何加速我国机械工业的发展，赶上欧美先进国家的机械工业水平？顾毓瑔主张对中国现有机械工业实施统制，通过合并、分工等措施奠定机械工业坚实的基础，"在政府监督之下，机器制造业应施行相当的统制办法。应合并者宜合并，应分工者宜分工。生产品质应有标准，制造政策悉依预定。同时采合作方法，对于基本技术问题，详加探求，以其结果供诸同业共用，如是，整个工业才能渐趋科学化之途径"。此后，政府还须根据国家建设计划制定机械工业发展计划，逐步建立种类齐全、符合标准、规模适宜，满足自我需求的中国机械工业。②

---

① 黄金涛：《中国钢铁工业的现状及其自给计划》，《新中华》第 2 卷第 2 期，1934 年 1 月。

② 顾毓瑔：《中国机械工业之现状及其自给计划》，《新中华》第 2 卷第 2 期，1934 年 1 月；顾毓琇：《中国动力工业之现状及其自给计划》，《新中华》第 2 卷第 2 期，1934 年 1 月；胡博渊：《中国燃料工业之现状及其自给计划》，《新中华》第 2 卷第 2 期，1934 年 1 月。

　　不仅是中国机械工业，顾毓瑔主张中国整个工业都应该实行统制政策。他说各工厂与各行业之所以难与外国企业竞争是因为中国的工业没有组织或者组织十分落后，因此，工业组织的合理化是一个重要的问题，"各个工厂有了合理的组织，才谈得到合理的管理，效率的增进。各个工业有了合理的组织，各该工业的技术、成品、销售、人事等问题才能由共同研究而至同步前进。那时日货的倾销罢，国际市场上受排挤罢，全不必顾虑了。整个工业有了组织，工业专一化、工业合理化、工业协调化，才有实现之可能。整个工业之危机始有回苏之希望"。在工业组织合理化的基础上，他还提出采取工业合作的方式来统制工业。当然在采取工业合作的方式之前，他建议采用"预算统制法"使各个工厂自身能够统制起来，他说："我建议采用'预算统制法'。由计划而制定各种'预算'，以预算来作统制各种设施、各种动作的标准。这样，工业的缺点可以尽行暴露，同时也可知道怎样去改进。各个工业成了有机体的单位，整个的统制才有办法。"经过如此组织起来的企业再通过合作的方式，可以避免互相之间的恶性竞争，"在合作组织之下，工业研究罢、工业标准罢、工业专一罢，都能用最经济的方法施行，而达到最高的效率。在合作组织之下，共存共荣，同为社会服务的基本观念才能树立……'精诚团结'可以挽救日益严重的国难，也可以挽救已到底点的工业危机"①。顾毓瑔特别以棉织业为例来阐述他关于工业合作的设想，他说："最低限度的主张是棉织业自身的合作组织。购买原料可以合作，生产制造可以合作，销售成品可以合作，财务方面可以合作，实业研究更可以合作。实业行动的合作，是去除消耗增加效率，得到合理化的结果的唯一途径，也是自救的唯一方案。促成棉织业自身的合作组织，若要另起炉灶，在缺乏组织性的中国社会中是很费力的。最好利用现有的棉织业同业组织，如华商纱厂联合会，增加他的工作，充实他的内容，使他负担协调及指导各厂的任务，以达到合作的目的。"②

　　此外，郑重、顾毓珍、陆锡章、聂光墀与朱仙舫等人主张在中国电气、化学、食品与纺织等行业也实施统制政策，扩大生产，减轻对洋货的

---

　　①　顾毓瑔：《中国工业的危机及其统制政策——中国工业危机中一个最低限度的统制政策》，《新中华》第 1 卷第 24 期。

　　②　顾毓瑔：《中国棉织业之危机及其自救（续完）》，《新中华》第 1 卷第 15 期。

依赖，实现自给，最终振兴中国工业。[①]

三　统制对外贸易

长期以来，中国对外贸易一直处于入超地位。世界经济危机爆发后，各国纷纷筑起关税壁垒，并低价向中国倾销商品，中国对外贸易严重衰退，入超加剧，工商业萧条，中国经济随即陷入深刻的危机之中。因此，如何减少进口，扩大出口，改变中国对外贸易不利局面，挽救中国经济成为当时经济界的一大难题。当时，西方列强除了高筑关税壁垒外，还采取诸如"输入禁止""输入限制""汇兑管理"等统制政策保护国内市场。国际贸易专家武堉干特别介绍日本在"一战"后颁布《输出组合法》与《重要输出品工业组合法》等统制出口法规，在进口方面也有禁止输入、输入限额等统制政策。[②] 由于体制不同，苏联对外贸易采取的是国家专营政策，本质上也是国家干预对外贸易。

《新中华》学人对苏联政府专营对外贸易持基本赞赏的态度。钱亦石认为：苏联政府垄断对外贸易有助于国家经济的独立，"一九一八年四月宣布垄断对外贸易以后，这六分之一的国土便立于资本主义列强'经济铁网'以外了"。而经济的独立是国人多年梦寐以求的目标，因此，苏联垄断对外贸易的做法强烈地吸引着中国知识界的关注。另外，苏联政府主导的对外贸易在数量上虽提高不多，但是苏联进出口产品的结构却进步巨大。"在有计划的社会主义经济制度之下，其生产目的不仅在扩大国外市场而在提高国内民众的物质生活。所以，对外贸易进步迟缓是不足怪的。"以前以原料、消费品为进出口主要产品的苏联，现要在进口方面以机器等生产工具为主，在对外输出的产品中半制品、全制品增长较快，原材料的出口逐渐减少。[③] 可见，苏联政府垄断对外贸易的政策及带给国民经济的进步让部分中国学者心存羡慕，并力主模仿。

在世界各国关税壁垒高筑，中国商品既无法打开国际市场，中国的国

---

① 郑重：《中国电气工业之过去现在与将来》，《新中华》第 1 卷第 20 期，1933 年 10 月；顾毓珍：《中国化学工业之现状及其自给计划》，《新中华》第 2 卷第 3 期，1934 年 2 月；陆锡章：《中国食品工业之现状及其自给计划》，《新中华》第 2 卷第 3 期，1934 年 2 月；聂光堉、朱仙舫：《中国纺织工业之现状及其自给计划》，《新中华》第 2 卷第 3 期，1934 年 2 月。

② 武堉干：《最近二十年来日本对华贸易政策的分析》，《外交评论》第 5 卷第 1 期。

③ 钱啸秋：《苏联经济建设中的对外贸易》，《新中华》第 1 卷第 4 期，1933 年 2 月。

门也难以阻挡洋货在国内倾销，值此穷途末路之时，资本主义国家与苏联政府对国际贸易的干预政策给了《新中华》学人重要的启发，认为中国也需要制定相应的统制政策，改变对外贸易的不利局面。

亦英认为在改进关税与抵制洋货等办法都不能挽救中国对外贸易的情况下，"只有一条办法，是真正有效的。这就是将一切向外定货与出口商品，完全由一个统一的机关办理。我国究竟要进出口多少货物，什么货物，都由它决定，由它去买卖；这就叫作国营贸易"。在实施国营贸易的过程中，亦英强调必须组织一个唯一的贸易机关，一切货物的进口或出口只能通过这个机关来进行，这样才能形成集合的购买力与推销力，由此，"在国际市场上我们的竞争力，就变为极其巨大"。也因此能够获得最优越的市场条件。当然，实施国营贸易还必须具备一些条件，其一，"必须对于各业的需要额与出产额、人民消费的要求，及国际市场的条件，作精确的统计。根据这一统计，决定进出口应有的货额，预定向各适宜的国家去定货或销货"。其二，"否定一切外力的束缚。协定关税制当然应该消灭，而且一切贸易，都应该由我们计划决定"。其三，"全国的经济，在一定的形式下，必须上了计划的轨道。这样，不仅贸易机关，可以得到极精确的必要的进出口统计，而且可以统一的支配进出口"。否则，实施国营贸易只会增加空壳的机关与几个闲散的工作人员而已。总之，亦英着重强调："中国的对外贸易，可以国营，必须国营，而且只有国营才行。"①

不过，多数学者并不认可中国实施国营贸易，一些人认为可以选择其他方法统制对外贸易。夏炎德介绍了西方各国通行限制输入的几种统制贸易办法，主要有：提高关税、输入禁止制、输入许可制、定额分配制与汇兑倾销税等，这些统制办法可以被中国效仿。例如，他主张中国提高关税，对一些国内能够生产且进口量较多的产品提高税率，特别是对列强向中国恶意倾销的货物须征收倾销税。他还强调在采取这些统制贸易的办法时，须注意根据中国的实际情况灵活运用。夏炎德建议中国在实施输入许可制时，要注意两点：第一，"奢侈品及消耗品应禁止输入"；第二，"其他货品须视人民需要强弱以及各国对我相互交易之情形而定一相当限度"。除了介绍限制输入的办法外，夏炎德还举例了一些增加输出的统制贸易措施：第一，减低或免除出口税；第二，减低或免除原料税；第三，

---

① 亦英：《中国国营贸易论》，《新中华》第 1 卷第 15 期，1933 年 8 月。

减低国营交通事业之运输费；第四，给予奖励金；第五，准在一定区域内，享有五年以之专制权。另外，他还强调应对中国极缺的货物采取输出禁止制。[①]

四　统制金融

金融稳定是工商业发展的必备条件，因此，在统制工业与对外贸易的同时，还须实施金融统制。根据经济学者周伯棣的意见，为促使对外贸易的繁荣，我国有必要实施汇兑管理。他说："国外汇兑是由'贸易'与'贸易外收支'而来，但倒过来，贸易以及贸易外收支，又受国外汇兑的影响。"也就是说，汇兑的高低对一国的对外贸易有重要的影响，即：一国汇兑行市过高，必将促进进口，抑制出口；反过来，汇兑行市过低，也将增进出口，压制进口。因此，周伯棣建议："为图输出贸易的促进，输入贸易的抑止，是须于汇兑低下的目标下去统制汇兑。"汇兑的高低与一国的货币价格密切相关，20世纪30年代，中国是银本位国家，由于白银价格变动导致汇兑涨落幅度过大，极不安定，也对中国对外贸易产生诸多不良影响。所以，发展对外贸易，有必要维持汇兑稳定。周伯棣说："我们为图贸易的繁兴以及国民经济的繁荣，是须于安定汇兑的目标下去管理汇兑的。"为安定与压低汇兑，他提出了一些具体政策，主要包括：资本逃避的防止、汇兑投机的抑制、远期交易的限制、对于汇兑交易的数量加以限制、汇兑行市公定法与汇兑独占策或汇兑专卖策等。总之，通过汇兑管理的政策，谋求对外贸易与国民经济的繁荣。[②]

汇兑管理在经济学家章乃器看来只是金融统制的一种，而且，他不认为中国可以通过汇兑管理达到限制输入和稳定金融市场的作用。他之所以持这样的观点，是因为他觉得中国的统治权并不完整，汇兑管理的大权主要掌握在外商银行手中。除了汇兑管理外，章乃器认为金融统制还有发行控制、禁止现金输出与禁止现金储藏其他三种方式。在当时，西方各国一般是通过停止金本位，并扩大发行纸币，造成通货膨胀的办法压低本国货币价值，促进产品输出。章乃器说："以金融统制刺激输

---

① 夏炎德：《我国实施对外贸易统制之检讨》，《东方杂志》第 32 卷第 9 号，1935 年 5 月。
② 周伯棣：《中国汇兑管理论》，《新中华》第 1 卷第 15 期，1933 年 8 月。

出贸易，是在使本国的货币价值低跌。……膨胀通货的作用，也在使通货因供给数量增加而跌价。所以，在使通货跌价的程序当中，发行控制是很重要的。"不过，中国在 1936 年之前是银本位的国家，且一些外商银行拥有货币发行权，中国政府的相关措施可能会受到外国势力的阻挠而失去作用。在金融统制中，禁止现金的输出、储藏也是常见的措施，但中国是一个半殖民地国家，无法阻止外侨储藏现金，也无法阻止外商银行收储现金，更无法阻拦外国军舰装现金出洋。虽然，金融统制有很大的功用，譬如"积极的在刺激输出贸易和救济国家财政的窘迫；消极的在限制输入和防止国内金融市场的动摇"。但现实的情况：对外，中国是一个失去政治和经济壁垒，门户洞开，没有完整国权的国家。对内，中国是一个半公开的割据分裂的国家，国民政府根本无法确保统制金融的政策能顺利推广，"有了这种种的问题，所谓金融统制自然只能被认为'纸上谈兵！'"。[1]

　　尽管章乃器认为处于内忧外患的中国，发行控制、汇兑管理与禁止现金输出、储藏等金融统制办法不容易办到；但是，这并不代表金融统制完全不能在中国实行。章乃器说："统制经济不可能有'放之天下而皆准'的方案。所以，苏俄的计划经济，固然不是资本主义国家的统制经济所能仿效，而半殖民地的统制经济，也必然的和资本主义先进国不同。"[2] 因此，中国金融统制方案与欧美各国也有所不同。章乃器认为适用中国金融统制的方案是信用统制。

　　由于中国主权不完整，汇兑管理等金融统制办法在中国无法行得通，列强依旧大规模地向中国通商口岸倾销各种商品。章乃器认为既然我国无法限制外国商人把产品由外洋运到通商口岸，那么，我们应当想办法，阻止洋货转运到中国广大内地，这个办法就是信用统制。"把由进口洋商交货给中国批发商以至运赴内地的一阶段，用信用统制加以限制。"由于，中国广阔内地的资金通融基本上是由华商银行、钱庄来掌控的，"只消它们对于非必需的进口货，不予以抵押、押汇以及借款的便利，进口数量自然就要大大的减少"。因此，信用统制的方法可行。信用统制如何操作呢？章乃器提出三种具体方法，第一，"金融业对于押款和押汇上的抵押

① 章乃器：《中国金融统制论》，《新中华》第 1 卷第 15 期，1933 年 8 月。

② 章立凡选编：《章乃器文集》上卷，华夏出版社 1997 年版，第 396 页。

品，定一个限制；使不需要的洋货，不可能提着抵押的通融"。第二，"工商业向金融业支用信用借款，往往是在进货的时候；金融业在这时可以调查进货内容，甚至订定信用借款契约的时候，就要加入'借款人进货，须商得银行同意'的条文。"第三，"对于某种营业，绝对不与通融。"根本的办法，"以票据贴现制度代替放账制"，这样金融业"可以在票据上侦知借款人底（的）营业"。章乃器解释这种根本办法"用票据承兑和贴现的方式，使短期资金市场现代化之后，办理起来可以格外严密。那时，只须中央银行对于再贴现票据加以限制，力量就很大了"①。通过如此严密的信用统制，达到阻止外货倾销，扭转中国对外贸易不利局面，发展国民经济的目的。

《新中华》学人对中国实行统制经济有深入的思考，认识到中国统制经济的目标不在于调解生产与消费之间的矛盾，克服自由竞争带来的无序状态，其主要任务"就在防止帝国主义攻势的统制经济下的加重剥削"，减少对外贸易逆差，稳定中国金融业，保护中国产业。为此，《新中华》学人提出了利用现有同业合作组织来实现工业统制，学习苏联对外贸易的统制办法，实行国营贸易，及信用统制的方案。这些主张极具特色，具有强烈的爱国色彩。值得一提的是，一些《新中华》学人质疑统制经济，认为中国不具备实行统制经济的条件，并指出中国实行统制经济如措施不当，将增强官僚资本。"像这样的统制经济，若令它发展下去，结果只是造成了少数人之资本的积集，造成了大多人的贫困之积集而已。"② 由此，加剧经济危机。这些质疑促使大家更深入地思考中国应该如何实行统制经济这个问题，并在实施统制经济的过程中，尽可能避免一些负面影响。正如这些学者所言，其后国民政府在实行统制经济的过程中，利用行政手段聚集庞大的国家垄断资本，一些官员更以权谋私，中饱私囊。这些行为也是国民党失去民心，丢掉政权的重要原因。可见，这些质疑的主张也暗藏着重要的价值。

综上所述，面对深陷泥潭的中国经济，《新中华》学人为尽快地打开中国经济的出路，给出了一些极具创造力与前瞻性的建议，当然也提出了一些不切实际、异想天开的设想。《新中华》学人在期盼中苦苦探索，正

① 章立凡选编：《章乃器文集》上卷，华夏出版社1997年版，第390—406页。
② 达生：《中国统制经济之检讨》，《新中华》第2卷第22期，1934年11月。

是由于他们的杰出贡献，世人对中国经济的困难及造成危机的缘由有了更清醒的认识，他们对解决经济难题的一些建议也非常具有针对性，虽然部分建议可能在当时由于种种原因不能实现，但这些光辉的思想为抗战及战后中国的经济建设提供了思想源泉。

第六章

救济农村

中国自古以来"以农立国",农村人口约占中国民众的 70%—80%,农业产值在全国生产总值中占据最大比重,农业丰歉,农民饥饱直接影响整个社会的安定与否,因此,农村问题一直深受读书人的高度重视。在经济危机影响下,20 世纪 30 年代的中国农村日益萧条,引起知识界激烈讨论,一时"农村破产"舆论四起!"农业恐慌的极度,更加之以空前的旱灾;使农村益发破产了"① 等言论比比皆是。学者千家驹看到农村危机影响到社会的安定,诸种惨剧不断在各地上演,"去年发生抢米风潮的,无锡而外,他如湖州、嘉兴、常熟、盱眙、沙州等处,莫不有类似的事情发生。……其他若赤地千里,死亡巨万的陕西、甘肃,兵祸叠结,战乱频仍的四川、河南、两湖、云、贵,所谓'老弱转乎沟壑,壮者散于四方',在报纸上真是书不绝书的"②。严重的农村危机造成中国前途黯淡,钱亦石说:"目前在事实上,农村已陷入火坑了,占全国人口百分之八十的农民在火坑中挣扎,谁也应该承认这是一个万分严重的问题。这个问题得不到圆满的解决,不独整个农村没有出路,就是整个中国亦没有出路。"③为了解决农村危机,挽救中国社会,《新中华》学人投入极大的精力去了解 20 世纪 30 年代的中国农村,寻找农村爆发危机的原因,并在此基础上提出救济农村的诸多建议。

---

① 周伯棣:《时代镜》,《新中华》第 3 卷第 2 期,1935 年 1 月。
② 千家驹:《救济农村偏枯与都市膨胀问题》,《新中华》第 1 卷第 8 期,1933 年 4 月。
③ 钱亦石:《中国农村的过去与今后》,《新中华》第 2 卷第 1 期,1934 年 1 月。

第一节　"欲图农村复兴，必须先知农村实况"

《新中华》杂志认为："欲图农村复兴，必须先知农村实况。"[1] 为此，1934 年《新中华》杂志与陈翰笙先生领导的致力于农村调查的中国农村经济研究会合作，《新中华》杂志开辟《农村通讯》专栏，由中国农村经济研究会负责供稿，向读者展现 20 世纪 30 年代中国农村的实际状况。当然，《新中华》其他学人也通过实地考察，或数据分析，探讨中国农村危机的表现形态及产生危机的深刻原因。

一　农村危机的表现

20 世纪 30 年代中国农业危机非常严重，以至于《新中华》杂志曾发出这样的感叹："经济恐慌，日益加剧，农村破产，迫在眉睫。"[2] 在《新中华》学人看来，20 世纪 30 年代农业危机具体表现在以下几个方面：

首先，普通农民无地化与贫困化。传统中国农村社会，农民是依赖土地而生存，占有土地的多少决定着农民的生活状况，决定着农村安定。传统中国农村正常秩序崩溃的前兆之一就是普通农民失去土地而陷入赤贫，20 世纪 30 年代农村危机的表现之一同样是普通农民的无地化与贫困化。

在中国东南地区，农民土地被地主、商人兼并的情况比较严重。学者兆熊根据实地调查，发现常熟顾方桥村地主占有土地约 72%，自耕农等普通农民仅拥有田地 28%；而常熟的地主却只占农村总户数的 1%，自耕农占 10%，半自耕农占 20%，佃农约占 69%，几近七成。[3] 显而易见，在江苏常熟等地，自耕农自给自足的生产方式已被破坏，土地集中于地主手中。与东南相比，处于中部与西南地区的土地兼并情况可能会稍轻一些；但有些地区的境况也十分严重，譬如河南滑县，"有地百亩以上的地主，至少在四百户左右，最多的拥有田产六十顷，合六千亩。近年来自耕农沦为佃农的趋势，日益显著"[4]。总体来看，全国普通农民失地的情形

---

[1]　编者：《农村通讯》，《新中华》第 2 卷第 1 期，1934 年 1 月。

[2]　同上。

[3]　兆熊：《常熟入个村庄土地分配状况》，《新中华》第 2 卷第 4 期，1934 年 2 月；《常熟农民之经济状况》，《新中华》第 2 卷第 2 期，1934 年 1 月。

[4]　西超：《高利贷支配下的滑县农村经济》，《新中华》第 2 卷第 1 期，1934 年 1 月。

越来越严重，自耕农占有的土地越来越少，佃农越来越多渐成普遍情况。

土地是中国农民最重要的财产，土地减少或失去土地意味着农民贫困化。如学者钱亦石所说："佃农增加，自耕农减少，即农民贫困化，从前有地可耕的农民，现时都变成'穷光蛋'了！"[①] 为了生活，少地与失地的贫农不得不付出高昂的代价租种地主土地。20 世纪 30 年代中国农村的佃租，尽管各地情况不一，但租额通常在一半以上，很多地方有"五五均分""四六分""三七分"等说法，地主拿大头，佃户得少数。[②] 他的说法也得到了其他学者实地调查的印证。学者兆熊在调查常熟农民经济状况后得知：佃农向地主纳租，稻田须占半数，棉田比重达 35%。[③] 高达半数的租额还不是当时的最高水平，湖南一些地区的农民得忍受高达六七成的地租。杜劳就记载了湖南新化的佃租，"每亩可割稻五石以上的上田，纳租稻三石。可割稻四石以上的，纳租稻二石半，仅割三石以上的，纳租二石。有些可割稻六石左右的肥田，每亩纳租竟至三石半"[④]。

其次，农业耕种面积逐渐缩小，单位面积产量下滑，农作物总量下降（主要指 1935 年以前）。失地与贫困迫使部分农民离开乡村，外出谋生。在靠近上海的农村，很多青壮年涌向上海，"每一家普通总有一二人离着家乡奔入都市"[⑤]。江浙一带也有不少人想到上海找出路，"'到上海去！'这是在宜兴农村也不能站足的人唯一的企求和出路"[⑥]。江浙农民向上海等大城市转移，内地的农民也向当地一些小城市移动，如广西苍梧，"近城的农村，农民离村的情形已很显著"[⑦]。中国北部的一些贫民在逼不得已的时候选择闯关东，河南滑县"前几年往东三省和山西去的人很多，他们一去，往往就很难再回故乡"[⑧]。青壮年农民离开农村致使部分耕地荒芜，加之天灾人祸，耕地面积日渐缩小。据统计数字显示，20 世纪 30 年代以前中国耕地面积就开始呈现萎缩的趋势，进入 20 世纪 30 年代以

① 钱亦石：《中国农村的过去与今后》，《新中华》第 2 卷第 1 期，1934 年 1 月。

② 千家驹：《救济农村偏枯与都市膨胀问题》，《新中华》第 1 卷第 8 期，1933 年 4 月。

③ 兆熊：《常熟农民之经济状况》，《新中华》第 2 卷第 2 期，1934 年 1 月。

④ 杜劳：《商业资本笼罩下的新化农村》，《新中华》第 2 卷第 14 期，1934 年 7 月。

⑤ 徐洛：《黄渡农村》，《新中华》第 2 卷第 1 期，1934 年 1 月。

⑥ 且言：《宜兴灾象的一个断片》，《新中华》第 2 卷第 21 期，1934 年 11 月。

⑦ 端：《苍梧农村杂记（一）》，《新中华》第 2 卷第 7 期，1934 年 4 月。

⑧ 西超：《高利贷支配下的滑县农村经济》，《新中华》第 2 卷第 1 期，1934 年 1 月。

后，情况并没有好转，"民二十一（1932）国府主计处的统计，耕地面积是十二万五千万亩，似乎比民十七稍有增加；但孙怀仁君根据荒地扩大的统计……则目前的耕地面积必降落到民十七的水平线下"①。耕地的减少直接造成中国农产品产量下滑，也说明"以农立国"的中国确实出现严重的农业危机。

农作物总量既与耕种面积有关，也和单位面积产量成正比。由于失地与贫困，在乡农民不仅无力扩大再生产，而且连维持农业基本生产的能力都在减弱，这种情况造成农业生产效率持续低下，农业产量不断下降。实业部长陈公博讲："已垦殖之田地，因为耕种方法的陈旧，所用工具之不良，而每亩的生产率也奇低。"② 上文提及的高额佃租使中国佃农生活处于绝对贫困的状况，根本无力改善农具和对农田施肥除害，只能听凭农作物自然生长，农业生产受到很大影响。学者章子健说："高额佃租的掠夺，疾病死亡及婚嫁的开支，佃农的负担自然是力不能胜，只有听任耕地的荒芜，变为无地的失业农民，或沦为雇农，或绝对不施肥料，听凭土地自然有机生产力之生产而已。"③

再次，农村金融枯竭与农产品价格持续下跌。近代中国城乡之间资金是随着农作物与消费品的买卖，在金融机构的调节下周而复始地流通与运转的。20世纪30年代初，天灾人祸造成中国农业生产大幅下降，世界经济危机也促使西方各国向中国倾销商品，挤压中国农产品的销售空间。在中国的农产品生产与销售均出现困难，难以回笼资金的情况下，中国金融机构实行紧缩政策，不愿对农民放款，因此部分资金就滞留在上海等城市，农村资金枯竭。具体表现在：中国传统的农村社会筹集资金的办法——借贷、合会与典当——相继失灵或需付出更高昂的代价。以典当行为例，由于典当行手续简捷等原因，学者蔡斌咸声称其是农村金融的中心，不过，典当行通过低估物质，额外需索，物质损失赔偿低微等办法残酷剥削贫困农民。④ 由于利率很高，所以典当行遍及中国各地。进入20世纪30年代，情况突变，一方面农村金融的日渐枯竭，资金利息太高，

---

① 钱亦石：《中国农村的过去与今后》，《新中华》第2卷第1期，1934年1月。

② 陈公博：《中国实业之过去与今后》，《新中华》第2卷第2期，1934年1月。

③ 章子建：《中国佃农问题之检讨——兼评农村复兴委员会》，《新中华》第1卷第14期，1933年7月。

④ 蔡斌咸：《救济农村声中之典当业》，《新中华》第2卷第15期，1934年8月。

典当行的成本有增无减；另一方面购买力的日渐减退，相当多的贫民没有能力赎回典当的物品，致使典当行存货山积。最终造成一些典当行利润降低，资金周转不灵。学者杨荫溥说："据最近调查，江苏四十县，有典当三百四十五家，均典多赎少，共有资本一千三百六十余万元，颇有不能应付之势，致停业者甚多。浙江五十县，亦有典当三百四十余家，其情形殆亦相似。"① 总之，典当行在农村危机中难逃厄运。而以银行为代表的新式金融机构还未普遍在农村开展放款业务，农民受惠不多。

俗话说："物以稀为贵"，产量下滑一般会导致产品价格上涨。20世纪30年代中国农产品的情况恰恰相反，其价格不升反降。钱亦石介绍说："农产品在本年（1933年）十月内，几跌落四分之一。"② 浙江崇德丝茧价格下跌非常厉害，"去年（1933年）茧价跌落，农民收入减至往年的四分之一或三分之一！"③ 不仅在受帝国主义影响较严重的中国东南情况如此，在内地的广西农产品的价格也剧烈下滑，广西苍梧农民"把辛辛苦苦种出来的谷送给稻商，任凭后者定一个价，于是就从每担四块多跌到三块半，再跌到两块八，商人借此得到一笔额外利润。戎墟商人操纵着稻的价格，内地的中小地主也就近收买，把价格更降低若干，县府派赴各区的催粮老爷，更整日介在乡间跑，他们联合起来，为的向贫苦农民敲诈"④。如此低的价格必然影响来年农民农业生产的投入与积极性。

二　对中国农村陷入危机的分析

20世纪30年代中国农业危机既表现在农作物产量不足（主要指1935年前），又表现为农产品价格下跌。在一般情况下，这两种现象是对立的。什么因素造成两种对立的现象并存呢？另外，什么原因酿成普通农民的无地化、贫困化与农村金融枯竭呢？《新中华》学人经过认真分析，认为原因主要有：

第一，自然灾害。中国国土辽阔，生态环境多样，各种自然灾害时有发生，20世纪30年代灾害尤其严重，著名的1931年大水灾蔓延16省，直接受灾民众近60万，100多万民众逃难。此后1933年、1934年又连发

---

① 杨荫溥：《中国都市金融与农村金融》，《新中华》第1卷第8期，1933年4月。

② 钱亦石：《中国农村的过去与今后》，《新中华》第2卷第1期，1934年1月。

③ 怀溥：《浙江崇德县农村视察记》，《新中华》第2卷第6期，1934年3月。

④ 端：《苍梧农村杂记（二）》，《新中华》第2卷第8期，1934年4月。

水灾，虽然情况没有 1931 年那样危急，但也涉及全国大部分省区。据千家驹叙述，1933 年江、河、淮、汉、湘、珠各流域水患严重，其中黄河决口造成的损失最惨重，"八月中旬黄河的决口，使滑县南乡和南乡千百个村庄都淹没在无情的狂流里；直至最近，还有三十万饥寒交迫的灾民在水中挣扎！"① 1934 年水灾情况依然严峻，绥远、广东、河南与福建等省都受到水灾的影响。② 洪水泛滥使受灾农民颗粒无收，生产、生活立刻陷入绝境。除了水灾，旱灾也给农业生产带来严重危害，1934 年全国普遭旱灾，特别是浙江嘉兴等地受灾严重，"嘉兴的王店镇，也是这次大旱中受害最烈的地方……农民处此遍地干枯的危境，实不能不为生机而挣扎！王店钱区往年产米二十三万三千八百石，黄豆二万六千石，在奇旱的今秋，据最近统计，仅能产米一万四千石，黄豆三千石"③，如此严重的旱情几乎让农民的收成化为乌有。除此水旱灾况之外，《新中华》杂志还记载了台风、雪灾给农业生产带来的巨大损失。

　　面对如此严重的天灾，各级政府的救灾措施却非常不利，以至于学者哲民严厉地批评政府当局没有完整的救济计划，即使采取一些应急的救灾措施，但也是"远水不能救近火"，他愤怒地说："在目前的厄运中，关于水灾，固无从设法防止，就是一切救济旱灾的方案，也都是官样文章。"④ 各种天灾接连出现，一次又一次冲击着极端脆弱的中国农村经济，政府的无能使受灾农民对前途绝望，纷纷逃亡，农村社会再一次遭受重大打击。因此，千家驹认为中国的天灾是与人祸连在一起的，这不仅表现在灾后政府救灾无力，还表现在灾前政府治理无能，导致隐患重重。他说连年的战乱使水利长年失修，经济的凋敝与衰败造成植林事业无人注意，农民的过度穷困促使疾病丛生，"水旱和疾疫决不是不可以人力来预防的'天灾'，这都是社会条件所造成的'人祸'"。因此，千家驹强调"所谓'天灾'不过是人祸造成的社会产物"⑤。

　　第二，繁重的苛捐杂税与"兵差"。虽铸字天灾人祸致使普通农民生活艰难，但最让中国农民害怕的是苛捐杂税。各地军阀、土豪劣绅与贪官

---

① 西超：《高利贷支配下的滑县农村经济》，《新中华》第 2 卷第 1 期，1934 年 1 月。

② 哲民：《目前水深火热的灾荒》，《新中华》第 2 卷第 15 期，1934 年 8 月。

③ 吴晓农：《大旱后的浙西》，《新中华》第 2 卷第 21 期，1934 年 11 月。

④ 哲民：《目前水深火热的灾荒》，《新中华》第 2 卷第 15 期，1934 年 8 月。

⑤ 千家驹：《救济农村偏枯与都市膨胀问题》，《新中华》第 1 卷第 8 期，1933 年 4 月。

污吏通过苛捐杂税极力压榨已处于苟延残喘状态下的农民，造成农民负担极其沉重。学者曾耀祖详细介绍了广东的苛捐杂税，"广东税捐之苛重实不亚于他省。田税每亩有达十一元者，建筑公路之人头捐有达四元者；甚至店铺中屋梁一条捐二毫半，墟集上鸡蛋每百枚抽二三仙。生牛生猪出口有税，过境有税；屠牛屠猪有税，牛皮亦有税；嫁女有税，再嫁亦有税；庵庙有税，齐醮亦有税；契据有税……"① 可见，广东省的苛捐杂税，名目之繁，多如牛毛。繁重的苛捐杂税不是让农民过着牛马不如的生活，就是迫使农民四处逃亡。《东方杂志》就记载了汉中贫农因为税捐太重而被迫逃亡的悲惨情况，"汉中的农民，尽管将收获尽数出卖，而所得的进数，还不够抵作税捐，他们最初出售田地，再则变卖什物，继续又典质房屋，随后田地无人过问，举地赠人，且无人敢要，房屋什物又无人肯买，贫农只得弃地不耕，卖光儿女以作逃亡之用"②。

同样让农民担惊受怕的是"兵差"。20世纪30年代中国战乱不断，这些战乱引起的种种不良后果最终主要由中国农民来承担，其中一项就是"兵差"。许涤新说："二十余年来，在内战连绵的炮火中，固然将生产机关、交通系统，破坏无余；而后方行师，开拔费、车辆、牲畜、夫役等亦使农民的精力枯竭。单就河北邢台来说，自民国十九年至二十二年四月间，负兵差共八八三点四五五元。"他还介绍一些地方政府与军阀甚至借抗日之名征敛农民，他说九一八事变与"一·二八事变"发生后，一些地方当局借此为敛钱的良机，如广东发行广东国防公债三千万，航空救国公债一千五百万；湖南发行救国债款五百万；河北发行爱国奖券一百万；刘湘借国难之名，摊派国难捐，约在一千五百万以上；云南亦在去年募集救国基金等等。③ 凡此种种公债、奖券、捐款、摊派与基金最终大部分落在农民头上。如此沉重的"兵差"虽然属于临时性摊派，但中国战乱不已，此种临时性的摊派慢慢就变成农民时时刻刻且无尽的繁重的"义务"。

苛捐杂税与"兵差"虽然很多是按田地的多少来征收，看似地主受到的压迫更大，但实际上地主会把这些负担转嫁给租田的农民，曙明就揭露过临河县地主"将应纳摊款，分派各佃户负担，其派出款额，往往超

<hr>

①　曾耀祖：《广东的捐税》，《新中华》第2卷第4期，1934年2月。

②　陈翰笙：《破产中的汉中贫农》，《东方杂志》第30卷第1号，1933年1月。

③　许涤新：《捐税繁重与农村经济之没落》，《新中华》第2卷第12期，1934年6月。

过官厅应征数额数倍"①。繁重的苛捐杂税与"兵差"最终迫使农民走上破产之路，农村社会也将日渐萧条。

第三，帝国主义的经济侵略。20世纪30年代前半期由于灾害频繁，农业歉收，部分地区发生饥荒；1936年全国各地普遍丰收，小麦的收成，"可达四万九千五百余万担，这个比较去年的收成，要多七千万担左右，比较最近过去五年中的最高产量，多四千万左右"。棉花的收成，"为一千六百余万担，比去年的实收额多了九九％以上，已经打破了近二十年来的最高纪录"。中国农民难得碰到如此丰收的年景，可是农作物的高产并没有给农民带来实质的增收，而出现"丰产不丰收，谷贱伤农"的现象，"丰收的消息传播以后，各种农产品的价格，除掉小麦一时因特殊的原因外，都呈现了疲弱之象"。农产品价格的下跌打破了农民收入增加的希望，不仅如此，收入甚至严重缩水，转而成为灾难。对此，学者孙怀仁大声地提问："就是目前中国的农产品，因为这样的一个丰收程度，而就显现着恐慌，使价格不住的下落，这毕竟是否是正常的？"② 当然不正常，这是近代以来各国列强通过商品倾销与资本输出等方式对中国进行经济侵略的结果。特别是进入20世纪30年代，在世界经济恐慌背景下，中国农产品在国际市场上受到排挤找不到销路，反过来各帝国主义加大对中国的经济侵略，极力向中国倾销包括农产品在内的大量商品，国外农产品在中国市场上剧增，造成国内农产品价格大跌，农民收入大减。此时中国自给自足的传统经济已被破坏殆尽，早已深陷泥潭的中国农村社会由此爆发了严重危机。

首先看20世纪30年代农产品的进口情况。学者董汝舟描述了1931年的农产品输入状况，"民国二十年，棉花、小麦、米、烟草四种农产品之进口价值，约合三万七千二百六十八万海关两，较十九年度多六千三百余万海关两，约合九千四百五十余万元"③。钱亦石则介绍了1932年的农产品进口情况，"关于米、麦、面粉、棉花、烟叶五项进口的百分比，在民二十（1931年）尚只29.61％，在民二十一（1932年）则升到33.78％"④。1933年对外贸易的情形是入超额为49445094元（关金单位，下同），其中进口：棉花45934334元，米谷33432639元，烟叶15757719

---

① 曙明：《"蒙古江南"之临河县农村》，《新中华》第2卷第4期，1934年2月。
② 孙怀仁：《米麦丰收与粮食问题》，《新中华》第4卷第18期，1936年9月。
③ 董汝舟：《中国农民离村问题之检讨》，《新中华》第1卷第9期，1933年5月。
④ 钱亦石：《中国农村的过去与今后》，《新中华》第2卷第1期，1934年1月。

元，三项共计 95124692 元。① 从中可以看出，对外贸易的入超额非常大，对我国极其不利。问题尤为严重的是我国普遍种植的米谷、棉花、烟叶等都有大量进口，这对我国农产品形成极大的压力。其次是中国农产品价格日渐下跌。林味豹通过对浙江实地调查看到：“去年农作生产，尚称丰盈，但因农村经济恐慌，致丰收成灾，米价惨跌（每元得购白米二斗），造成‘谷贱伤农’之现象。”② 不仅在受帝国主义影响较严重的中国东南情况如此，在内地的广西农产品价格也剧烈下滑，“从每担四块多跌到三块半，再跌到两块八。”③ 帝国主义向中国大量倾销农产品，造成我国的谷米、棉丝等农产品价格持续下跌，原本收入极低的农民生活更加雪上加霜。再次是中国农民的手工业品难以找到销路。各国列强不仅向中国大量倾销低价商品，而且在中国进行投资，建立企业，充分利用中国廉价劳动力生产商品，并在中国市场进行销售。其中一些商品与中国农民传统的农副产品形成激烈的竞争关系。在大量洋货包围下，中国农民传统的农副产品难以突破重围，如上海的土布就已经没有市场，“在十年以前，本区农民中的妇女，除了帮助种田外，大率以纺纱织布为副业，惟近来因洋货输入激增，土布不值钱，已废弃不做”④。在“视蚕丝为生命的源泉”的浙江吴兴，蚕的价格“跌势既如山崩地裂这般快”，当地农民“感受严重的威胁。”⑤ 农产品和手工产品销路不畅，价格持续下跌，造成中国农民日渐赤贫化，农村也随之日益衰落。

总之，自然灾害造成农业歉收，产生饥荒。帝国主义的侵略与封建式的苛捐杂税使农民在风调雨顺农业丰收的年份，因农产品价格下滑收入不升反降，出现所谓“丰收成灾”的现象。天灾人祸造成中国农民日渐贫困，农村危机日益严重。

第二节 救济农村的主张

20 世纪 30 年代中国农村已陷入严重的危机之中。作为农业国，中国

---

① 《二十三年度对外贸易》，《参考资料》，《新中华》第 3 卷第 5 期，1935 年 3 月。
② 林味豹：《浙江象山农村经济概况》，《新中华》第 2 卷第 10 期，1934 年 5 月。
③ 端：《苍梧农村杂记（二）》，《新中华》第 2 卷第 8 期，1934 年 4 月。
④ 张逸菲：《沪市漕泾区农村实况》，《新中华》第 2 卷第 22 期，1934 年 11 月。
⑤ 吴晓晨：《蚕桑衰落中的吴兴农村》，《东方杂志》第 32 卷第 8 号，1935 年 4 月。

农村的危机必将传导到经济与政治领域，导致经济的恐慌与政治的变动。"农村破产，当然是农民首蒙其殃；但广大的农民失掉了购买力，即民族工业失掉了国内市场，影响所及，势必促成全部国民经济的总崩溃。中国近年来一切祸乱的根源，其主要原因就在这里。"[1] 如何救济农村也就成为中国头等重要的大事。在《新中华》学人看来，救济危机中的中国农村可以从以下四个方面着手。

一　稳定农产品价格

20 世纪 30 年代农产品价格持续下跌是造成中国农民日益陷入破产的重要原因。为稳定农产品价格，缓解农村危机，国民政府推出建立仓库制度、外粮征税等措施，一些经济界人士提出采取通货膨胀等办法抬高农产品价格等建议。《新中华》学人认为这些举措与建议在现实条件下不可能带来农产品价格的稳定，即使抬高了农产品价格，也不能给农民带来好处。

周宪文对采取通货膨胀的办法抬高农产品价格的建议持否定态度。他认为主张以通货膨胀复兴农村的学者，只看到了农产品价格下跌造成中国农村衰落这个表象，而没注意到中国农村衰落的深层次原因。确实，周宪文也承认农产品价格下滑是中国农村衰落的重要原因，"农产品的跌价，一般佃农与自耕农，终年劳苦的结果，所得既不足以抵其工资，肥料种子的代价，自然无法收回。即如一般富农与地主，亦因农产品的跌价，入不敷出；因此，农村遂普遍的衰落"。不过，他强调实行通货膨胀政策，抬高农产品价格也不一定对所有农民有利。一方面因为实施通货膨胀政策不仅造成农产品价格的上升，也会引起其他物价的上扬；另一方面中国农民由雇农、佃农、自耕农以及地主等不同群体构成，每一群体的土地占有与剩余农产品数量极不相同。周宪文详细分析了雇农、佃农、自耕农以及地主的收支情况，认为：对雇农、佃农、自耕农来讲，农产品价格上升的收益并不能抵消由于其他货物上涨而增加的收出。因此，"大多数的贫农，不但得不到好处，反而蒙其不利"；只有极少数的富农、地主因为有大量剩余农产品出售，才有相当的利益可图。可见，实行通货膨胀政策，只有少数地主、富农得利。所以，周宪文认为："实行通货膨胀政策，不论由

---

① 　钱亦石：《中国农村的过去与今后》，《新中华》第 2 卷第 1 期，1934 年 1 月。

哪一点看来，不但不足以复兴农村，而反可速农村的没落。"他进一步指出：目前中国农产品价格的下跌，"外则由于外国农产品的倾销，内则由于农民购买力的减少"。不对症下药，而采用通货膨胀政策来解决农产品价格下滑的问题，"无异缘木以求鱼"。周宪文认为真正的有效办法是："对外则须设法阻止外国的农产品，对内则须设法提高农民的购买力；关于前者，自须打倒帝国主义的侵略，逐渐推进农业的发展；关于后者，自须解除封建势力的剥削，真正增加农民的收入。"① 只有如此，才能阻止外国农产品的倾销，才能提高农民的购买力，才能维持中国农产品价格的稳定。

阻止外国农产品的倾销是稳定国内农产品价格的必要条件，此种观念不仅是周宪文的个人看法，而且是当时一种普遍的观念，得到学界的一致赞同。如学者蔡斌咸也认为："实则症结所在，全由于国际帝国主义者将过剩的农产品跌价输入。"② 为此，1933 年冬，国民政府以保护农民生计，救济农村经济为名，决定开征米麦进口税。对于国民政府的这一举措，经济界存在不同的声音。学者彬如认为国民政府此举的主要目的是增加财政，而不是抬高粮价。他说外粮征税可以使政府增加巨额的收入，以 1932 年为例，"洋米进口达二千二百四十八万余担，可以征税二千二百四十八万余金单位；再如小麦，去年进口数在一千五百万担，可以征税四百五十万金单位；两者合计，换成国币，约在四千三百万元。"尽管征税以后，外粮输入可能有所减少，不过，政府财政收入肯定会有明显增加，当然，对于国内粮价也会产生一些积极影响。但是，彬如强调外粮征税不一定都对中国农民有利，"吾国农民，大多'寅吃卯粮'，即吾国农产，大多已经商品化；农民于秋收时贱价卖出食粮，再于青黄不接时高价买回食粮"，此时的高价粮就对农民非常有害。因此，他提出：如果国民政府真为农民利益打算，除征收米麦税之外，还须进一步采取有效措施扩大农业生产，增加农民收入。他还指出：外粮大量进口的原因一方面在于洋人的倾销政策，另一方面则与中国内地交通不便、沉重剥削有关。因此，为帮助农民增收，政府也"须便利国粮运销、减低农民负担。"另外，外粮征税造成粮食价格上涨，城市居民身受其害。为了使"外粮征税有利而无

① 周宪文：《通货膨胀与农村复兴》，《新中华》第 1 卷第 23 期，1933 年 12 月。
② 蔡斌咸：《所谓今日之农村放款》，《新中华》第 2 卷第 22 期，1934 年 11 月。

弊"，彬如主张：对外粮进口实施统制政策，国民政府应"于厉行外粮征税以后，当一面设法流通国米，一面以外粮税收，作为基金，按照时价，买入下等食粮，而以特贱的价格出售"。只有这样，在粮食价格上涨的同时，广大贫困农民与城市贫民能够得到"下等食粮"，利益才不会受损。①

对外国农产品进口实施统制政策是知识界对于稳定农产品价格最重要也最具特色的一种意见。周宪文在《新中华》杂志上发表了《谷贱伤农与食粮专卖》《外粮征税与食粮统制》等多篇文章，是提倡粮食统制政策最有力的学者。他关于粮食统制的思想，主要有以下两点：

其一，稳定中国粮食价格必须实施统制政策。周宪文认为外粮倾销是造成 20 世纪 30 年代粮食价格下跌的主要原因，即使 1936 年中国农业获得丰收，农产品大量增加，他依然坚持中国粮食价格大跌的主要元凶是列强向中国大量倾销米、谷等物品。他列举 1929—1932 年的外粮进口数据，认为外粮进口数量巨大而增速显著，"我国近海沿江的各大都市，既受外粮倾销的影响，对于内地米的需要，自然减少；反过来说，内地的米谷，因为近海沿江各大都市没有需要，自然失去了从来运销的唯一目的地，所以形成了'过剩'的现象，谷价终于大跌"。由于外国粮食大量倾销是造成中国粮食价格下跌的主要原因，因此他认为经济界一些人提出的鼓励商人大量购买粮食、建立储备仓库与便利运输等救济办法虽然能短暂缓解粮价的下跌，但作用不大。向外粮征收进口税，周宪文也认为是一种"脚痛医脚，头痛医头"的政策，而且存在如何确定税率、增加消费者负担等弊端。另外，在对外粮征税时政府为获取巨额的关税，可能会执行有利于财政增收而不利于市民，也无益于农民的措施。因此，在对外粮进口征税时，还有必要实施统制政策。周宪文设计的具体统制办法是："厉行'购买的统制'，即粮商向海外订货，须向政府所设之某种机关领取护照；否则，海关不准其上岸。"政府根据全国所需粮食的数量发放护照，能自给之时则停发护照。在政府认购的数量范围之内，商人购买的外粮可以进口，超过部分则拒绝输入。实施统制政策，不仅能避免外粮征税带来的弊端，还有诸多好处，"吾国如果毋须外粮的供给，则外粮固不能入口，而国内食粮的产销也可有全盘的计划；对于较次的米粮，且可以特贱的价格出卖，寓意于救济一般贫民，至于'谷贱伤农'的现象自可'绝迹'，生

---

① 彬如：《外粮征税的利害得失》，《新中华》第 2 卷第 1 期，1934 年 1 月。

产者与消费者的生活都可安定；且可减少中间商人的剥削，诚可谓一举而数善备"①。

其二，中国应为实施粮食统制政策积极努力。上一章讨论中国经济问题时，介绍了中国是否具备实施统制政策的条件，中国政府是否拥有实施统制的能力曾引起学者们的普遍怀疑。同样，对于实施粮食统制，一些学者也提出了"政府有无实行此种政策的能力"的疑问，但周宪文认为："政策的是否适当是一问题，而政府的有无能力实行又是一问题"，"我们如果不讲什么食粮政策，听其自然则已，否则，一切自由主义的食粮政策，徒见其劳而无益，白费心血；欲使食粮政策见效，在今日，吾人总得以这种专卖政策为努力的目标"。而且，周宪文还预判推行实施粮食统制政策将会出现一些弊端，"例如米谷生产费之难推算，农民自用米谷数量之难决定等"。但他还是认为："这些'弊'，大多是实行上的困难，决非无法可以'补救'的；权衡轻重，这种专卖制度在目前固不失为一种比较有效的食粮政策。"为了在中国实施粮食统制政策，周宪文在《谷贱伤农与食粮专卖》一文中从粮食专卖的价格、范围、时期与实施的机关四个方面来阐述实施粮食统制的具体政策。首先对于专卖价格的确定，他认为："食粮的买价，当以生产费为基础"，也酌情参考全国各地食粮等级的价格。根据这个价格，政府发行食粮公债，用以收购农民的粮食。其次，关于专卖的范围，"可分食粮的国际贸易及本国食粮的买卖两种，前者，即食粮的进出口，完全由政府办理；后者，即本国食粮的买卖，则限于农民自用以外的食粮"。再次，有关购粮的时期，有一时购入、随时购入与分几次购入三种办法，周宪文赞同随时购入的办法。最后，关于实施的机关，他建议国民政府从中央到地方设立专卖局，"掌管关于一切专卖事宜"②。

综上所述，《新中华》学人对于国民政府稳定农产品价格的政策并不满意，也不认同经济界一些不可靠的主张，他们倾向对农产品中的重点物资——粮食进行统制，通过统制办法稳定粮价，以期增加农民收入。但食粮统制涉及面广，操作难度大，一时难以实现。不久，抗日战争全面爆

① 周宪文：《谷贱伤农与食粮专卖》，《新中华》第 1 卷第 3 期，1933 年 2 月；《外粮征税与食粮统制》，《新中华》第 1 卷第 19 期，1933 年 10 月。

② 周宪文：《谷贱伤农与食粮专卖》，《新中华》第 1 卷第 3 期，1933 年 2 月。

发，生产萎缩，粮食歉收，农产品价格飞涨，抗战前关于统制粮食的讨论或许对战时国民政府平抑粮价有所帮助，但此时困难重重，最终归于失败。

二　调剂农村金融

20 世纪 30 年代中国农村金融枯竭，农民手中没有资金，也难以筹到资金，因此，不要说改良生产工具，发展农业生产，连维持家庭生活都成为问题。在此情况下，中国农村快速地朝着破产的边缘滑落。农村金融枯竭不仅加速中国农村破产，农民没有资金，就无力交纳赋税，而且最终影响国民政府的财政税收。为克服农村危机，确保财政收入，国民政府采取了一些调剂农村金融的措施，试图缓解农村金融恐慌，如 1933 年，成立豫、鄂、皖、赣四省农民银行，1935 年改称中国农民银行，"南京政府明令全国所有银行，应以储蓄存款总额五分之一投资于农业。中国银行除参加农业贷款外，并成立中华农业贷款银团，先后参加的银行有十余家，以此统一筹划农贷事宜"。此外，南京国民政府还于 1936 年成立以流通农业资金为目的农本局。[1] 在南京国民政府的强烈要求与动员下，上海、南京的部分银行为滞留在都市的资金寻找出路，相继尝试向农民放贷。但此种放贷由于银行意愿不强与复杂的社会环境等原因存在种种弊端，如学者李紫翔所指出的，"据中国农工银行在浙江办理农民放款的报告，自十八年至二十一年共放款四十九万余元，抵押放款占 89%，信用放款只占 11%，放款区域十四县市，借款机关均为各种合作社；此种合作社，往往为新豪绅地痞所利用，钱已到手，社即解散……于农民反添一种剥削阶级"[2]。由此可知，在国民政府的强烈要求下，处于都市的银行们仍然对向农民放款不放心，投入资本太少，贷款的额度小，贷款期限短，因此农民的借款不能用于农业生产，而且绝大部分的贷款还被土豪劣绅垄断。不仅如此，有些银行在向农民放贷的过程中存在"种种变态的剥削以自肥的恶现象"，以至于蔡斌咸认为这些银行成了新的榨取者，"演了一幕都市金融或农业金融深入农村吮吸农民膏血的悲剧！"[3] 总之，此种放贷不能改

---

① 周天度、郑则民、齐福霖、李义彬等：《中华民国史》第 3 编第 2 卷，中华书局 2002 年版，第 850 页。

② 李紫翔：《中国金融的过去与今后》，《新中华》第 2 卷第 1 期，1934 年 1 月。

③ 蔡斌咸：《所谓今日之农村放款》，《新中华》第 2 卷第 22 期，1934 年 11 月。

变农村金融枯竭的现状。

如何使资金流入乡村，改变农村金融枯竭的局面，达到发展农业生产的目的呢?《新中华》杂志的作者提出了几点具体的办法:

第一，充分利用农村组织与传统的金融渠道，使资金能有效地流入农村。20世纪30年代传统的金融机构票号、钱庄与典当行虽然衰落，但仍在乡村有较大影响，现代银行崛起，但银行的分支机构只设立于较大的城市，要让资金流入乡村，必须借助农村现有组织与原有的金融渠道。著名银行家陈光甫说:"中国如果有新式农村，定是信用合作社的功劳。银行不能直接放款到农村去。也只能利用着合作社，使农民不致受高利率的压迫。""和旧式农村，有密切关系的，只有典当业。……救济当铺，实是目前要务。最好由各地典当公所，一面设法降低利率，一面和银钱业合作，注意小额商品，如春季做小麦杂粮押款。旧式平民金融机关，而有新式平民金融机关的效用，那才可真加惠农民了。"[①]

蔡斌咸认为尽管典当行等旧式金融组织放款利息较重，但在金融枯竭，资金周转不灵，严重影响农业生产的情况下，政府当局不应一味禁止典当行等传统金融机构，这样会造成"农村无款可贷，农业资金更陷于枯竭的地步"。他建议:"各省当局对于典当，应在不违反盘剥重利的原则之下，尽力维持它的业务，具体地说，典当商业高利贷资本剥削的一面，应该尽力铲除，典当调剂农村金融的一面，应该维持而发扬之。"也就是改造、改善典当行。关于改造、改善的措施，蔡斌咸提出了三项办法。第一，"扩充农产抵押的业务"。农产抵押能帮助农民获得更多资金周转的机会，但为了使这项业务不病民扰民，他建议在取利、估质与抵押数额等方面须制定妥善的规定:"凡农产物质当利率，以年利二分为最高";对于农产品的估值，须"按照市价以八折借给现银";"其抵押数额，只能限定最高额，每人最多不得过十石。"第二，政府予以旨在调剂平民金融的典当行以经济上的援助，政府财力有限，可请金融界投资。当然，为了典当行的正常发展，"须严防都市金融资本乃用其尖锐的嘴来吮吸农民的膏血。所以金融界对典当放款，取利必须低微"，避免农村遭受金融资本的重利剥削。第三，对一些无法维持的典当行，政府进行收购，

---

① 陈光甫:《怎样打开中国经济的出路——由上海的金融现状讲到中国的经济出路》，《新中华》创刊号，1933年1月。

实施公营制度，"所当注意的，勿借公营的名义仍来榨取农民的汗血"。总之，蔡斌咸认为典当制度还能在调剂农村金融方面发挥重要作用，"典当制度与新兴的农村金融制度实有相辅而行之必要，以达救济农村之目的"①。

第二，政府发挥应有的责任，尽快公布实施储蓄银行法。由于农作物生长的周期较长，且农业利润不高，学者杨荫溥认为金融机构对农业的贷款应与对城市工商业贷款有所不同，需要做到两点：第一，贷款时间宜较长。第二，贷款利率宜低；反之，农业将没有利润而陷入困境。但贷款时间长且利率低对金融机构也非常不利，因此，对于农业这个极其重要又很特殊行业的融资，学者杨荫溥认为政府必须加以扶持，"为今之计，政府应负起责任，与人民合作，发行农债，遍设农行"②。

南京政府曾明令全国所有银行，应以储蓄存款总额 1/5 投资于农业，蔡斌咸认为："立刻公布实行储蓄银行法，该法第八条规定：如储蓄银行或银行之办理储蓄者，应以其存款总额至少五分之一，作为农村合作社之放贷、押款及以农产物为质之放款。如能公布实行，无异骤然加入了一支生力军"，为防止弊端，他认为有必要"俟该法公布施行后，政府对于农民放款尚须拟定监督管理规则，如取利的限制，期限的规定，借款还款的手续，以及上面所论各项病态的纠正，详为规定，至少当订一原则，以防农村破产后加一重都市金融资金的剥削"③。

第三，金融机构放款业务必须以农村发展为中心，使资金能真正用于农业生产。过去金融组织向农民贷款没有明确的目标，没有划拨促进农业生产的专门资金，是"为放款而放款"。蔡斌咸反思金融机构的这种放款，"优的一面，勉强解决了农民一年的生活；劣的一面，资金偿还的机会少，放款者亦难得安全的保障，即使安全无问题，而缺乏再生力，其实效等于灾歉时一次的施赈"。他认为此种放款不妥当，特别强调金融机构不是施赈机关，而且也没有这样巨额的资金。可喜的是：现在一些金融组织在向农村放款时，已注意举办农业仓库，农产运销与米谷抵押等事项，致力发展农业生产。但必须注意的是，一些金融组织的放款含有投机性，

---

① 蔡斌咸：《救济农村声中之典当业》，《新中华》第 2 卷第 15 期，1934 年 8 月。
② 杨荫溥：《中国都市金融与农村金融》，《新中华》第 1 卷第 8 期，1933 年 4 月。
③ 蔡斌咸：《所谓今日之农村放款》，《新中华》第 2 卷第 22 期，1934 年 11 月。

把有限的资金放给从事农产品买卖的商人，真正的农民却无法得到贷款；或者付出高昂的代价才能得到贷款。这种放款，也同样不利于发展农业生产。

为了使放款资金能够真正到达农民手中，且投入生产事业，蔡斌咸认为金融机构应"确立以'农民为本位'的政策，一切要以农民为出发点。具体地说，经营者必须抱不投机、不徇私、不虚伪、不点缀的态度，处处顾到农民的实惠，和农村的影响"。"低利小额放款的金额，必须极力扩充，亦是调剂农村金融的基本工作。至扩充的有效方法，可以吸收存款，如社员储蓄，或地方公款，在农村经济破产的现况之下，合作社社员实无余力足资储蓄，即有亦是微乎其微；后者浙江省已经实行，凡地方公款，一律存入当地农业金融机关，借收调剂之效！"他还认为："最有效的办法，只有使资金能真正用于生产事业，但仅仅用于生产事业尚不可靠，必须就当地主要生产事业已衰落的扶植它，已优良的发展它。"①

不过，有些学者对想尽办法使银行放贷给农民，让资金流入乡村的主张并不认同。他们认为这些举措虽然会有一些成绩，但终究不能改变中国农村金融枯竭的局面，改变中国农村金融枯竭的现状，最关键是去除造成农村资金外流或阻止资金回流农村的因素。李紫翔说："'九一八'后，金融界提出许多头痛医头，脚痛医脚之转换方向的政策，但是事实上并未改变在公债与地产的泥坑中的竞走。"他还说："'资金回到农村去'，诚然农村现在十二万分的需要资金，但是在未将农村不断的逆态的流出资金的原因，和未将资金不能回到农村去的条件改变以前，资金是不会巨量地回到农村去的。即使人为的流回一点点，能否有益于破产的农村和是否会真正的落到农民身上？那是十分成为疑问的。"② 经济学家千家驹虽然也认识到："如何安定农村和如何把都市过剩的资金灌注到偏枯的农村中去，实为今日急不容缓的要务。"但他认为调剂都市与农村的资金流通是治标的办法，也不能根本解决农村金融偏枯的问题，更不能解决中国农村衰败的问题，因为，"中国农村经济发展的前途，横着几个基本的障碍"，帝国主义与封建主义是阻碍中国农村发展的根本因素，"在这几个主要的障碍未除去以前，农村经济决不能由单纯的调剂都市与农村的金融可以获

---

① 蔡斌咸:《所谓今日之农村放款》,《新中华》第 2 卷第 22 期, 1934 年 11 月。
② 李紫翔:《中国金融的过去与今后》,《新中华》第 2 卷第 1 期, 1934 年 1 月。

得解决，而且，农村偏枯与都市膨胀只不过是整个社会经济破产病症局部的表现，在中国整个的社会经济得不到救济办法之前，一切的调剂都市与农村的计划，都是一句空话，都是不能兑现的"①。

《新中华》学人对救济农村抱以很高的期望，希望中国农村成为摆脱帝国主义与封建主义双重势力剥削的新农村。由此，尽管他们认识到中国农村金融枯竭的严重局势，但他们对国民政府外粮征税的目的持怀疑态度，对银行救济农村金融的力度评价不高，认为中国金融机构必须"以农民为本位"，政府也须做好扶植农村金融的工作。但客观的现实是，金融机构也有自身的利益，国民政府财政短缺，无力扶植农村金融，去除帝国主义与封建主义等势力更是短时间难以完成的任务，因此，农村金融长期仍处于偏枯的状态。当然，《新中华》学人的主张也不一定完全错误，中国农村资金的通畅，需要扫除国内外剥削势力的盘剥，更需要政府与金融界共同扶植。不幸的是，在 20 世纪 30 年代不管是国民政府，还是金融机构都难以达到《新中华》学人的要求。

三　扩大农业生产

20 世纪 30 年代中国农村危机四伏，农民过着饥寒交迫的生活，一个重要原因是由于农业生产不振，粮食不能自给。如何扩大农业生产，解决农民温饱问题成为中国知识分子的讨论热点。经过认真思考，《新中华》学人主张从以下三个方面来促进农业生产。

（一）兴修水利

中国水旱灾害频发，给农业生产带来巨大损失，因此兴修水利对农业发展起着至关重要的作用。以陕西省为例，"陕西的气候干燥，雨量稀少，是常苦荒旱的，自从民国十七年以来，陕西荒旱连年，农村经济，濒于破产，灾民之多，有如过江之鲫，而尤以关中为最"，"关中灾情之所以日趋严重，内乱固然是一个要因，而水利失修，尤为根本原因，要救陕灾，要救关中的灾情，决不是振款所能了事，必与修水利，才为治本之图"。因此，民国时期绥远开民生渠，陕西开泾惠渠是莫大的功绩，泾惠渠甚至被称为"民国二十年来大工程"。在此地修筑泾惠渠前，明朝时期曾修了一条龙洞渠，引泉水灌溉田地，"仅有七百余顷，及到清季灌田的

---

① 千家驹：《救济农村偏枯与都市膨胀问题》，《新中华》第 1 卷第 8 期，1933 年 4 月。

面积日少，仅三百余顷"，1932 年 6 月泾惠渠第一期工程完工，范围覆盖陕西醴泉、泾阳、三原、高陵、临潼五县，灌溉田地面积"共约五十万亩，如用水得当，可增加至七十余万亩。即以五十万亩言之，此五十万亩之地，受泾惠渠的灌溉，每亩每年如多收获一石，则每年农产可增加五十万石，这不但可使关中人民不致饿死，且因农田收获的增加，农村经济也可渐渐恢复，以致于慢慢发展起来"[1]。所以，当时有人认为：如果中国谋求建设，首先必须进行水利建设，用科学的办法疏浚河道，保养水土，如此这般，"水灾绝迹，则农村受惠当非浅显了"[2]。可见，兴修水利是发展农业生产，恢复农村生机的重要条件。

泾惠渠的修筑对陕西农业发展起着很大的推动作用，对于安徽、山东与江苏等地来讲，淮河的治理是当地经营农业的必备条件。自古以来，淮河的疏浚是中国最重要的水利工程之一，为了治淮，谋民众之福，历代多少水利专家、学者殚精竭虑。宗受于介绍淮河的治理对于中国十分重要，上古大禹治淮成效显著，淮北大平原成为天然灌溉之区，淮南也受益匪浅。但宋元之后，特别是进入近代，淮河固有河道淤塞，水患不断，农业交通，完全破坏。由此可知，"导淮者非简单之防灾，而为整个淮域复兴问题"。1929 年，国民政府成立导淮委员会，专司导淮工程。宗受于对于导淮提出了两点建议：其一，科学导淮。他介绍历史上淮河流域的各地，以邻为壑，最终导致淮河流域堵塞，水患频发。宗受于认为导淮委员会应从全国出发，突破各地私利，规划出完善的导淮方案。其二，各界精诚团结。导淮是巨大的水利工程，需耗费大量的人力、物力。他建议："导淮当局，能官民合作，分年并进，掘土成堤，工皆易举，费省利溥……"如此，实现"全淮四万万亩生产扩增，上通渭洛，助两陪都之繁荣"[3]。

在 20 世纪 30 年代水旱频发的中国，兴修水利是发展农业的必备条件。但在兴修水利之时，《新中华》学人提醒国人应注意采用科学的方法与团结合作。

（二）移民垦殖

水旱灾害是破坏农业生产的自然因素，而人口问题则是造成农村衰落

---

① 赵镜元：《泾惠渠与民生渠》，《新中华》第 1 卷第 11 期，1933 年 6 月。

② 周伯棣：《时代镜》，《新中华》第 3 卷第 14 期，1935 年 7 月。

③ 宗受于：《对于导淮计划之贡献》，《新中华》第 2 卷第 1 期，1934 年 1 月。

的社会因素。中国不仅是当时世界上人口最多的国家，而且人口分布极不平衡。学者董时进介绍："旧有之内地十八省，面积尚不及全国百分之三十六，人口则占全国百分之九十三而强。在内地各省中，人口密度，亦甚悬殊。例如江苏、浙江、山东、河南、湖南等省，人口比例稠密，其每方里人数，依次为896.7，658.1，614，519，485……边地各省区，如蒙古、新疆、青海、西藏、黑龙江，居民最少，地方最大，惟人口调查，更欠精确，但大致每方里不过约数人乃至数十人。"① 全国各地人口密度相差如此之大，中国东南地区人口过剩严重，而东北与西北地区人口过于稀少，适当的移民垦殖既能缓解东南人口过剩的压力，也能给东北与西北增加必要的劳动力。另外，在国防上还可以借此增加保卫东北、西北国土的力量。因此，移民垦殖是相当有必要的。

最关键的问题是怎样进行移民垦殖！董时进不认同当时的移民垦殖办法，"近来各方移垦办法，凡在内地不能谋生之难民、囚犯、老弱、孤寡，竟为移民之上选。此不啻视荒区为消纳残废之容器，藏垢纳污之垃圾堆，其必贻害将来，甚为明显"。他觉得此种办法行不通，简单地把人口从过剩的地方迁移到稀少的地方就能解决问题的想法也未免太过理想。他还认为移民垦殖必须顾及治安、交通、资本、气候及土质等各种实际情况。为确保移民垦荒成功有效，且对农民及国家都有利，董时进提出须特别注意的几项事宜。他说：每户耕种之面积宜大。边地情形与内地不同，雨水稀少，收获不多，需要耕种较大面积才能维持温饱。由此，缺乏资本的一般灾民难以开发边地，"故中国荒地之开发，恐将多赖密迩荒地之住户，逐渐往前推进，内地所能供给者，恐仅为少数具特殊志趣之企业份（分）子，与夫时往时来之佃户及雇工而已"。此外，为了便于移民更好地垦殖，董时进还提出：宜由公家先行土地之测量，兴办必需之工事；山陵地及劣等地宜从缓开垦；宜裕筹款项放与垦民；宜帮助垦民满足其生活上之需要；宜慎选垦民并监督开垦之进行等几点建议。②

中国边疆地区地广人稀，适合移民垦殖，但中国人大多安土重迁，不愿离开故土。其实，由于天灾人祸，在20世纪30年代内地一些地区抛荒严重，许多学者建议引导邻近农民开荒垦殖。张保丰介绍以前经营盐场的

---

① 董时进：《论移民垦殖》，《新中华》第1卷第9期，1933年5月。

② 同上。

淮南沿海一带，近代以后出盐日少，少数私人开始垦荒耕种。清末民初，张謇领导的通海垦牧公司在此地首先成立，在张謇等人的带动下，合德公司等垦殖团体相继而起，淮南垦殖进行全盛时期。不过，由于经验不足等方面的原因，这些公司的垦殖事业纷纷失败。张保丰总结前人的经验，认为淮南垦殖不仅需要重视垦殖事务，还需注意当地行政，即"政务并举，指挥统一"。他说：民国以来，淮南垦殖事业没有起色，一个重要原因在于"政务不分，组织不严，职责不专，指挥自难统一"。所以，欲复兴淮南垦殖事业，必须做到政务并举，指挥统一。关于垦政，张保丰认为需要理顺当地的民政、财政、军事与警政等政务；关于垦务，则须搞好垦区的农林、水利与技术等事务。[①]

移民垦殖直接增加耕种面积，有利于增加农作物总量。但是，《新中华》学人强调移民垦殖不单单是农业技术的问题，还与组织者财力及当地气候、行政等有重要的关系，欲使移民垦殖富于成效，还需多方面加以努力。

（三）开展农村合作运动

由于中国农民普遍缺乏资金、工具、技术、信息等生产与生活资料，难以扩大再生产；因此，很早就有学者提倡农民在生产、运销、信用等方面进行合作，以提高农民的生产力与竞争力。20世纪30年代中国农村危机空前严重，为摆脱困境，在各级政府的支持与鼓励下，农村合作运动在一些省区蓬勃开展，当地农民纷纷成立购买、生产、运销、信用等类型的合作社。不过，一些学者发现这时兴起的农村合作运动存在不少缺点，"农村合作运动畸形的发展，在这地域分布的不平衡，偏重于信用合作社的设立和自上而下的被动组织上，表现得万分明显，同时也就是农村合作运动病态的表现"[②]。这种病态的现象也被一些学者实地调查结果所印证，如学者造雄介绍了盐阜四县合作社的基本情况："盐阜四县已完全成立的合作社，计有117所。其中信用合作社104所，消费合作社二所，灌溉合作社四所，生产储蓄合作社各二所，垦殖、制菸、印刷合作社各一所。就各社的类别计算，信用合作社占总数9/10，其他生产、灌溉等合作社所

---

① 张保丰：《淮南垦殖的过去与未来》，《新中华》第3卷第24期，1935年12月。
② 饶涤生：《当前的农村合作运动》，《新中华》第4卷第20期，1936年10月。

占的成分非常微细"①。由此可知，信用合作社在中国农村合作运动中占据特殊的重要位置，存在畸形发展的现象。而且，还有一种特别恶劣的现象就是当时部分农村合作组织已被帝国主义把持了，学者罗正纲揭露道："华北棉业在某方（日本）统制之下，举凡合作社及农民团体等，事实上皆被利用为侵略农民的工具，或者如闽南等地，侵略者可自由利用合作社榨取农民。"② 这种农村合作运动不仅不能改变农村金融枯竭，高利贷猖獗的局面，也不能改良落后的农业生产，还会加快中国农村的破产。

尽管如此，一些学者认为农村合作运动仍然有开展的必要，它能够把分散的农民组织起来互帮互助，一些机构与组织也可以借此训练农民，促进农村社会的进步。学者罗正纲说："中国农民的生活困苦，知识浅陋，所以我们要使农民能有暂时的改良，但是这不仅限于放款还债，应当更进一步担负起民族意识的政治教育，自卫技术的训练，以及生产方法的协同，而谋取民族的解放，农村社会的改进。"农村合作运动十分必要，但必须摆脱帝国主义与政府的控制，实行自主路线。这是中国农村合作运动能否顺利开展，且能否取得实效的关键问题。只有实行自主路线，中国农村合作运动才能获得更进一步的发展，才能促进中国农村发展。"自主路线，绝不是单纯的自由设立，乃是要使合作社处于农民自己组织的监督和推动下，吸收全体农民大众，以合作方式来生产消费，以合作组织团结农民，使成为民族自卫的战士和力量……所以由农民的自己组织来推行合作，才有保障。"确实，在内外交困的环境下，国民政府力推的农村合作运动表现出来的疲态现象，说明政府指导下的农村合作运动不充分调动农民的积极性与主动性，是很难成功的。如何真正充分调动农民积极性、主动性也是一个急待解决的问题，罗正纲的办法是："自主路线只是从合作运动官僚统治及土豪成分，以及金融资本压迫下自求解放的必要阶级，它是获得广大社员基础的保证条件，它是建立自己民主体系的先决条件，也可以说它是中国合作运动发展的唯一方向；同时其本身的发展，更须适应中国社会经济的改进，展开其更进一步的阶段和前途，成为农村改造运动和民族自卫斗争的必要力量。"③ 总之，在开展农村合作运动时，必须摆

① 造雄：《盐阜四县合作社概况》，《新中华》第 2 卷第 3 期，1934 年 2 月。

② 罗正纲：《中国农村合作运动的自主路线》，《新中华》第 5 卷第 13 期，1937 年 7 月。

③ 同上。

脱帝国主义与政府的控制，充分发展其在生产、运销、信用等方面的功能，使农村合作运动能为减轻中国农民的痛苦、缓和农村的尖锐矛盾发挥作用。

四 解决土地问题

土地问题自古以来就被认为是中国农村的核心问题，甚至是中国社会的核心问题。20 世纪 30 年代中国农村陷入严重的危机，土地日益集中于少数地主手中，大量农民失去土地，原本就人多地少的土地问题更加严峻；与此同时，地租与田赋的增加造成农民负担加重。因此，此时的土地问题再次成为学界乃至整个社会的关注焦点，引发激烈的讨论。漆琪生总结当时学界关于中国土地问题的意见，大抵四种："第一，如从土地所有问题而言，则有三派：一为土地国有论，二为耕地农有论，三为现状维持论。第二，如从农业生产问题而言，则有四派：一国营大农论，二私营大农论，三统制生产论，四小农放任论。第三，如从土地分配问题而言，则有两派：一为绝对平均论。二为相对平均论。第四，如从土地征收问题而言，则有四派：一无偿没收论，二公债征收论，三地价摊付论，四照价征税论。像这样多种多样的主张，各是其是，各非其非，简直是算不清的陈账。"[①]《新中华》杂志也刊登了大量讨论土地问题的文章，这些文章集中讨论减租、减赋与实行土地国有两个问题。

(一) 减租与整理田赋

1930 年 6 月颁布的《土地法》规定："地租不得超过正产物收获总额千分之三百七十五"，虽然此项规定对贫苦农民十分有利，但这个《土地法》一直没有真正落实。1937 年公布《土地法》修正方案，此种方案也有一些对农民的有利规定，如关于佃农之保护、关于自耕农之扶植等内容，可惜不久全面抗战爆发，此项工作随即停顿。此外，国民政府还多次出台相关文件，要求地主遵守《土地法》关于地租不超过总额千分之三百七十五的规定与切实实施"二五减租"，但最终效果不显。如在第二次全国财政会议上，通过了《土地陈报纲要草案》与《整理田赋计划案》，并讨论废除苛捐杂税，但正如学者荆州所批评的："觉得第一次财政会议

---

① 漆琪生：《从土地村有制说到中国一般的土地问题》，《新中华》第 3 卷第 23 期，1935 年 12 月。

若'决而能行'，则第二次财政会议，可'不必多此一举'。申言之，此次财政之决议及宣言，若仍止于'好话被他说尽'之地步，则第三次、第四次以至无数次的财政会议，将相继而起，陈陈相因，必徒见其'旷日废业，劳民伤财'而已。"① 对此，学者沈松林强烈要求严厉执行法令，他说："《土地法》规定地租的条文，很为明确，固然可使智识简单的佃农们容易了解，可是政府必须防范有人曲解条文，借作煽惑操纵的机会。"为让《土地法》等法令顺利贯彻实施，他主张大力宣传《土地法》，"要减租规定，能够确切实行，先要业主与佃农完全知道有这件事"，所以"要使法令能普遍的实施，就不能不先有一番普遍宣传的工作。不然，立法虽好，佃农却无从获益"②。

　　虽然国民政府出台了关于农民减负的文件，但难以实施，其根本原因在于国民政府由于军事活动频繁而财政开支巨大，为保财政平衡，带头破坏自己出台的规定，向农民增税加捐，导致财政混乱。因此，切实减轻农民负担，必须进行的工作就是整理财政，清理不合理的税捐，开征有利于公平的税赋。当时大部分的学者认为整理田赋是一个切实可行的办法。国民政府时期，"田赋包括正项和附加两部分。正项包括地丁、漕粮、租课等税目，也有的省份通称为田赋，税目归并为一；至于附加，名目繁多"③。其中问题最大的是田赋附加。各级地方政府为了应付财政开支，田赋附加与时俱增，附加税额往往超过正税数倍甚至数十倍，农民负担异常沉重，直接导致农村破产。因此，恢复农业，必须尽快地整理田赋。如何整理田赋呢？学者程清舫认为："首先应从消极方面，将田赋附加税以及各种苛捐杂税，概行废除，减轻人民的负担，回苏农村经济的生机。"④当然，整理田赋不是简单地废除不合理的附加，废除田赋附加必将影响政府财政收入，因此还必须设法开源，填补这一块的财政空缺。不然的话，苛捐杂税定会卷土重来。所以整理田赋还必须考虑开征新税，不过开征新税要注重公平，改革以前不合理的征税方式。1933年冬，广东省对田赋进行整理，把征收田赋改征临时地税。经过实践检验，学者丘斌存认为效

① 荆州：《全国财政会议之成果》，《新中华》第2卷第12期，1934年6月。

② 沈松林：《土地法施行后之耕地减租问题》，《新中华》第4卷第17期，1936年9月。

③ 周天度、郑则民、齐福霖、李义彬等：《中华民国史》第3编第2卷，中华书局2002年版，第729页。

④ 程清舫：《论今日县地方财政之出路》，《新中华》第5卷第4期，1937年2月。

果不错，称其对财政的意义有三点，对国民经济的积极影响有四项，从减轻农民负担，恢复农村经济的角度来看，可归纳为五点：其一，"临时地税以'向田问税'为旨，与从前'向户问粮'者，截然不同；有田有税，一扫过去有田无粮之弊"，既公平又减轻贫困农民的负担；其二，"按照《广东征收临时地税简章》第四条规定：'临时地税以土地价格为标准，每年征收不得超过地价百分之一。'值百税一，计算容易，人民免受浮收之害"。其三，"《广东征收临时地税简章》演绎中央《土地法》第二百三十四条：'土地及改良物除依本法规定外，不得用何名目征收或附加税款。'而于第三条规定：'临时地税实行时，对于土地原有一切捐税，应同时取消。——田亩开收临时地税，所有钱粮及田亩捐暨各地方对于田亩各种附加，无论用何名目，均应同时取消。'人民得到取消一切苛捐杂税，及免除虚粮及附加之痛苦"。其四，"临时地税，征收手续简单，每县只设一督征员及若干催收员了事。将从前粮房书役等一概裁撤，政府可免许多无谓之消费"。农民得以免除部分官员上下其手的痛苦。其五，"改税之后，业主除用人力、资本改良土地以得收税仰止，无坐享不劳而获利益之机会，不能以土地居奇，结果则地价廉，故使用土地之权利渐趋普遍。且人民知有田地即应纳税，必不愿将有用之土地，抛弃不耕，而生产必增"①。

还有，部分学者认为整理田赋先决条件是清丈土地，但土地测量等前期工作费时、费力、费钱，因此，在内忧外患的时局形势下行不通。为此，程清舫提出了一个变通的办法——土地陈报②，即"目前县财政的迫切需要，是在一方面要裁废附加苛杂，减轻人民负担至最少限度，另一方面是要设法增加税收，以利县政建设。这两方面的情形是相反的，由后言之，势复加重人民负担；由前言之，则又不能策进建设。要解决此种矛盾，得以兼顾两全，则惟有采用土地陈报办法"③。根据土地陈报进行地价税改革，以达到整理田赋，减轻中国农民负担，缓解农村危机的目的。

（二）实行土地国有

在有关中国土地问题的讨论中，《新中华》杂志部分作者倾向于实施

---

① 丘斌存：《广东整理田赋之全貌》，《新中华》第 5 卷第 4 期，1937 年 2 月。

② "所谓土地陈报，就是人民将其所有土地陈报于政府的意思"。程清舫：《论今日县地方财政之出路》，《新中华》第 5 卷第 4 期，1937 年 2 月。

③ 程清舫：《论今日县地方财政之出路》，《新中华》第 5 卷第 4 期，1937 年 2 月。

土地国有政策，并采用大规模机械化的生产方式经营土地。他们之所以持这种主张，主要原因是他们在中外农业比较中发现：外国大农场机械化经营方式能降低农业生产成本，且使农产品质量较好，竞争性强；特别是20世纪二三十年代苏联的国有农场、集体农场在机械化经营方式下取得巨大成就。学者林多克在介绍苏联农业情况的文章中说："农业危机日益加深的年头，苏联农业却独特地表现着繁荣气象，造成人类史上空前的一页，这自然在乎它的农业生产的新形式——国家农场与集体农场。"而且，在这种国家农场与集体农场中，苏联大规模地利用机械，造成耕地面积增加与农作物产量的提升。"一九三二年……集体农场与国家农场耕地面积共为一万一千万俄亩。占耕地总面积百分之八十二……不到十六年时间，其耕地面积竟增加了二千二百三十万俄亩，农业发展如此的迅速，在其他各国是不会有的。"他还特别提道："苏联农业原以供给农村消费为主，现在却转变为适应工业需要了，这就是说苏联已扩大发展工业的基础了。""第一个五年计划完成，苏联农业政策已胜利了，不仅其农业生活的形式，为世界各国最新颖的，即技术进展的迅速，也值得我们借鉴的。"①

与之相比，此时中国农业生产方式非常落后，中国农民在非常细碎狭小的农田中利用低劣的工具进行劳作。当时中国学者认为此种农业经营方式效率非常低下，造成农业生产不丰，农产品质量不良，无法与外国竞争。学者柳中行提道："小农经济，固然也有她的好处，但集约经营的生产力总比一般的大。中国现在农地的狭小及分散，可说是农村经济破产的一个很重要的原因。"他还说："中国一般的土地分配，都是零碎的小块。这显然可妨碍农业经营的技术改善，非特于使合理化的管理及土壤的改良，无从实现，且使地质日益硗瘠，地力日益枯竭，生产力减低，使一般的农民，不能继续再生产，而农村经济，就濒于破产了。"② 不仅农地分散狭小，而且封建式的租佃制度盛行，这在中国新式知识分子看来是中国农业落后的又一个重要原因。土地集中于少数地主，当时除少数自耕农是耕种自己的小块土地外，大部分贫困农民不得不租种地主的少量土地来维持生存，学者凌青认为这种基于地主土地所有制的租佃制度造成农民的贫

---

① 林多克：《苏联农业的政策与现状》，《新中华》第 1 卷第 9 期，1933 年 5 月。

② 柳中行：《中国的土地问题》，《新中华》第 4 卷第 17 期，1936 年 9 月。

穷，也破坏了中国农业再生产的能力，"中国农村经济破产的因素虽然有种种，而最基本的决定的因素，则在于：耕地的大部分，被大、中、小各级地主所占有，耕农自己所可获得的耕地，非常狭隘；加以封建性的高额佃租及其附属的榨取，使佃农缴租以后，剩余的不能维持劳动力的再生产，更谈不到下一季的耕作资本了。所以，结果，连单纯的再生产都破坏了。佃农制度是中国农村经济的基础，事实如此，中国农村经济那得不破产呢?"① 另外，由于地主土地所有制，减租政策也因为得不到地主的配合等原因而难以推行，冯和法讲："中国各地租佃制度之普遍，与地租之高，常使佃农的终年辛劳，毫无报偿。欲求农产物分配的适宜，当务之急自然是减租。减租运动在性质上虽没有重分土地的困难，但在现状下，也不是一件行得通的办法。譬如二五减租政策，自从提出到现在，已经有八年的历史，然而切实施行过的只有浙江一省。其他如湖南、湖北、江苏等省，虽然也曾下过减租的命令，但未经实行，就已相继取消。浙江省虽曾施行，然而也是积弊丛生，结果实惠不达于佃农。"② 在《新中华》部分学人看来，中国落后的土地所有制及与之相关的小农生产方式是中国农业落后、农民贫困的重要原因。

为了避免中国农村破产，改变中国农民贫困的局面，《新中华》杂志部分作者认为中国的土地制度到了必须调整的时候，"在这种情形之下，如不变更土地关系，而仅言减轻捐税，仍系枝枝节节的办法。……彻底的变更土地关系——从土地农有制到土地国有——是推翻封建势力所必采的决定全局的步骤。只有如此，才可把农村复兴进程中最大的障碍摧陷廓清"③。凌青也认为："有效的挽救手段，只有根本改造。所谓根本改造，就是土地重行分配，消灭租佃制度。复兴农村经济的第一步，必须从此做起。"他还说："'土地公有'这个政策是对的，'土地公有'是解放农民，并且是开辟中国农业经济发展的道路。"④ 民国初期，孙中山先生曾提出"平均地权""耕者有其田"的主张，试图改变中国土地集中于少数人手中的不利局面，但部分学者认为即使"做到了耕者有其田的办法，

① 凌青：《论山西的"土地村公有"大纲》，《新中华》第 3 卷第 23 期，1935 年 12 月。

② 冯和法：《中国土地问题之检讨——中国土地问题的重心何在?》，《新中华》第 2 卷第 6 期，1934 年 3 月。

③ 钱亦石：《中国农村的过去与今后》，《新中华》第 2 卷第 1 期，1934 年 1 月。

④ 凌青：《论山西的"土地村公有"大纲》，《新中华》第 3 卷第 23 期，1935 年 12 月。

虽然已经解放了农业生产要具为少数人占有的问题，但耕地面积的窄小，分布的零散，不能因此而得到解决，甚且因此而愈使耕地窄小零散"。因此要彻底解决这个问题，"较妥善的办法，是采取苏联的集体农场的办法，提倡农业合作。以达到改良生产技术，增进生产力的目的。使国民经济建设，早日观成"①。

必须指出的是，有些作者认为在 20 世纪 30 年代实施土地国有政策不太现实。漆琪生认为实施土地国有必须具备机构社会主义体制化、农业生产方式集体经济化、国家权力强大与农民经济生活习惯集体化四个方面的条件，他说："如果这四项条件缺乏，则勉强行之，终必失败。"现实的情况是中国没有一项能够达到要求，所以，他认为："在现阶段中，我国实缺乏实行土地国有制度之条件，不能冒昧作此幼稚行动，以滋纷扰。"②

综上所述，由于帝国主义与封建势力的压榨，及天灾人祸等方面的原因，20 世纪 30 年代中国农村陷入严重的危机之中。严峻的形势引起包括《新中华》学人在内的中国知识分子的关注。为救济中国农村，他们提出了稳定农产品价格、调剂农村资金、扩大农业生产与解决土地问题等种种办法。但由于国民政府救济农村力度不够及各种反对势力的阻挠，《新中华》学人提出的这些举措不是石沉大海，就是不了了之，中国农村依旧处于水深火热之中。不过，如同胡伊默所说：复兴中国农村"原是一件极艰难困苦的工作，须有最大的努力与决心，方才有济"③。为达到这个目标，包括《新中华》学人在内的中国知识分子时刻关注着中国农村的前途，苦苦思索复兴中国农村的办法，不言而喻，其动力来源于他们深切的爱国之情。

---

① 柳中行：《中国的土地问题》，《新中华》第 4 卷第 17 期，1936 年 9 月。

② 漆琪生：《从土地村有制说到中国一般的土地问题》，《新中华》第 3 卷第 23 期，1935 年 12 月。

③ 胡伊默：《中国农业恐慌的特殊性》，《新中华》第 2 卷第 23 期，1934 年 12 月。

结　语

对“新中华”的憧憬

近代中国内忧外患的时局，促使充满爱国热情的新式知识分子继承传统士大夫“文章报国”的优良传统，为实现民族解放和国家富强而努力探索。自从近代报刊出现之后，他们积极借助这种新式大众传播媒介表达、宣传各种“救亡”“建国”思想，最终目标是建立一个独立、统一、民主与富强的“新中华”！

鸦片战争后，中国的大门被西方列强打开，清政府割地、赔款，开放通商口岸，中国一步步沦为半殖民地国家。为了挽救国家危亡，19世纪七八十年代王韬、容闳等人先后创办《循环日报》《述报》《汇报》等新式报刊，积极宣传爱国救亡与变法自强思想。但由于这些报刊“数量极少”，且由“当时社会的‘边缘人士’”创办，因此“影响有限”①。

甲午战败，民族危机空前严重。以康有为、梁启超、孙中山为代表的有识之士通过不同的方式，谋求建立资产阶级政权，以挽救民族危机。他们先后创办《清议报》《新民丛报》《民报》等报刊，积极宣传立宪、革命思想，促成了辛亥革命的爆发与清王朝封建专制政体的结束。辛亥革命后，民国成立，但中国依然被列强与封建政客所操纵，民主共和政体名存实亡。一些激进的知识分子创办《新青年》《每周评论》《新潮》《湘江评论》等报刊，高扬民主、科学的大旗，激烈批判传统的封建文化伦理，并试图通过群众“伦理的觉悟”来解决政治难题；“五四”运动之时，又提出彻底反帝的主张。大革命时期，打倒帝国主义、封建军阀的舆论宣传到达高潮，但随着革命的不断深入，中国知识群体开始发生分裂，政治理想各异者分道扬镳，各自创办新的刊物宣传三民主义思想、自由主义思想或社会主义思想，从不同的角度探讨和摸索“救亡”“建国”的途径。

---

① 张灏：《幽暗意识与民主传统》，新星出版社 2006 年版，第 134—135 页。

　　20 世纪 30 年代，在日本帝国主义进逼入侵的大背景下，饱含忧患意识的中国知识分子借助报刊媒介一方面宣传抗敌御侮，挽救民族危亡，一方面主张兴利除弊，励精图治，建立"新中华"，演绎出"救亡图存"与"国家建设"的双重奏。《新中华》杂志创刊于 1933 年 1 月，初以"灌输时代知识，发扬民族精神"为其办刊宗旨；在"国难"的时代背景下，"救亡图存"与"国家建设"的呼声很快成为《新中华》办刊宣传的主旋律！《新中华》学人在"救亡"与"建国"方面的思考，表达了对"新中华"的美好憧憬。

　　其一是唯有抗日救亡，才能打下"建国"的基础。如中华书局创始人陆费逵在《新中华》杂志创刊号上发表《备战》一文，态度鲜明地说："太平洋风云变色，我们当然为其中主角之一，我们当然站在反日的战线。"强调要抓紧备战，一致对日！① 此后的数年间，每逢"九一八"事变与"一·二八"事变纪念日，《新中华》都会刊登相关文章，提醒国人勿忘国耻，激励国人坚定地抵抗日本帝国主义侵略，"希望全国同胞，记取'一·二八'的历史教训，深深认识：中华民族在目前严重的危机之下，只有抵抗日本帝国主义侵略是一条生路，此外，让步或投降都是绝路"②。《新中华》学人提出坚决抵御日本侵略的主张，是基于有一套相对完整的抗敌策略，即提振民族精神，坚定抗日立场；加强国内建设，增强国力，抵御日本侵略；巩固国防，实行持久、全面的抗日斗争；采取灵活的外交政策、利用美、英、苏等国的力量牵制日本等等。陆费逵曾意识到："战端一开，恐非三五年不能完结。我国无相当的海军空军，陆军又乏大炮和子弹，财政又乏相当的实力，交通又困难，若不于此三年中，赶紧准备，临时抱佛脚是无办法的。"故而特别指出中国须准备长期抵抗。③在《新中华》杂志中，许多文章都不同程度强调："奋起以抗暴力的压迫。这样，我们在今日，就非有事先的准备不可。""讲到准备，有政治上的准备、外交上的准备、军事上的准备及经济上的准备"等等。④ 另外，《新中华》学人站在中华民族的立场上，对当时"国联"偏袒日本的态度给予猛烈的抨击，对因英、美、苏等国的自私行为而造成远东局势的

---

　　① 陆费逵：《备战》，《新中华》创刊号，1933 年 1 月。

　　② 涛：《时代镜》，《新中华》第 3 卷第 2 期，1935 年 1 月。

　　③ 陆费逵：《备战》，《新中华》创刊号，1933 年 1 月。

　　④ 樊仲云：《未来之太平洋大战与吾国之地位》，《新中华》创刊号，1933 年 1 月。

紧张有着较为清醒的认识,因而时刻关注着国际关系的变化。他们坚定地认为中国人应该自己决定国家的前途,但也希望国民政府在外交上折冲樽俎,寻找盟友,共同抗击日本,为中华民族寻找扩大生存发展的机会与空间。《新中华》学人希望通过坚定抗日,打败日本帝国主义,把敌人赶出中国,实现民族解放,建立真正独立的"新中华"。

需要提出的是,《新中华》学人对日态度与当时其他一些知识群体有所不同。以胡适为代表的《独立评论》派学人对日态度经历了一个由"主和"转向"主战"的过程。① 而倡导"不党、不卖、不私、不盲"的《大公报》学人在九一八事变后的一段时间主张"明耻教战"。还有些知识分子"在民族危机处于严重关头,走上背叛民族利益的道路"②。为什么《新中华》学人坚定地主张抗日呢?因为《新中华》学人在仔细考察日本之后,认识到日本必将扩大对中国的侵略;中国虽然处于敌强我弱的不利形势,但面对当时日本侵略者的不断挑衅和武力进犯,他们认为只有坚决抗日才能实现"救亡图存",除此之外,别无他路。另外,《新中华》学人相信中华民族的力量,坚信中国能够取得抗日战争的胜利,坚信中国能够成为一个独立的国家。

其二是为"建国"献计献策,积极建立"新中华"。《新中华》学人秉承"天下兴亡,匹夫有责"的精神,尽量发表"对于'现代的中国'有所贡献"与"效力尺寸之用于当世"③,即有关国家建设的文章。在此指导思想之下,《新中华》杂志从创刊之日起就极为关注当时中国的政治、经济与农村等热点问题。

在政治诉求上,《新中华》学人热烈讨论国家统一问题,期盼中国能够团结统一,主张"中国民族自身的统一性,是我们最切的要求,无论对内对外都是要求中国社会越统一越好,尤其对外自身不统一更不行"④。他们认为"统一的大业,只能在抗敌的旗帜下完成",民众应该树立国家统一的信心与决心,且团结起来与敌人作坚决的斗争,把日本侵略者赶出中国。另外,他们还呼吁修明政治以奠定国家统一之基础,加强边疆建设

---

① 张太原:《〈独立评论〉与20世纪30年代的政治思潮》,社会科学文献出版社2006年版,第139页。

② 方汉奇:《中国新闻事业通史》第4卷,中国人民大学出版社1996年版,第411页。

③ 本社同人:《发刊词》,《新中华》创刊号,1933年1月。

④ 梁漱溟:《我们对时局的态度》,《新中华》第5卷第7期,1937年4月。

以谋求国家统一。

在经济建设上，《新中华》学人思考的主要问题是寻找中国经济的出路，实现国家的富强。《新中华》部分学人认为自身不足是造成中国经济衰败的主要原因；因此，挽救中国经济，必须从资金、技术与管理方面对中国经济进行改造。另一部分思想"左倾"的学者认为造成中国工商业落后的根本原因在于帝国主义的经济侵略和封建势力的压榨，所以，中国经济的出路在于肃清帝国主义与封建主义的势力，如漆琪生所说："反对帝国主义与肃清封建残余。"① 此外，中国经济十分落后，民间实力不够，部分《新中华》学人认为有必要利用国家的力量推动民族工商业发展，即实施统制经济政策，打开中国经济的出路，实现国家的富强。

《新中华》学人十分关注中国农村危机，关心农民疾苦。他们认为："目前问题的严重，莫重于农村的破产"②，他们看到由于农村破产，"农民的饥饿与流亡，使各地的农村社会呈现着动乱不安的状态。这种恐慌情势的扩大与深切，不但震撼了政府财政的基础，同时更加重了政治的危机"③。因此，中国农村问题，不仅仅是农业与农民问题，而是整个中国的问题。为了消弭农村危机，挽救中国，《新中华》学人提出了稳定农产品价格、调剂农村金融、扩大农业生产与解决土地问题等主张，试图解决中国农村的危机。可以看出，《新中华》学人的目标是通过乡村建设，解决中国农村困境，即"从乡村入手，这个办法的趋向，非常明确，不但可以建设乡村，而且可以建设都市；不但可以培养乡村人才，而且可以保存民族元气；不但可以建设新社会，而且可以建设新国家"④。

尽管《新中华》学人在政治、经济、农村等问题上提出不少有益的建设意见，但是，由于理论、经验的欠缺及受客观环境等因素的制约，其"建国"思想仍存在一些局限性。如他们对宪政民主问题关注不够，对国民政府的批评力度不够。在这一点上，原因主要来自外部。20世纪30年代随着国民党对全国的控制加强，国民政府对新闻舆论的政策也逐渐收紧。作为商业出版公司，中华书局从营业的角度考虑，不愿去触碰国民政府的忌讳，而招致政府的查禁。编辑《新中华》杂志的倪文宙回忆说：

---

① 漆琪生：《中国赤区的经济组织》，《新中华》第2卷第4期，1934年2月。

② 编者：《新中华的过去与今后》，《新中华》第2卷第1期，1934年1月。

③ 饶涤生：《当前的农村合作运动》，《新中华》第4卷第20期，1936年10月。

④ 陈翊林：《平津的亡征与邹平的生机》，《新中华》第1卷第23期，1933年12月。

"当三十年代的时候,在蒋政权的高压统治下,书商办的综合性杂志,是不可能登载较激进的政治论文的。"① 另外,中华书局与国府要人孔祥熙等人关系密切,孔祥熙、唐绍仪等人在 20 世纪 30 年代曾出任中华书局董事,中华书局的书刊不可能激烈批评国民政府的各项政策,特别是政治政策。《新中华》学人处理经济建设、农村建设中的一些问题时表现出的急功近利与肤浅,则主要是由于思考不成熟、不理性造成的。如在经济政策上,不少学者看到苏联取得伟大的经济建设成就,"自从实行五年计划以来,一切农产物与农业机械化的统计与数字昭示于世,现已成为最先进的农业国,大农业生产的新形式,更为从来所未见"②。这种快速发展的成果是他们日思夜想的目标,他们把计划经济当作发展经济的法宝,认为计划经济是救亡图存的必然之路,异想天开地提倡计划经济,而不考虑实施计划经济的前提条件。在利用外资问题上,不少学者虽然主张谨慎地利用外资,但对如何慎重地利用外资却没有提出具体可行的方案。尽管,20世纪 30 年代中华民族处于亡国的边缘,面对内忧外患,中国知识分子急迫想要找到促使中国快速富强办法的心理是可以理解的,但是急躁与思考不深入只会放慢中国富强的步伐。

抗日战争全面爆发后,如何打倒日本,变中国为独立、统一的国家,成为中国知识分子思考与宣传的主题。抗战胜利结束后,中国知识分子又面临着不同道路——即新民主主义道路,还是半殖民地半封建道路,或是"第三条道路"的抉择,最终,向往和平、富强的大部分中国知识分子选择了新民主主义道路。

张宪文认为近代中国的历史主线,"就是中国近代社会如何经过艰难曲折,逐步地、缓慢地向现代中国发展","就是要建设一个独立、自由、民主、统一、富强的现代中国,把中国从封建专制的传统社会引向现代中国的发展道路"③。"以天下国家为己任"的中国知识分子在建设现代国家过程中,"铁肩担道义,妙手著文章",不仅努力思考各种爱国、救国、治国的方略,还借助新式媒介积极宣传民族救亡的各项主张。20 世纪 30 年代《新中华》学人就是这样具有强烈社会责任感的一群知识分子,面

---

① 倪文宙:《埋头编辑的五年》,《回忆中华书局》上,中华书局 1987 年版,第 108—109 页。

② 林多克:《苏联农业的政策与现状》,《新中华》第 1 卷第 9 期,1933 年 5 月。

③ 张宪文:《中华民国史》4 册,南京大学出版社 2005 年版,第 6 页。

对日军的入侵，国家的分裂，经济的衰败与农村的破产，中国外患与内忧交迫的局面，他们不畏困难，努力分析中国陷入困境的深刻原因，从"救亡"与"建国"两方面积极思考，提出一系列解决中国现实问题的主张。《新中华》学人为实现中华民族的独立、统一、民主与富强而作出的努力值得关注，其中的经验与教训也值得总结和借鉴。

参 考 文 献

一　报刊

1. 《新中华》（1933—1937 年）
2. 《大中华》（1915—1916 年）
3. 《东方杂志》（1931—1937 年）
4. 《独立评论》（1932—1937 年）
5. 《申报月刊》（1932—1935 年）

二　各类著述

1. 辞海编辑委员会：《辞海》1989 年版缩印本，上海辞书出版社 1994 年版。
2. 张宪文、方庆秋、黄美真：《中华民国史大辞典》，江苏古籍出版社 2001 年版。
3. 高增德：《中国现代社会科学家大辞典》，北京书海出版社 1994 年版。
4. 朱宝梁：《二十世纪中文著作者笔名录》，广西师范大学出版社 2002 年版。
5. 陈玉堂：《中国近现代人物名号大辞典》，浙江古籍出版社 2005 年增订本。
6. ［日］竹内理三：《日本历史辞典》，天津人民出版社 1988 年版。
7. 全国图书联合目录编辑组：《1833—1994 全国中文期刊联合目录》，书目文献出版社 1981 年版增订本。
8. 生活·读书·新知三联书店编辑部编：《新中华总目》，生活·读书·新知三联书店 1957 年版。
9. 生活·读书·新知三联书店编辑部编：《东方杂志总目》，生活·

读书·新知三联书店1957年版。

10. 复旦大学历史系资料室：《二十世纪中国人物传记资料索引》，上海辞书出版社2010年版。

11. 宋应离、袁喜生、刘小敏：《20世纪中国著名编辑出版家研究资料汇辑》全10辑，河南大学出版社2005年版。

12. 蔡尚思：《中国现代思想史资料简编》第3卷，浙江人民出版社1983年版。

13. 周宪文：《资本主义与统制经济》，中华书局1933年版。

14. 周宪文：《日本之面面观》，中华书局1934年版。

15. 钱亦石：《中国农村问题》，中华书局1935年版。

16. 钱亦石：《白浪滔天的太平洋问题》，生活书店1936年版。

17. 钱亦石：《中国怎样降到半殖民地》，生活书店1936年版。

18. 钱亦石：《紧急时期的世界与中国》，生活书店1937年版。

19. 杨荫溥：《货币与金融（一）》，中华书局1935年版。

20. 周伯棣：《货币与金融（二）》，中华书局1935年版。

21. 周伯棣：《白银问题与中国货币政策》，中华书局1936年版。

22. 王亚南：《现代外交与国际关系》，中华书局1933年版。

23. 李雪纯：《民族工业的前途》，中华书局1935年版。

24. 舒新城：《狂顾录》，中华书局1936年版。

25. 章乃器：《中国经济恐慌与经济改造》，中华书局1935年版。

26. 章立凡：《章乃器文集》上卷，华夏出版社1997年版。

27. 吕达：《陆费逵教育论著选》，人民教育出版社2000年版。

28. 郑子展：《陆费伯鸿先生年谱》，台湾中华书局1977年版。

29. 王建辉：《教育与出版——陆费逵研究》，中华书局2012年版。

30. 俞筱尧、刘彦捷：《陆费逵与中华书局》，中华书局2002年版。

31. 陆费逵：《陆费逵自述》，安徽文艺出版社2013年版。

32. 陆费逵：《陆费逵文选》，中华书局2011年版。

33. 宋应离：《中国当代出版史料》共8卷，大象出版社1999年版。

34. 吕达、刘立德：《舒新城教育论著选》上、下，人民教育出版社2004年版。

35. 舒新城：《中国近代教育史资料》上、中、下，人民教育出版社1961年版。

36. 舒新城：《舒新城自述》，安徽文艺出版社 2013 年版。

37. 崔运武：《舒新城教育思想研究》，辽宁教育出版社 1994 年版。

38. 复旦大学历史系：《中华书局与中国近现代文化》，上海人民出版社 2013 年版。

39. 周其厚：《中华书局与近代文化》，中华书局 2007 年版。

40. 钱炳寰编：《中华书局大事纪要（1912—1954）（私营时期）》，中华书局 2002 年版。

41. 中华书局编辑部：《中华书局（1912—2012）百年大事记》，中华书局 2012 年版。

42. 中华书局编辑部：《我与中华书局》，中华书局 2002 年版。

43. 中华书局编辑部：《回忆中华书局》上编、下编，中华书局 1987 年版。

44. 中华书局编辑部：《守正出新：中华书局》，中华书局 2008 年版。

45. 中华书局编辑部：《岁月书香：百年中华的书人书事》，中华书局 2012 年版。

46. 张静庐：《中国近代出版史料》初编，中华书局 1957 年版。

47. 张静庐：《中国近代出版史料》二编，中华书局 1957 年版。

48. 方汉奇：《中国新闻传播史》，中国人民大学出版社 2002 年版。

49. 方汉奇：《中国近代报刊史》，山西人民出版社 1981 年版。

50. 方汉奇：《中国新闻事业通史》第 1 卷，中国人民大学出版社 1992 年版。

51. 方汉奇：《中国新闻事业通史》第 2 卷，中国人民大学出版社 1996 年版。

52. 方汉奇：《中国新闻事业通史》第 3 卷，中国人民大学出版社 1996 年版。

53. 方汉奇：《中国新闻事业编年史》第 1 卷，中国人民大学出版社 1996 年版。

54. 叶再生：《中国近代现代出版通史》第 1 卷，华文出版社 2002 年版。

55. 叶再生：《中国近代现代出版通史》第 2 卷，华文出版社 2002 年版。

56. 马光仁：《上海新闻史（一八五〇——一九四九）》，复旦大学出版社 1996 年版。

57. 《上海新闻志》编纂委员会编：《上海新闻志》，上海社会科学院出版社 2000 年版。

58. 戈公振：《中国报学史》，上海古籍出版社 2003 年版。

59. 林语堂：《中国新闻舆论史》，中国人民大学出版社 2008 年版。

60. 张静庐：《在出版界二十年》，江苏教育出版社 2005 年版。

61. 包天笑：《钏影楼回忆录》，中国大百科全书出版社 1999 年版。

62. 徐铸成：《报海旧闻》，上海人民出版社 1981 年版。

63. 曹聚仁：《书林三话》，生活·读书·新知三联书店 2010 年版。

64. 贾晓慧：《〈大公报〉新论：20 世纪 30 年代〈大公报〉与中国现代化》，天津人民出版社 2002 年版。

65. 朱联保：《近现代上海出版社印象记》，学林出版社 1993 年版。

66. 闾小波：《中国早期现代化中的传播媒介》，上海三联书店 1995 年版。

67. 张昆：《大众媒介的政治社会化功能》，武汉大学出版社 2003 年版。

68. 刘继南：《大众传媒与国际关系》，北京广播学院出版社 1999 年版。

69. 黄旦：《新闻传播学》，浙江大学出版社 1997 年版。

70. 刘哲民：《近现代出版新闻法规汇编》，学林出版社 1992 年版。

71. 王余光、吴永贵：《中国出版通史》民国卷，中国书籍出版社 2008 年版。

72. 黄良吉：《东方杂志之刊行及其影响之研究》，商务印书馆 1969 年版。

73. 张树年：《张元济年谱》，商务印书馆 1991 年版。

74. 张荣华：《张元济传》，百花洲文艺出版社 1997 年版。

75. 胡愈之：《我的回忆》，江苏人民出版社 1990 年版。

76. 于友：《胡愈之传》，新华出版社 1993 年版。

77. 罗荣渠：《现代化新论》，北京大学出版社 1990 年版。

78. 罗荣渠：《现代化新论续编》，北京大学出版社 1997 年版。

79. 虞和平：《中国现代化历程》，江苏人民出版社 2002 年版。

80. ［美］吉尔伯特·罗兹曼：《中国的现代化》，江苏人民出版社

1988 年版。

81. 金耀基:《从传统到现代》,中国人民大学出版社 1999 年版。

82. 陈旭麓:《近代中国社会的新陈代谢》,上海人民出版社 1998 年版。

83. 陈旭麓:《五四后三十年》,上海人民出版社 1989 年版。

84. [美] 费正清:《美国和中国》,世界知识出版社 1999 年版。

85. 周天度、郑则民、齐福霖、李义彬:《中华民国史》第 3 编第 2 卷,中华书局 2002 年版。

86. 陈旭麓:《五四以来政派及其思想》,上海人民出版社 1988 年版。

87. 李剑农:《中国近百年政治史》,复旦大学出版社 2002 年版。

88. 张钟礼:《近代上海城市研究》,上海人民出版社 1990 年版。

89. [美] 费正清:《剑桥中华民国史 (1912—1949)》,中国社会科学出版社 1994 年版。

90. 许纪霖、陈达凯:《中国现代化史》,上海三联书店 1995 年版。

91. 刘志琴、闵杰:《近代中国社会文化变迁录》,浙江人民出版社 1998 年版。

92. 龚书铎:《中国近代文化探索》增订本,北京师范大学出版社 1997 年版。

93. 萧功秦:《危机中的变革》,上海三联书店 1999 年版。

94. 李欧梵:《现代性的追求》,生活·读书·新知三联书店 2000 年版。

95. 李欧梵:《上海摩登——一种新都市文化在中国》,北京大学出版社 2001 年版。

96. [法] 白吉尔:《上海史:走向现代之路》,上海社会科学院出版社 2005 年版。

97. 胡道静:《上海历史研究》,上海人民出版社 2011 年版。

98. 张立勤:《1927—1937 年民营报业经营研究:以〈申报〉〈新闻报〉为考察中心》,浙江工商大学出版社 2014 年版。

99. [美] 刘易斯·科塞:《理念人:一项社会学的考察》,中央编译出版社 2001 年版。

100. [美] 弗洛里安·慈纳涅茨基:《知识人的社会角色》,译林出版社 2000 年版。

101. 汤学智：《台港学者暨海外学界论中国知识分子》，河南人民出版社 1994 年版。

102. ［日］佐藤慎一：《近代中国的知识分子与文明》，江苏人民出版社 2006 年版。

103. 钟叔河：《走向世界：近代知识分子考察西方的历史》，中华书局 1993 年版。

104. ［美］格里德：《知识分子与现代中国》，广西师范大学出版社 2010 年版。

105. 杨国强：《百年嬗蜕：中国近代的士与社会》，上海三联书店 1997 年版。

106. 许纪霖：《许纪霖自选集》，广西师范大学出版社 1999 年版。

107. 许纪霖：《中国知识分子十论》，复旦大学出版社 2003 年版。

108. 许纪霖：《近代中国知识分子的公共交往：1895—1949》，上海人民出版社 2008 年版。

109. 张朋园：《知识分子与近代中国的现代化》，百花洲文艺出版社 2002 年版。

110. 王金銛：《中国现代知识分子的历史轨迹》，吉林教育出版社 1989 年版。

111. 马嘶：《百年冷暖：20 世纪中国知识分子生活状况》，北京图书馆出版社 2003 年版。

112. 李世涛：《知识分子立场——民族主义与转型期中国的命运》，时代文艺出版社 2000 年版。

113. 何晓明：《百年忧患：知识分子命运与中国现代化进程》，东方出版中心 1997 年版。

114. 李仁渊：《晚清的新式传播媒体与知识分子——以报刊出版为中心的讨论》，稻乡出版社 2013 年版。

115. 李良玉：《动荡时代的知识分子》，浙江人民出版社 1990 年版。

116. 李金铨：《文人论政——知识分子与报刊》，广西师范大学出版社 2008 年版。

117. 许纪霖：《20 世纪中国知识分子史论》，新星出版社 2005 年版。

118. 许小青：《政局与学府：从东南大学到中央大学（1919—1937）》，中国社会科学出版社 2009 年版。

119. 汪家熔：《近代出版人的文化追求》，广西教育出版社 2003 年版。

120. 李泽厚：《中国思想史论》下，安徽文艺出版社 1999 年版。

121. 彭明：《近代中国的思想历程》，中国人民大学出版社 1999 年版。

122. 熊月之：《西学东渐与晚清社会》，上海人民出版社 1994 年版。

123. 桑兵：《晚清学堂学生与社会变迁》，学林出版社 1995 年版。

124. 胡绳：《胡绳论从五四运动到中华人民共和国的成立》，社会科学文献出版社 2001 年版。

125. 蒋梦麟：《西潮与新潮：蒋梦麟回忆录》，东方出版社 2006 年版。

126. 罗志田：《权势转移：近代中国的思想社会与学术》，湖北人民出版社 1999 年版。

127. 罗志田：《二十世纪的中国思想与学术掠影》，广东教育出版社 2001 年版。

128. 罗志田：《乱世潜流：民族主义与民国政治》，上海古籍出版社 2001 年版。

129. 罗志田：《20 世纪的中国：学术与社会》史学卷，山东人民出版社 2001 年版。

130. 周策纵：《五四运动：现代中国的思想革命》，江苏人民出版社 1996 年版。

131. 陈仪深：《独立评论的民主思想》，（台湾）联经出版事业公司 1989 年版。

132. 侯厚吉、吴其敬：《中国近代经济思想史稿》，黑龙江人民出版社 1982 年版。

133. 马伯煌：《中国近代经济思想史》，上海社会科学院出版社 1988 年版。

134. 赵靖、易梦虹：《中国近代经济思想史》，中华书局 1980 年版。

135. 刘宏：《百年寻梦：20 世纪中国经济思潮与社会变革》，西苑出版社 2000 年版。

136. 章清：《学术与社会：近代中国"社会重心"的转移与读书人新的角色》，上海人民出版社 2012 年版。

137. 中国社会科学院近代史所民国史研究室、四川师范大学历史文化学院：《二十世纪三〇年代的中国》，社会科学文献出版社 2006 年版。

138. 王绳祖：《国际关系史》第 4、5 卷，世界知识出版社 1995 年版。

139. 薛衔天：《民国时期中苏关系史》上、中，中共党史出版社 2009 年版。

140. 陶文钊：《中美关系史（1911—1950)》，重庆出版社 1993 年版。

141. 丁名楠：《帝国主义侵华史》第 1、2 卷，人民出版社 1973 年版。

142. 中国社会科学院近代史研究所：《日本侵华七十年史》，中国社会科学出版社 1992 年版。

143. 高书全、孙继武、顾民：《中日关系史》第 1、2 卷，社会科学文献出版社 2006 年版。

144. 任达：《新政革命与日本》，江苏人民出版社 1998 年版。

145. 张篷舟：《近五十年中国与日本》，四川人民出版社 1985 年版。

146. 臧运祜：《七七事变前的日本对华政策》，社会科学文献出版社 2000 年版。

147. 熊沛彪：《近现代日本霸权战略》，社会科学文献出版社 2005 年版。

148. ［日］井上清、铃木正四：《日本近代史》，商务印书馆 1972 年版。

149. ［日］依田憙家：《近代日本与中国日本的近代化——与中国的比较》，上海远东出版社 2004 年版。

150. 徐勇：《征服之梦——日本侵华战略》，广西师范大学出版社 1993 年版。

151. 胡德坤：《中日战争史》，武汉大学出版社 1988 年版。

152. 沈予：《日本大陆政策史（1868—1945)》，社会科学文献出版社 2005 年版。

153. 徐蓝：《英国与中日战争 1931—1941》，北京师范学院出版社 1991 年版。

154. ［美］入江昭、孔华润：《巨大的转变：美国与东亚（1931—1949)》，复旦大学出版社 1991 年版。

155. 王建朗：《抗战初期的远东国际关系》，（台湾）东大图书股份有限公司 1996 年版。

156. 张力：《国际合作在中国：国际联盟角色的考察 1919—1946》，（台湾）"中央研究院"近代史研究所 1999 年版。

157. ［英］华尔脱斯：《国际联盟史》，商务印书馆 1964 年版。

158. 洪岚：《南京国民政府的国联外交》，中国社会科学出版社 2010 年版。

159. 任云仙：《清末报刊评论与中国外交观念近代化》，人民出版社 2010 年版。

160. 吴景平：《国民政府时期的大国外交》，上海人民出版社 2012 年版。

161. 唐小兵：《现代中国的公共舆论：以〈大公报〉"星期论文"和〈申报〉"自由谈"为例》，社会科学文献出版社 2012 年版。

162. 刘仰东：《梦想的中国：三十年代知识界对未来的展望》，西苑出版社 1998 年版。

163. ［德］施耐德：《真理与历史：傅斯年、陈寅恪的史学思想与民族认同》，社会科学出版社 2008 年版。

164. 洪九来：《宽容与理性：〈东方杂志〉的公共舆论研究》（1904—1932），上海人民出版社 2006 年版。

165. ［美］徐国琦：《中国与大战：寻求新的国家认同与国际化》，上海三联书店 2008 年版。

166. 姜义华：《现代性：中国重撰》，北京师范大学出版社 2013 年版。

167. 张晨怡：《近代中国知识分子的民族主义思想研究》，中央民族大学出版社 2012 年版。

168. 郑大华、邹小站：《中国近代史上的民族主义》，社会科学文献出版社 2007 年版。

169. ［美］约瑟夫·列文森：《儒教中国及其现代命运》，中国社会科学出版社 2000 年版。

170. 丁守和：《中国近代思潮论》，广东人民出版社 2005 年版。

171. 邓丽兰：《域外观念与本土政制度变迁——20 世纪二三十年代中国知识界的政制设计与参政》，中国人民大学出版社 2003 年版。

172. 阎书钦：《国家与经济：抗战时期知识界关于中国经济发展道路的论争》，中国社会科学出版社 2010 年版。

173. 胡适：《丁文江的传记》，安徽教育出版社 1999 年版。

174. 赵文：《〈生活〉周刊与城市平民文化》，上海三联书店 2010 年版。

175. 萨本仁、潘兴明：《20 世纪的中英关系》，上海人民出版社 1996 年版。

176. 许涤新、吴承明：《中国资本主义发展史》第 3 卷，人民出版社 2003 年版。

177. 吴承明：《中国资本主义与国内市场》，中国社会科学出版社 1985 年版。

178. 许纪霖、宋宏：《现代中国思想的核心观念》，上海人民出版社 2011 年版。

179. 高力克：《历史与价值的张力——中国现代化思想史论》，贵州人民出版社 1992 年版。

180. ［美］易劳逸：《流产的革命：1927—1937 年国民党统治下的中国》，中国青年出版社 1992 年版。

181. 卢勇：《社会变迁与知识分子群体的转型：中国近代学术职业化进程研究》，黑龙江人民出版社 2008 年版。

182. 孙大权：《中国经济学的成长：中国经济学社研究》，上海三联书店 2006 年版。

183. 黄岭峻：《激情与迷思：中国现代自由派民主思想的三个误区》，华中科技大学出版社 2001 年版。

184. 周积明、郭莹：《震荡与冲突：中国早期现代化进程中的思潮和社会》，商务印书馆 2003 年版。

185. 赵兴胜：《传统经验与现代理想：南京国民政府时期的国营工业研究》，齐鲁书社 2004 年版。

186. 陈雷：《经济与战争：抗日战争时期的统制经济》，合肥工业大学出版社 2008 年版。

187. 吴雁南、冯祖贻、苏中立、郭汉民：《中国近代社会思潮（1840—1949）》第 1 卷，湖南教育出版社 1998 年版。

188. 张汝伦：《现代中国思想研究》，上海人民出版社 2001 年版。

189. 彭明、程歗:《近代中国的思想历程》,中国人民大学出版社1999年版。

190. 郑大华:《民国思想史论》,社会科学文献出版社2006年版。

191. 郑大华:《民国思想史论(续集)》,社会科学文献出版社2010年版。

192. 冯峰:《"国难"之际的国想界——1930年代中国政治出路的思想论争》,三秦出版社2007年版。

193. 柯博文:《走向"最后关头":中国民族国家构建中的日本因素(1931—1937)》,社会科学文献出版社2004年版。

194. 张太原:《〈独立评论〉与20世纪30年代的政治思潮》,社会科学文献出版社2006年版。

195. 张灏:《幽暗意识与民主传统》,新星出版社2008年版。

196. 方敏:《"五四"后三十年民主思想研究》,商务印书馆2004年版。

197. 许纪霖:《二十世纪中国思想史》,东方出版中心2000年版。

198. 王汎森:《中国近代思想与学术的系谱》,河北教育出版社2001年版。

199. 郭湛波:《近五十年中国思想史》,山东人民出版社1997年版。

200. 林茂生、王维礼、王桧林:《中国现代政治思想史》,黑龙江人民出版社1984年版。

201. 高军、王桧林、杨树标:《中国现代政治思想评要》,华夏出版社1990年版。

202. 彭明:《中国现代政治思想史十讲》,河南人民出版社1986年版。

203. 陈哲夫、江荣海、吴丕:《20世纪中国思想史》,山东人民出版社2002年版。

204. 戴知贤:《十年内战时期的革命文化运动》,人民出版社1988年版。

205. 王金铻、李子文:《中国现代政治思想史》,吉林大学出版社1991年版。

206. 韦杰廷:《20世纪上半叶中国政治思潮》,湖南教育出版社1995年版。

207. 朱义禄、张劲：《中国近现代政治思潮研究》，上海社会科学院出版社 1998 年版。

208. 陈哲夫、江荣海、谢庆奎、张晔：《现代中国政治思想流派》，当代中国出版社 1999 年版。

209. 严怀儒、高军、刘家宾：《中国现代政治思想史简编》，北京出版社 1985 年版。

210. 李世平：《中国现代政治思想史》，四川人民出版社 1985 年版。

211. 王作坤、柏福临：《中国现代政治思想史》，黑龙江教育出版社 1988 年版。

212. 刘景富、杜文君：《中国现代政治思想史》，华东师范大学出版社 1991 年版。

213. 海振忠：《中国现代政治思想史》，哈尔滨工业大学出版社 1993 年版。

214. 俞祖华、王国洪：《中国现代政治思想史》，山东大学出版社 1999 年版。

215. 刘健清、李振亚：《中国近现代政治思想史》，南开大学出版社 1993 年版。

216. 许光枨、林浣芬：《中国近现代政治思想史》，南京大学出版社 1990 年版。

217. 王金铻：《中国现代资产阶级民主运动史》，吉林文史出版社 1985 年版。

218. ［日］城山智子：《大萧条时期的中国：市场、国家与世界经济（1929—1937）》，江苏人民出版社 2010 年版。

219. 方连庆：《现代国际关系史》，北京大学出版社 1990 年版。

220. 洪葭管：《中国金融史》，西南财经大学出版社 1993 年版。

221. 江沛、纪亚光：《毁灭的种子——国民政府时期意识管制分析》，陕西人民教育出版社 2000 年版。

222. 史全生：《中华民国经济史》，江苏人民出版社 1989 年版。

223. 赵立彬：《民族立场与现代追求：20 世纪 20—40 年代全盘西化思潮研究》，生活 · 读书 · 新知三联书店 2005 年版。

224. 余英时：《现代危机与思想人物》，生活 · 读书 · 新知三联书店 2005 年版。

225. ［美］罗伯特·达恩顿：《启蒙运动的生意》，生活·读书·新知三联书店 2005 年版。

226. ［美］本尼迪克特·安德森：《想象的共同体——民族主义的起源与散布》，上海人民出版社 2005 年版。

227. 魏万磊：《20 世纪 30 年代"再生派"学人的民族复兴话语》，中国社会科学出版社 2011 年版。

228. 李家驹：《商务印书馆与近代知识文化的传播》，商务印书馆 2005 年版。

229. 吴东之：《中国外交史 1911—1949 年》（中华民国时期），河南人民出版社 1990 年版。

230. 杨培新：《旧中国的通货膨胀》，人民出版社 1985 年版。

231. 杨荫溥：《民国财政史》，中国财政经济出版社 1985 年版。

232. 张宪文：《中国抗日战争史（1931—1945）》，南京大学出版社 2006 年版。

233. 郑友揆：《中国的对外贸易和工业发展》（1840—1948），上海社会科学院出版社 1984 年版。

234. 郑大华：《民国乡村建设运动》，社会科学文献出版社 2000 年版。

三　期刊

1. 王震：《陆费逵年谱》，《出版史料》1991 年第 4 期。

2. 陆费铭中、陆费铭琇：《〈陆费逵年谱〉读后》，《出版史料》1994 年第 4 期。

3. 陆费铭琇：《我国近代教育和出版业的开拓者：回忆我的父亲陆费伯鸿》，《编辑学刊》1993 年第 1 期。

4. 陈江、李治家：《三十年代的"杂志年"——中国近现代期刊史札记之四》，《编辑之友》1991 年第 3 期。

5. 郑大华：《报刊与民国思想史研究》，《史学月刊》2011 年第 2 期。

6. 周兴操：《中国报刊资料与近现代史研究》，《中山大学学报》（社会科学版）2005 年第 1 期。

7. 郑大华、贾小叶：《中国近代思想史研究现状与发展趋势》，《社会科学管理与评论》2004 年第 3 期。

8. 王玉玲：《清末知识分子的"新中国"构想》，《清史研究》2013年第4期。

9. 喻春梅、郑大华：《"九一八"后知识界对"战"与"和"的不同抉择——以〈东方杂志〉和〈独立评论〉学人为中心的考察》，《史学月刊》2013年第1期。

10. 俞凡：《"九一八"事变后新记〈大公报〉"明耻教战"论考辨——以台北"国史馆"藏"蒋介石档案"为中心的考察》，《国际新闻界》2013年第4期。

11. 张经纬：《对20世纪30年代初期日本经济危机的再认识》，《史学理论研究》2009年第2期。

12. 杨奎松：《七七事变前部分中间派知识分子抗日救亡主张的异同与变化》，《抗日战争研究》1992年第2期。

13. 李斯颐：《30年代〈东方杂志〉政治倾向的成因》，《新闻研究资料》1990年第3期。

14. 姜义华：《现代中国思想文化嬗变轨迹的新探寻——民国时期思想文化史研究述评》，《近代史研究》1988年第6期。

15. 黄道炫：《30年代中国政治出路的讨论》，《近代史研究》1992年第5期。

16. 黄岭峻：《30—40年代中国思想界的"计划经济"思潮》，《近代史研究》2000年第2期。

17. 程霖：《中国农村经济改造模式与发展路径——20世纪30年代学术界的探索》，《财经研究》2007年第5期。

18. 桑兵：《近代中国学术的地缘与流派》，《历史研究》1999年第3期。

19. 彭雷霆、罗福惠：《人文与科学并重：〈国风〉抵抗日本侵略的救亡主张》，《安徽史学》2007年第2期。

20. 余英时：《中国知识分子的边缘化》，《二十一世纪》1991年第8期。

21. 俞春梅：《20世纪90年代以来中国近代报刊史研究回顾》，《吉首大学学报》（社会科学版）2006年第3期。

22. 王毅：《"国不自立万事已矣"——30年代〈再生〉对日观》，《吉首大学学报》（社会科学版）2010年第2期。

23. 洪岚：《1933—1941年南京政府与国联技术合作述论》，《广东社会科学》2007年第6期。

24. 张太原：《从边缘到中心：胡适等自由知识分子创办〈独立评论〉的宗旨》，《中山大学学报》（社会科学版）2003年第4期。

25. 黄顺力：《大众传媒与晚清革命论略——以思想史为视角》，《厦门大学学报》（哲学社会科学版）2007年第6期。

26. 王汎森：《中国近代思想文化史研究的若干思考》，《新史学》2003年第4期。

27. 罗志田：《史无定向：思想史的社会视角稗说——近代中国史学十论自序》，《开放时代》2003年第5期。

28. 陈江：《从〈大中华〉到〈新中华〉——漫谈中华书局的两本杂志》，《编辑学刊》1994年第2期。

29. 张秀丽：《〈新中华〉杂志的时政解读与社情传播》，《史学月刊》2013年第1期。

30. 张连国：《论理性民族主义——〈独立评论〉派自由主义者对日观剖析》，《江苏社会科学》1999年第1期。

31. 郑大华：《理性民族主义之一例：九一八事变后的天津〈大公报〉》，《浙江学刊》2009年第4期。

32. 肖高华：《近世书生持国论——二十世纪二三十年代知识界的"非民治"现代国家建构方案》，《社会科学家》2010年第4期。

33. 王天根：《抗日战争前夕的学人论政——以〈独立评论〉的"民主与独裁论争"为中心》，《厦门大学学报》（哲学社会科学版）2006年第3期。

34. 俞祖华：《民国知识分子对建设现代民族国家的不同设计——以胡适、陈独秀与梁漱溟为重点》，《东岳论丛》2013年第6期。

35. 刘剑君、刘京希：《钱端升与中国政治学的发展》，《文史哲》1998年第3期。

36. 王建朗：《二战爆发前国民政府外交综论》，《历史研究》1995年第4期。

37. 王建朗：《欧洲变局与国民政府的因应——试析二战爆发前后的中国外交》，《历史研究》2004年第4期。

38. 吴敏超：《1934—1935年白银问题大讨论与法币改革》，《江苏社会科学》2007 年第 6 期。

39. 吴敏超：《〈中国经济情报〉周刊与左翼经济学家》，《近代史研究》2009 年第 4 期。

40. 吴敏超：《共识与分歧：大萧条时期中国经济学人视野中的列强侵略》，《江苏社会科学》2012 年第 5 期。

41. 王方中：《1927—1937 年间的中国民族工业》，《近代史研究》1990 年第 6 期。

42. 王方中：《1930—1937 年间中国手工棉织业的衰落》，《中国人民大学学报》1988 年第 5 期。

43. 吴景平：《美国和 1935 年中国的币制改革》，《近代史研究》1991 年第 6 期。

44. 吴景平：《英国与 1935 年的中国币制改革》，《历史研究》1988 年第 6 期。

45. 李宇平：《试析三〇年代中国的经济恐慌论》，（台湾）《"中央研究院"近代史所研究集刊》1993 年第 6 期。

46. 李宇平：《一九三〇年代中国的救济经济恐慌说》 （1931—1935），（台湾）《"中央研究院"近代史所研究集刊》1997 年第 6 期。

47. 李宇平：《1930 年代初期东亚区域经济重心的变化——日本扩张输出与中国经济萧条》，（台湾）《"中央研究院"近代史所研究集刊》2004 年第 3 期。

48. 陈仪深：《自由民族主义之一例——论〈独立评论〉对中日关系问题的处理》，（台湾）《"中央研究院"近代史所研究集刊》1999 年第 12 期。

49. 林孝庭：《战争、权力与边疆政治：对 1930 年代青、康、藏战事之探讨》，（台湾）《"中央研究院"近代史所研究集刊》2004 年第 9 期。

50. 黄自进：《诉诸国际公论：国际联盟对"九一八事变"的讨论》（1931—1933），（台湾）《"中央研究院"近代史所研究集刊》2010 年第 12 期。

51. 张连国：《论理性民族主义——独立评论派自由主义者对日观剖析》，《江苏社会科学》1999 年第 1 期。

52. 田海林、马树华：《〈独立评论〉与抗日救亡》，《民国档案》2000 年第 4 期。

53. 武菁：《〈独立评论〉的抗日主张》，《安徽史学》2001 年第 2 期。

54. 罗福惠、汤黎：《学术与抗战——〈独立评论〉对于抵抗日本侵略的理性主张》，《华中师范大学学报》（人文社会科学版）2006 年第 3 期。

55. 许小青：《〈时代公论〉与抗战前南北政治文化论争》，《中山大学学报》（社会科学版）2011 年第 3 期。

56. 黄波粼：《知识分子与 20 世纪 30 年代的中国现代化——以〈独立评论〉为例》，《湖南社会科学》2008 年第 3 期。

57. 阎书钦：《20 世纪 30 年代中国知识界"现代化"理念的形成及内涵流变》，《河北学刊》2005 年第 1 期。

58. 陈廷湘：《1928—1937 年〈大公报〉等报刊对中苏关系认识的演变》，《近代史研究》2006 年第 3 期。

59. 黄波粼：《自由主义知识分子关于民国政治建设的思考路径分析——以〈独立评论〉为中心》，《求索》2010 年第 7 期。

60. 郑大华：《"九·一八"后中国知识分子的思想取向——以"新年的梦想"为中心的考察》，《吉首大学学报》（社会科学版）2006 年第 1 期。

61. 郑师渠：《现代中国媒体对日本论评的转变——以〈东方杂志〉为中心》，《河北学刊》2010 年第 6 期。

62. 卢淑樱：《图像、杂志与反日情绪——以〈东方杂志〉（1928—1937）为例》，《南开学报》（哲学社会科学版）2013 年第 3 期。

63. 王欣瑞：《从〈东方杂志〉解读民国乡村建设思想》，《西北大学学报》（哲学社会科学版）2008 年第 6 期。

64. 毛维准、庞中英：《民国学人的大国追求：知识建构和外交实践——基于民国国际关系研究文献的分析（1912—1949）》，《世界经济与政治》2011 年第 11 期。

65. 毛维准：《民国时期的国际关系研究》，《国际政治科学》2011 年第 2 期。

66. 罗志田：《走向世界的近代中国——近代国人世界观的思想谱系》，《文化纵横》2010 年第 3 期。

67. 王先明、吴瑕：《试析 20 世纪前期乡村危机的社会关怀——以〈东方杂志〉为中心的历史考察》，《历史教学》2013 年第 1 期。

68. 贾晓慧：《〈大公报〉与中国 20 世纪 30 年代的现代化运动》，《近代史研究》2001 年第 6 期。

69. 陈廷湘：《1928—1937 年〈大公报〉等报刊对中苏关系认识的演变》，《近代史研究》2006 年第 3 期。

70. 刘峰：《论〈大公报〉对农村复兴思潮的传播》，《湖南城市学院学报》2012 年第 4 期。

71. 王欣瑞：《民国媒体与乡村现代化道路探索——20 世纪 30 年代〈独立评论〉乡村建设文论解读》，《兰州大学学报》（社会科学版）2010 年第 2 期。

72. 程霖：《中国农村经济改造模式与发展路径——20 世纪 30 年代学术界的探索》，《财经研究》2007 年第 5 期。

73. 蔡胜：《关注与传播：〈东方杂志〉视野中的乡村问题述论（1918—1937）》，《民国档案》2014 年第 1 期。

74. 林平汉：《论"七·七"前后抗日民主思想及其历史特点》，《党史研究与教学》1991 年第 2 期。

75. 孙喆：《〈禹贡〉半月刊与 20 世纪三四十年代的中国边疆研究》，《中州学刊》2012 年第 4 期。

76. 刘大禹：《九一八后国民政府集权政治的舆论支持（1932—1935）——以〈时代公论〉为中心的考察》，《民国档案》2008 年第 2 期。

77. 廖承琳：《陆费逵女子教育思想及对现实的启示》，《妇女研究论丛》2002 年第 6 期。

78. 谢文庆：《陆费逵教育思想述论》，《内蒙古师范大学学报》（教育科学版）2012 年第 3 期。

79. 周国清、夏慧夷：《陆费逵的出版人才观及其践履》，《出版发行研究》2007 年第 9 期。

80. 谢俊美：《陆费逵与中华书局三题》，《历史教学问题》2013 年第 1 期。

81. 谢长法、韩树双：《舒新城与近代中国教育史研究》，《湖南师范大学教育科学学报》2013 年第 4 期。

82. 孔祥东：《试论民国初关于国家体制的一场争论——〈大中华杂志〉与联邦制之争》，《吉首大学学报》（社会科学版）2006 年第 6 期。

83. 徐跃、姚远：《〈中华实业界〉实业救国思想的传播初探》，《西北大学学报》（自然科学版）2012 年第 1 期。

四　学位论文

1. 吴永贵：《中华书局与中国近代教育（1912—1949）》，博士学位论文，武汉大学，2002 年。

2. 黄宝忠：《近代中国民营出版业研究》，博士学位论文，浙江大学，2007 年。

3. 张翩：《1912—1949 年中华书局的经营研究》，硕士学位论文，河南大学，2007 年。

4. 宛利：《中华书局企业文化研究（1912—1949）》，硕士学位论文，中共中央党校，2011 年。

5. 刘伟：《〈大中华〉杂志研究》，硕士学位论文，河南大学，2008 年。

6. 张为刚：《〈中华小说界〉研究》，硕士学位论文，华东师范大学，2010 年。

7. 孔祥东：《〈大中华〉杂志与民初的政治文化思潮》，硕士学位论文，湖南师范大学，2007 年。

8. 陶海洋：《〈东方杂志〉研究（1904—1948）》，博士学位论文，南京大学，2013 年。

9. 刘永生：《〈申报〉的对日舆论研究（1931.9—1937.12）》，博士学位论文，首都师范大学，2008 年。

10. 左世元：《近代中国政派、政要之对日态度及策略研究（1915—1937）》，博士学位论文，华中师范大学，2009 年。

11. 郭彩琴：《20 世纪 30 年代中国知识分子的思考与向往——〈东方杂志〉（1932—1937）研究》，硕士学位论文，山东师范大学，2010 年。

12. 刘荣争：《〈独立评论〉视野下的知识分子与乡村建设论争（1932—1937）》，硕士学位论文，西南大学，2008 年。

13. 朱映红：《〈中国农村〉杂志研究》，博士学位论文，湖南师范大学，2013 年。

14. 喻永庆：《〈中华教育界〉与民国时期教育改革》，博士学位论文，华中师范大学，2011 年。

15. 蔡会：《中国近现代报刊"文人论政"传统的嬗演》，硕士学位论文，内蒙古大学，2011 年。

16. 周芳：《1932—1935 年〈申报月刊〉研究》，硕士学位论文，辽宁大学，2011 年。

17. 杨东伶：《二十世纪三十年代〈益世报〉罗隆基抗日言论述评》，硕士学位论文，天津师范大学，2007 年。